高等学校计算机应用规划教材

Camtasia Studio 微课制作实例教程

方其桂　主编

清华大学出版社

北　京

内 容 简 介

基于微课的翻转课堂已迅速在中小学普及，它满足了学生个性化学习的需要，这意味着制作微课是中小学教师必须掌握的教育技术，而 Camtasia Studio 则是最常用的微课制作工具软件。本书详细介绍了微课制作的理论基础知识、使用 Camtasia Studio 制作微课的技术及其技巧。书中实例均选自中小学各学科的典型内容。全书图文并茂，理论与实践相结合。

本书可作为高等学校相关专业微课制作的教材，还可作为各级教育部门培训参考用书，同时也可用于中小学教师提升教育技术的自学教材。

图书在版编目(CIP)数据

Camtasia Studio 微课制作实例教程 / 方其桂 主编. —北京：清华大学出版社，2017（2022.3重印）
(高等学校计算机应用规划教材)
ISBN978-7-302-47105-9

Ⅰ. ①C… Ⅱ. ①方… Ⅲ. ①多媒体课件－制作－高等学校－教材 Ⅳ. ①G434

中国版本图书馆 CIP 数据核字(2017)第 096440 号

责任编辑： 刘金喜
封面设计： 常雪影
版式设计： 妙思品位
责任校对： 曹 阳
责任印制： 杨 艳

出版发行： 清华大学出版社
网 址：http://www.tup.com.cn，http://www.wqbook.com
地 址：北京清华大学学研大厦 A 座 邮 编：100084
社 总 机：010-83470000 邮 购：010-62786544
投稿与读者服务：010-62776969，c-service@tup.tsinghua.edu.cn
质 量 反 馈：010-62772015，zhiliang@tup.tsinghua.edu.cn

印 装 者： 北京富博印刷有限公司
经 销： 全国新华书店
开 本： 185mm×260mm (附光盘 1 张) **印 张：** 17.25 **字 数：** 388 千字
版 次： 2017 年 4 月第 1 版 **印 次：** 2022 年 3 月第 6 次印刷
定 价： 68.00元

产品编号：072322-03

前　　言

随着信息技术的迅猛发展，社会各个领域都发生了颠覆性的变革，信息化和大数据已经改变了人们的工作、生活和交流方式，改变了知识生产方式，教育成了最后一块待开垦的领地。国家已经充分认识到这一点，近年来一直致力推进教育信息化。

教育信息化不是简单的硬件设备的堆砌，这些只能将之前的人为灌输转变为电子灌输，只会加重学生的负担，并不能提升教育质量，更不能改变传统的教学模式。

目前的学校教育都是班级授课制，一位老师在同一时间给几十位学生授课，不可能做到分层教学，教学效率必然是不高的，翻转课堂可以在此方面做出很好的突破，它可以让学生在家里学习知识，在课堂上内化知识。

在翻转课堂教学中，微课所讲授的内容呈“点”状、碎片化，这些知识点，可以是教材解读、题型精讲、考点归纳；也可以是方法传授、教学经验等技能方面的知识讲解和展示。微课是课堂教学的有效补充形式，微课不仅适合于移动学习时代知识的传播，也适合学习者个性化、深度学习的需求。学生可以根据自己的需求，选择相应的微课进行自主学习一次或多次，产生需要解决的问题，从而获得学习的需求；教师上课时有针对性地帮学生解决这些问题，显然会大大提升教学效率。

翻转课堂中必不可少的工具为微课，同一知识点的微课要根据学生学习程度的不同而制作出多个，因此，微课和课件一样，不可能有一个适用所有学生、所有教师的所谓“标准微课”，因此微课制作已经逐步成为新型中小学教师必须掌握的一项基本技能。

微课开发的范围较广，可以针对某一个知识点、某一堂课开发，也可以针对某一个单元、教材上的某一章(节)开发，还可以针对某一个学生学习的重难点开发。微课除了制作的微视频之外，还包括与微视频配套的教学设计、视频制作脚本、评价检测题、相关学习资源等。

微课的制作方法有多种，目前使用 Camtasia Studio 软件截屏来制作微课是最常用的方法，类似于用 PowerPoint 软件制作课件。

鉴于微课应用越来越普及，而广大中小学教师没有系统学习过微课制作，为此我们组织有丰富微课制作经验的一线教师、教研员编写了本书，以更好地帮助中小学教师将信息技术工具应用到自己的课堂教学中，从而取得更好的教学效果和教学效率。

翻转课堂与微课的应用是机遇，更是挑战。通过阅读本书，您可以全面了解什么是翻转课堂、翻转课堂的组织与实施，本书还详细介绍了微课的设计、拍摄、制作及使用等方面的知识，使读者能够轻松地制作出可应用于实际教学的微课。因此，本书定位于所有想使用 Camtasia Studio 制作微课的教师。

本书在编写时努力体现如下特色。

- 内容实用：本书所有实例均选自现行中小学教材，涉及中小学主要学科，内容编排合理。每个实例都通过“跟我学”来实现轻松学习和掌握，其中包括多个“阶段框”，将任务进一步细化成若干个小任务，降低了阅读和理解的难度。
- 图文并茂：在介绍具体操作步骤的过程中，语言简洁，基本上每一个步骤都配有对应的插图，用图文来分解复杂的步骤。路径式图示引导，便于在翻阅图书的同时上机操作。
- 提示技巧：本书对读者在学习过程中可能会遇到的疑问以“小贴士”和“知识库”的形式进行了说明，以免读者在学习的过程中走弯路。
- 书盘结合：光盘配有本书中所有实例微课。另外，光盘还配有所需素材和获奖微课等内容，与书中知识紧密结合又相互补充，以达到学以致用的目的。

参与本书编写的作者有省级教研人员，以及微课制作获奖教师，他们不仅有微课制作方面的研究，还具有较为丰富的图书编写经验。

本书由方其桂主编、统稿，王芳、唐小华为副主编，由王芳(第 1 章)、夏兰(第 2 章)、殷小庆(第 3 章)、黄金华(第 4 章)、唐小华(第 5 章)、张青(第 6 章)、贾波(第 7 章)、梁祥(第 8 章)等人编写，随书光盘由方其桂整理制作。参加本书编写的还有汪华、江浩、陈晓虎、孙涛、冯士海、周木祥、赵家春、张晓丽、赵青松、陈金龙、姚祚凤、陈娜、戴静、王宗萍、徐春先、徐茂先等。感谢姚祚凤、陈娜、戴静、徐志杰、张俊、谌祥波、李盼盼、花锦、孙国平、陈春英等作者提供的课件、微课。

虽然我们有着十多年编写计算机图书(已累计编写近百本)的经验，并尽力认真构思验证和反复审核修改，但难免有一些瑕疵。我们深知一本图书的好坏，需要广大读者去检验评说，在此我们衷心希望您对本书提出宝贵的意见和建议。读者在学习使用过程中，对同样实例的制作，可能会有更好的制作方法，也可能对书中某些实例的制作方法的科学性和实用性提出质疑，敬请读者批评指导。我们的电子邮箱为 ahjks2010@163.com，我们的网站为 http://www.ahjks.cn/，图书服务电子邮箱为 wkservice@vip.163.com。

方其桂

2016 年秋

目　　录

第 1 章

微课制作基础知识

近几年，“微课”一词火遍大江南北，成了当前教育信息化建设的热点。那么微课是什么？微课通常都有哪些类型？具有什么样的特点？基于微课的翻转课堂教学模式又是如何组织实施的？如何对翻转课堂教学模式下的微课应用进行评价？微课制作的流程、制作的方法又是什么？

上面这些问题都是进行微课制作前需要了解的基础知识，作者在本章将分别进行解答和阐述。

本章内容：

- 微课知识入门
- 微课与翻转课堂
- 微课制作流程
- 微课制作方法

1.1 微课知识入门

微课，从字面上可以通俗地理解为“形体齐备而规模较小的课”。“形体齐备”是指微课除了微视频资源之外，还具备传统课程设计所需要的资源，比如教学设计、教学课件、练习测试、教学反思、学生反馈和教师评价等；而“规模较小”主要是指微视频的时间较短，通常不超过 10 分钟。

1.1.1 微课的内涵与特征

微课的定义在本质上没有多大差别，只是在不同的语境下有不同的内涵。

1. 什么是微课

随着微课实践的不断丰富和相关研究的深入，人们对微课的认识也越来越深刻、全面，众多的教育技术学界的专家学者、教育企业及教育行政部门的微课活动都对“微课”给出了定义，下面罗列一下国内常见的、较为流行的关于微课的定义，如表 1-1 所示。

表 1-1 国内有关“微课”定义

研究者	定 义
胡铁生 (2011)	微课是根据新课程标准和课堂教学实际，以教学视频为主要载体，记录教师在课堂教学中针对某个知识点为教学环节，而开展的精彩教与学活动中所需各种教学资源的结合体
教育部教育管理信息中心(2012)	“微课”全称“微型视频课程”，它是以教学视频为主要呈现方式，围绕学科知识点、例题习题、疑难问题、实验操作等进行的教学过程及相关资源的有机结合体
胡铁生 (2012)	微课又名微型课程，是基于学科知识点而构建、生成的新型网络课程资源。微课以“微视频”为核心，包含与教学相配套的“微教案”“微练习”“微课件”“微反思”及“微点评”等支持性和扩展性资源，从而形成一个半结构化、网页化、开放性、情景化的资源动态生成与交互教学应用环境
“凤凰微课” (2012)	微课，它是一个微小的课程教学应用，是一种以 5～10 分钟甚至更短时长为单位的微型课程。它以视频为主要载体，特别适宜与智能手机、平板电脑等移动设备相结合，为大众提供碎片化、移动化的网络学习新体验
胡铁生 (2013)	微课又名微课程，它是以微型教学视频为主要载体，针对某个学科知识点(如重点、难点、疑点、考点等)或教学环节(如学习活动、主题、实验、任务等)而设计开发的一种情景化、支持多种学习方式的新型在线网络视频课程

(续表)

研究者	定　义
焦建利 (2013)	微课是以阐释某一知识点为目标，以短小精悍的在线视频为表现形式，以学习或教学应用为目的的在线教学视频
黎加厚 (2013)	“微课程”是指时间在 10 分钟以内，有明确的教学目标，内容短小，集中说明一个问题的小课程
张一春 (2013)	微课是指使学习者自主学习获得最佳效果，经过精心的信息化教学设计，以流媒体形式展示的围绕某个知识点或教学环节开展的简短、完整的教学活动
郑小军 (2013)	微课是为支持翻转学习、混合学习、移动学习、碎片化学习等多种学习方式，以短小精悍的微型教学视频为主要载体，针对某个学科知识点或教学环节而精心设计开发的一种情境化、趣味性、可视化的数字化学习资源包
吴秉健 (2013)	为了满足个性化学习差异的需要，以分享知识和技能为目的，师生都可以通过录制增强学习实境、实现语义互联的简短视频或动画(可附相关的学习任务清单和小测验等)制作，它们又能成为被学习者定制和嵌入的资源分享内容

2. 微课的特征

微课之“微”是微课资源形式变化上的首要特征，具体说来就是“小”而“精”；而微课盛行的核心竞争力应该是“面向学习者”，这是它的核心特征。

(1) 外在特征——“微”

规模较小的微课，“小”是微课的一个主要特征。“小”有两方面的解读，一是指微课视频时间较短，所以微课文件较小，适应当下互联网播放视频的带宽和速度，给微课的管理和分享提供了物理保障；二是指微课选题小，微课只是针对某个知识点、某道习题或某个学习环节进行讲解，内容短小，是集中说明一个问题的小课程。

“精”是微课由于“小”而催生的另一个特点。所谓“精”，指的是微课的设计必须精致、紧凑、严谨，不能拖泥带水。因为微课视频时间短，所以微课中的每一分钟甚至每一秒都要经过精心设计，在设计微课时除了要有常规的教学设计以外，还需要有详细的脚本规划以及镜头的组织安排。

(2) 核心特征——“面向学习者”

微课的持久生命力，除了依托其形式上的“微”的特征外，更依靠“面向学习者”这个核心特征，这也是微课区别于其他教学资源的核心特征。相较于以往的教案、课件、习题等教学资源，微课才是真正为学习者准备的资源，是最直接、最有效，最为学生乐见的干练的学习资源。微课直接“面对学习者”是其干练的特征，用一个字代替可以称之为“悍”。

1.1.2　微课的常见类型

微课的类型因分类依据不同，而有不同的类型描述。依据微课中知识技能的呈现方式，可分为讲授类、演示类、实验类、讨论类和练习类等。依照微课制作方式来划分，可以分为录屏类、拍摄类、软件合成类和混合类三大类。当然还有其他的分类方式，这里不一一枚举了。

1. 按教学方式分类

在中小学教学活动中，通常会根据知识和技能的特点而采用不同的教学方式，最常见的类型有：讲授类、演示类、实验类、讨论类和练习类等，如表 1-2 所示。

表 1-2　依照知识点的呈现方式分类

微课类型	知识与技能
讲授类	重点、难点、考点的讲授
演示类	实验步骤或关键技术的演示
实验类	操作技能的分享、实验过程和结果的感知
讨论类	疑点、难点的解决过程
练习类	重点、难点的复习巩固

2. 按制作方式分类

(1) 录屏类微课

录屏类微课，主要是通过录制电脑屏幕的显示过程配合麦克风获取的声音来制作微课。录屏有多种方法，可借助 PowerPoint 课件录制，也可借助 Camtasia Studio、ALLCapture、会声会影、Educreations、Explain Everything 等软件录制形成微课视频。

(2) 拍摄类微课

使用拍摄工具制作微课，也是最常用、最普遍的微课制作方式之一。正规的拍摄环境是录播教室，当然也有常用便携式拍摄设备，如手机、数码相机、平板电脑、摄像头等制作拍摄型微课的工具。

(3) 软件合成类微课

有些微课视频是运用图像、动画或视频制作软件(如 Flash、PowerPoint、会声会影、Movie Maker、GIF Animator 等)，通过微课脚本设计、技术合成后输出的教学视频。比如天文学方面的微课，通常用软件合成动画视频的居多。如图 1-1 所示为软件合成类微课。

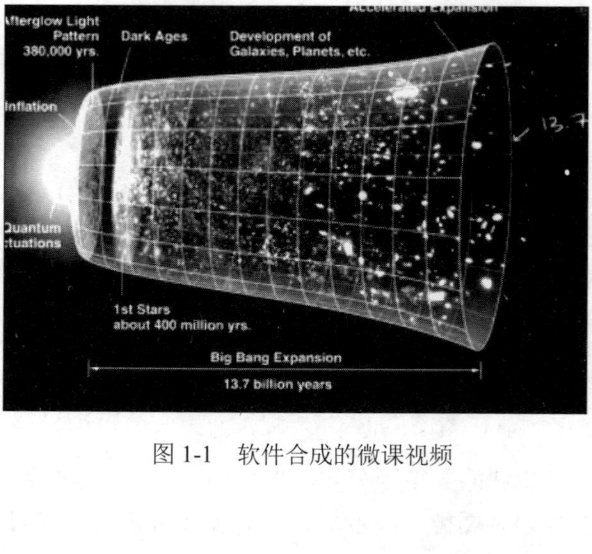

图 1-1　软件合成的微课视频

(4) 混合类微课

混合类微课从制作方式上说一般比较复杂，通常会用到辅助软件、辅助硬件，融合拍摄、录屏、软件合成等方式，最终编辑合成微课视频。这种方式的微课视频需要较高的技术支持和视频编辑水平，花费的时间较多，但微视频的质量(技术体现、学习支持等)会更高。

1.1.3　微课的组成

关于微课的组成，前面描述中谈到的“形体齐备”就是指微课除了以微视频为主要资源以外，还有其他组成部分。作为微课的设计者，我们除了要设计制作微课视频外，还要设计微教案、微课件、微学案(学习任务单)、微习题(进阶练习)、微反馈和微评价等一系列的教学配套资源。

作为“面向学习者”的微课资源，提供给学习者的除了微课视频以外，还要有配套的微学案(学习任务单)和微习题(进阶练习)。这些资源以一定的结构关系呈现给学习者，“营造”了一个半开放的、相对完整的、交互性良好的、适合自主学习的知识传递环境。狭义上所说的微课，一般是指微课视频。如图 1-2 所示为微课组成示意图。

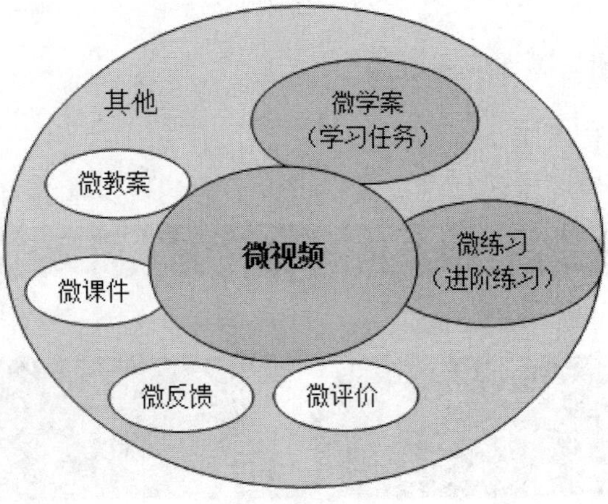

图 1-2　微课组成

1.2　微课与翻转课堂

翻转课堂是对于传统课堂教学模式的改革，实现了传统课堂中知识传授与知识内化两个阶段的颠倒，也称“反转课堂”。翻转课堂的实施可以不借助微课实现，但是随着信息技术的发展，基于翻转课堂的微课制作正在教育改革中风风火火地进行着，这里我们所说的翻转课堂都是指基于微课的翻转课堂。

1.2.1 翻转课堂的解读

翻转课堂让学生课堂外完成知识的学习，而课堂内变成了师生之间和学生之间互动的场所，包括答疑解惑、知识的运用等，从而达到提高教学效果的目的。

1. 翻转课堂的渊源

20 世纪 90 年代哈佛大学教授埃里克·马祖尔开发的同侪教学是翻转课堂的初探，2000 年，美国莫琳·拉赫、格伦·普拉特和迈克尔·切格力亚发表了论文《翻转课堂：创建全纳学习环境的路径》，翻转课堂一词被正式提出来。翻转课堂起源于美国科罗拉多州的林地公园高中，教师乔纳森·伯尔曼和亚伦·萨姆斯采用录制讲课视频的方法帮助缺课的同学补习功课是翻转课堂的雏形。

翻转课堂被认为是一种新的教学模式，是对传统教学模式的改革，这种新的教学模式包含自主学习和协作学习。不同于网络环境下的自主学习和基于各种社交软件的协作学习，翻转课堂适用范围更加广阔。这种教学模式符合知识“爆炸”时代背景下学生学习的理念，学习者在第一阶段观看教师指定的教学视频，完成要求的任务，第二阶段师生或学生之间互动，使知识更好地内化，达到较好的教学效果。

2. 翻转课堂的内涵与微课应用优势

(1) 翻转课堂的内涵

对比翻转课堂与传统课堂的教学模式，可以体会翻转课堂的内涵，如图 1-3 所示。

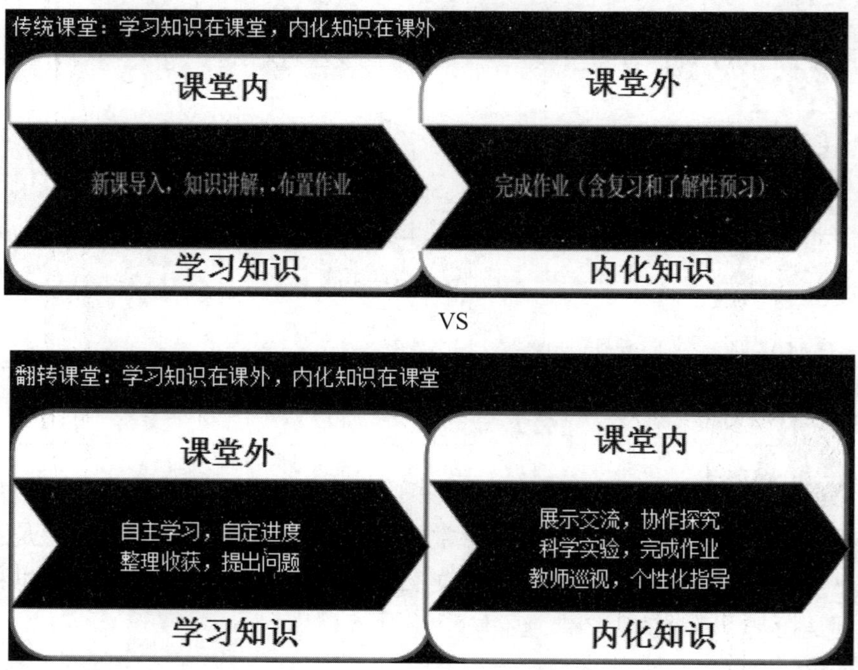

图 1-3 传统课堂 VS 翻转课堂

(2) 微课在翻转课堂中应用的优势

- 符合学生身心发展规律：小而精的微课，每一个视频的长度都控制在学生注意力能够比较集中的时间范围内，符合学生身心发展特征。
- 教学信息清晰明确：微课视频中知识点小，信息点集中，干扰因素少，通常是对重点、难点或疑点问题的解决。
- 重构更高效的学习流程：借助微课实现知识的传递，视频可以反复播放，方便学生自我控制，有利于学生的自主学习。
- 方便检测反馈：微课资源中配套的学习任务单和进阶练习，能够对学生的学习效果做出及时反馈。
- 翻转更灵活高效：信息技术和网络技术的发展，使得翻转更易实现，信息的传递交流和分享更加便捷。

1.2.2 基于微课的翻转课堂实施

以学习者为中心的教育理念、信息技术的迅猛发展、学习资源的极大丰富都为翻转课堂的实施提供了极大的支持，但是翻转课堂的实施，还需要澄清以下几个问题。

1. 怎样才算翻转

知识传递通过信息技术(微课等)的辅助在课前完成，知识内化则在课堂上经过老师的帮助与同学合作完成。翻转课堂使得教学过程中的师生角色和各个环节发生了变化，是教与学方式的转变，是学习习惯、思维习惯的转变。翻转课堂中各要素的变化如表 1-3 所示。

表 1-3 翻转课堂 VS 传统课堂各要素的对比表

课堂要素	传统课堂	翻转课堂
教师角色	知识传授者、课堂管理者	学习指导者、促进者
学生角色	被动接受者	主动探究者
教学形式	课堂讲解、课后作业	课前学习、课堂探究
课堂活动	知识讲解传授	问题探究
技术应用	板书或知识展示演示	微课资源
评价反馈	传统纸质测试	及时、多角度、多方式

经过一番对比可知，真正的翻转需要很多的改变和付出，翻转课堂的教学对教师要求更多。

2．翻转课堂对教师要求

传统课堂中，教师是知识中介，是知识的传递者；在翻转的模式下，学生直接面对知识，教师是学生学习知识的协助者，那么在翻转模式下，对教师有什么样的要求呢？

- 转变角色定位：教师角色已经从内容的呈现者转变为学习的教练，教师要转变心态，转变角色，不再是课堂上聚焦的“演员”，而是“导演”。
- 提升信息技术水平：翻转课堂全面提升了师生间和学生间的交流互动，教师要能够在线上线下应用合适的信息技术工具与学生进行交流互动和分享。
- 设计微课资源的能力：随着教育信息化的发展，微课已经在翻转课堂模式下广泛应用，所以教师在翻转课堂的实施过程中，需要掌握一定的微课制作技术，同时能够设计出配套的微课资源。
- 更高的课堂把控能力：翻转课堂让老师走下讲台来到学生身边，但这并不是削弱了教师的作用，教师在课堂上承担的是引领、调控和个性化辅导作用，要求教师具有更高的课堂把控能力，这样才能成为一个出色的“导演”。

3．翻转课堂的教学工具

翻转课堂的组织实施需要必要的教学辅助工具，基于微课的翻转课堂一般需要的教学工具有网络平台和应用终端设备。

(1) 网络平台

网络平台是微课资源的管理平台，也是师生之间、学生与学生之间以及学生与其他学习伙伴之间网上交流、互动、分享的平台。

学校可以在校园网上自己搭建一个教与学的资源专区，上传自己制作或收集的微课程资源的网络平台。同时，在实施翻转课堂时，也可以借助一些开放学习平台，例如在可汗学院的学习平台中不断提供有丰富的微视频和具体详尽的测试题目，共涉及数学、历史、金融、物理、化学、生物、天文学等多个科目的内容，并且提供了激励工具(如成就、徽章等)和知识地图，能够为学生课前的自主学习提供学习路径，可以拓展学习者的眼界，避免所学知识的碎片化和孤立感。

(2) 应用终端

学校可根据自身翻转课堂实施的具体形式，确定学生的自主学习形式，架设教室环境或选用某种学习终端设备。

- 多媒体教室：学校需要统一管理学生的学习时间时，可以应用多媒体教室，搭建微课学习室，学生课前通过多媒体教室现有 PC 机，统一收看微课并答题，课中接受教师针对性的教学。
- 平板电脑或手机：学校不需要组织学生集体观看微课时，学生在校期间使用平板电脑或手机收看微课、答题，课上与教师交互，完成知识内化。
- 个人电脑、笔记本电脑：校外学生可使用家中自备的个人电脑、笔记本电脑(或平板电脑、手机)学习、回顾微课，实现课前知识的传递。

4．基于微课的翻转课堂教学模型

基于微课的翻转课堂教学模型大致可以分为两大类型：一种是课堂内外的翻转；另一种是课堂内部翻转。根据教学的需要，微课可以安排在课前进行知识的传递与反馈，也可以安排在课中让学生自主学习，完成知识传递与反馈，无论微课出现在课外或课内，都是翻转课堂模式下的先学后教。

- 课堂内外翻转：该模型将知识“传递”和“诊断”反馈环节放在课外，将“内化”环节放在课内。课外，在“传递”环节，学生借助微课视频学习新知；“诊断”环节，学生在新知传递完成后，通过完成教师发布的学习任务单发现自身学习难点。在“内化”环节，则通过开展“答疑解惑—协作探究—交流分享—评价总结”的课堂教学活动引导学生进行知识内化。课堂内外翻转模型，如图 1-4 所示。

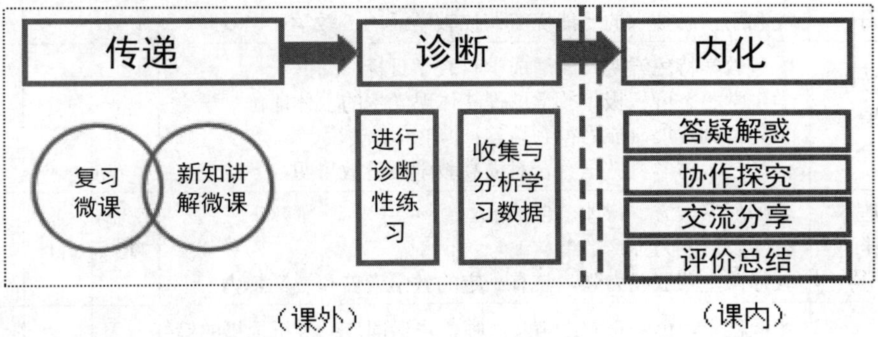

图 1-4　课堂内外翻转模型

- 课堂内部翻转：该模型将翻转课堂的整个教学过程放到了课内，将一节课分成两个阶段：课堂第一阶段，学生借助网络平台提供的微课资源自主学习新知识；课堂第二阶段是学生知识内化的阶段。课堂内部翻转模型，如图 1-5 所示。

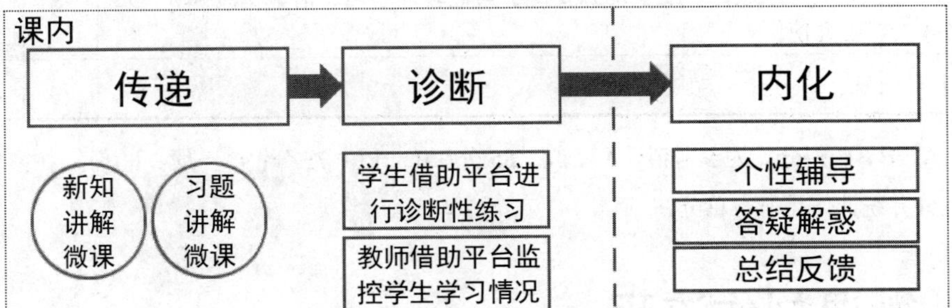

图 1-5　课堂内部翻转模型

1.2.3　微课评价

对一个微课资源进行评价时，除了关注微课的“小而精”和“面向学习者”的特点外，还要从微课的主题内容、表现形式、技术处理等方面做综合的评价。中国教育技术协会 2013

年微课比赛评比时给出以下几个关键词作为标准：聚焦、简要、清晰、技术、创新。规范合理的评价标准对我们进行微课设计与制作有良好的指引作用。如表 1-4 所示为微课评价参考标准。

表 1-4　微课评价参考标准

指标项目	评价期望标准	A	B	C	打分
教学目标及内容(15 分)	教学目标明确、具体、可测； 内容选取符合教学实际，内容相对完整，最好是教学中的重点、难点内容； 结合学科特点，有机渗透素质教育	13	11	9	
教学过程和方法(20 分)	教学过程充分体现教师的主导作用和学生的主体作用； 面向全体学生，关注个性差异； 能利用信息技术的功能优势调控教学活动，教学反馈及时	18	15	12	
课堂教学效果(30 分)	学科教学特色鲜明，能达成学科教学目标； 学生学习态度积极，教学过程能体现学生的主体地位，学生智力得到发展，能力得到培养； 信息技术与学科教学整合对提高教学质量效果明显	27	23	18	
教师基本素养(15 分)	教师形象大方、得体、自然； 教师表达能力强； 教师课堂驾驭能力强，具有一定的教学素养和教学魅力	13	11	9	
教学视频质量(10 分)	图像稳定，色彩正常；声音清晰，声话同步；多机拍摄的镜头衔接自然； 视频要有片头，显示标题、作者、单位等信息；主要教学内容和环节有字幕提示或说明； 视频时间一般为 5～8 分钟，最长不宜超过 10 分钟	9	7	6	
配套教学资源(10 分)	有本节课或该课例片段配套的教学设计、教学课件、教学反思及专家点评。配套资源要便于其他教师学习、借鉴交流和研究使用	9	7	6	
合计		89	74	60	

注：A、B、C 得分均为参考值，A 一般≥85 分；B 一般≥75 分；C 一般≥60 分，按参考值对各项自行单独打分并统计作品所得总分。

1.3　微课制作流程

微课的制作是一个系统工作，需要硬件设备、软件工具配合规范的制作流程，才能让微课的制作变得高效。微课制作的一般流程，如图 1-6 所示。

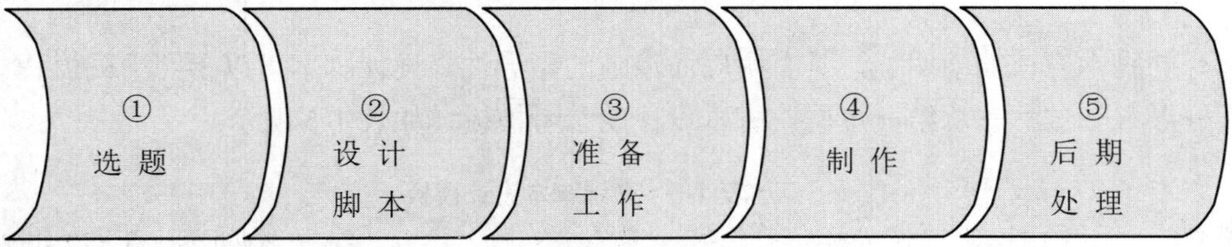

图 1-6　微课制作的流程

1.3.1　选题

选择微课选题是微课制作流程中最关键的一环，良好的选题可以更有效地进行课堂翻转，可以事半功倍地进行微课录制；但不好的选题可能使得微课变得平庸甚至无用。通常选择微课选题应遵循以下几个原则。

1．选题要小且聚焦单个知识点

受限于微课的时长不宜超过 10 分钟，微课选题要尽可能聚焦到某个知识点、某个小技能等，且不可知识结构复杂，内容庞大。

2．选择教学中的重难点或疑点

知识点的选择影响教学目标的制定，以及后面学习任务单和进阶练习的设定，制作微课时通常选用教学中的重点、难点或疑点作选题。

3．内容要适合用多媒体表达

微课作为一种多媒体信息，内容的设计要适合加入丰富的图形、图像、声音、动画等类型的信息，所以在确定选题时要考虑知识技能的合适的传递方式。

4．选题要面对学习对象

微课的核心特征是面对学习对象，微课的选题一定要考虑学情，分析学习者的学习基础、学习的特点，考虑受众定选题。

1.3.2　设计脚本

微课脚本是微课录制的指南，脚本一般非常详尽，包括各个环节的录制时长，展示内容，如何面向学生操作演练，等等，根据脚本设计，配合软硬件应用相应的技术就可以成功录制微课。下面介绍如何设计微课脚本。

1．脚本设计模板

好的脚本应该简洁明了，具有明确而清晰的指导性。设计脚本可以参照下列流程：片头→导入→过程→总结→片尾。脚本设计的参考模板，如表 1-5 所示。

表 1-5　微课脚本设计模板

录制时间：　年　月　日　午　　　　微课时间：5～10 分钟左右

<table>
<tr><td>系列名称</td><td colspan="3"></td></tr>
<tr><td>本微课名称</td><td colspan="3"></td></tr>
<tr><td>知识点描述</td><td colspan="3"></td></tr>
<tr><td>知识点来源</td><td colspan="3">□学科：　　年级：　　教材：　　章节：　　页码：
□不是教学教材知识，自定义：</td></tr>
<tr><td>基础知识</td><td colspan="3">听本微课之前需了解的知识：</td></tr>
<tr><td>教学类型</td><td colspan="3">□讲授型 □问答型 □启发型 □讨论型 □演示型 □联系型 □实验型 □表演型 □自主学习型 □合作学习型 □探究学习型 □其他</td></tr>
<tr><td>适用对象</td><td colspan="3">学生：本微课是针对本学科平时成绩多少分的学生？
□40 分以下　□40～60 分　□60～80 分
□80～100 分　□100～120 分　□120～150 分
教师：□班主任　□幼儿教师　□普通任课教师　□其他
其他：□软件技术　□生活经验　□家教　□其他</td></tr>
<tr><td>设计思路</td><td colspan="3"></td></tr>
<tr><td colspan="4">教学过程</td></tr>
<tr><td></td><td>内容</td><td>画面</td><td>时间</td></tr>
<tr><td>片头
(20 秒以内)</td><td>内容：您好，这个微课重点讲解……
(注：微课面对个体，不面对群体，用“您好”不用“大家好”)</td><td>第　至　张幻灯片</td><td>20 秒以内</td></tr>
<tr><td>正文讲解
(4 分 20 秒左右)</td><td>第一节内容：</td><td>第　至　张幻灯片</td><td>秒</td></tr>
</table>

(续表)

<table>
<tr><td colspan="4">教学过程</td></tr>
<tr><td></td><td>内容</td><td>画面</td><td>时间</td></tr>
<tr><td rowspan="2">正文讲解
(4 分 20 秒左右)</td><td>第二节内容：</td><td>第　至　张幻灯片</td><td>秒</td></tr>
<tr><td>第三节内容：</td><td>第　至　张幻灯片</td><td>秒</td></tr>
<tr><td>结尾
(20 秒以内)</td><td>内容：感谢您认真听完这个微课，我的下一个微课将讲解……
(注：①微课的单位为“个”；②微课的真正意义以“系列微课”体现，结尾应宣传您的下一个微课)</td><td>第　至　张幻灯片</td><td>20 秒以内</td></tr>
<tr><td>教学反思
(自我评价)</td><td colspan="3"></td></tr>
</table>

说明：学科不同，知识特点不同，可以适当增减环节。

2. 技术规范

脚本设计完成后，依据脚本录制成微课，需要遵守一定的技术规范。

(1) 文本信息

- 字号：主标题为 60～80 号；附标题为 20～40 号；正文为 40±6 号。
- 字体：建议使用醒目的方正综艺体、黑体、方正超粗黑简体等。
- 字数与速度：展示页面，每页不超过 35 字，小学阶段使用的微课每页不超过 25 字；文字播放速度每秒不超过 6 个字，小学阶段使用，可以更慢点。

(2) 背景

微课的模板或背景要与主体字体色彩有鲜明对比，常用效果为白底黑字或黑底白字。

(3) 布局

微课页面布局，风格尽可能统一。图文混排要适当留白，图文比例为 8:2 左右；字数参考文本信息规范。

1.3.3 准备工作

微课脚本设计好之后，紧接着要为录制微课做好准备，准备好相应的制作工具和制作素材。

1. 准备制作工具

根据微课的制作技术不同，可将微课分为录屏类微课、拍摄类微课、软件合成类微课和混合类微课，不同类型的微课所需要的制作工具不同。

(1) 硬件准备

- 录屏类微课：配有话筒、音箱、摄像头(录制画中画需要)的多媒体计算机；合适的光源。
- 拍摄类微课：录播教室或高清摄像机、数码相机或带摄像头的智能手机、电脑摄像头等；纸、笔、白板(或黑板)、实验教具等；合适的光源。
- 软件合成类微课：计算机、手写板等。
- 混合类微课：上述 3 种类型微课制作所需要硬件中的若干种。

(2) 软件准备

Camtasia Studio 等录屏软件、办公软件，图像处理软件、音频视频处理软件、动画制作软件，等等。

2. 准备素材

录制前的制作工具准备好以后，我们需要根据脚本收集相关的文字、图形图像、声音、动画、视频等素材，为下一步的制作做准备。素材的准备可以从以下几个方面着手。

(1) 文字

文字可以在文字处理软件中输入，如微软公司 Office 组件中的 Word、PPT 等软件都可以加工处理。

(2) 图形图像

图形图像素材可以在网络上下载，再借助图形图像加工处理软件加工，比如美图秀秀、Photoshop 等。

(3) 声音

声音素材可以在网上下载，再用音频处理软件剪辑，或者用计算机话筒录制声音。

(4) 视频、动画

动画可以运用专门的动画制作软件制作，视频可以用视频编辑软件剪裁。

1.3.4 录制

微课类型不同，所选用的制作工具不同，录制方式自然不同。准备工作完成后，根据脚本描述，就可以完成视频的录制。

1．录屏类微课

它是通过录制电脑屏幕的显示过程与麦克风获取的声音来制作微课的。使用 PowerPoint 课件展示教学过程，教师用教学语言与屏幕展示过程结合在一起，录制成短小的微课，是较为简单的录屏类微课的制作。更专业一些的录屏类微课可以借助 Camtasia Studio 等录屏类软件，按照编写好的微课脚本，录制演示课件的过程，再将录制好的视频进一步剪辑，从而完成微课的主体视频。

2．拍摄类微课

录播教室可将教室内授课教师的画面、多媒体课件、教师板书、学生反应以及声音信号通过摄像机、拾音器等设备录制完整的教学过程，生成可播放的多媒体视频文件，录播教室最大的优点是具备自动跟踪定位和场景自动切换功能。使用数码相机或其他便携式拍摄设备也可以对重点拍摄内容进行跟踪录像，形成微课小视频。

3．软件合成类微课

利用相关素材，使用软件加工合成微课视频。

4．混合类微课

以上 3 种录制方式的交叉与融合形成微课视频。

1.3.5　后期处理

录制完成的微课视频，需要进行最后的编辑处理，比如添加片头片尾、添加文字注释、剪辑出错的片段、除噪、配乐、添加适当的特效等美化工作，都属于微课制作最后的环节——后期处理。

1.4　微课制作方法

微课的制作方法多种多样，根据制作工具的不同，可分为录屏类制作、拍摄类制作、软件合成类制作、混合方式制作。下面列举几个常见的微课制作方法。

1.4.1　录屏类

录屏类微课主要通过录制电脑屏幕的显示过程，配合声音的添加来制作微课。此类微课是微课制作者最常制作的类型之一，主要因为其操作方便，通常可以一人独立完成制作。

1. 录屏软件+课件

录屏软件有很多，如 Camtasia Studio、屏幕录像专家等，这里以 Camtasia Studio 软件为例，介绍“录屏类软件+课件”的制作方法。

- 制作工具：多媒体计算机、耳麦、Camtasia Studio 录屏软件。
- 制作方法：对 PowerPoint 课件进行播放演示，使用 Camtasia Studio 软件进行屏幕录制，辅以录音和字幕。
- 主要过程：通过选题、录制、编辑 3 个主要步骤，具体如图 1-7 所示。

图 1-7 “录屏软件+课件”录制步骤

- 优点：可以方便地进行屏幕录制和配音、添加说明字幕、后期进行视频剪辑、制作视频封面和菜单，同时进行视频压缩和播放都非常方便。
- 不足：Camtasia Studio 软件的应用略微复杂。

2. 录屏软件+手写板

“录屏软件+手写板”是经典的可汗学院模式录制，如图 1-8 所示为“录屏软件+手写板”的录屏画面。

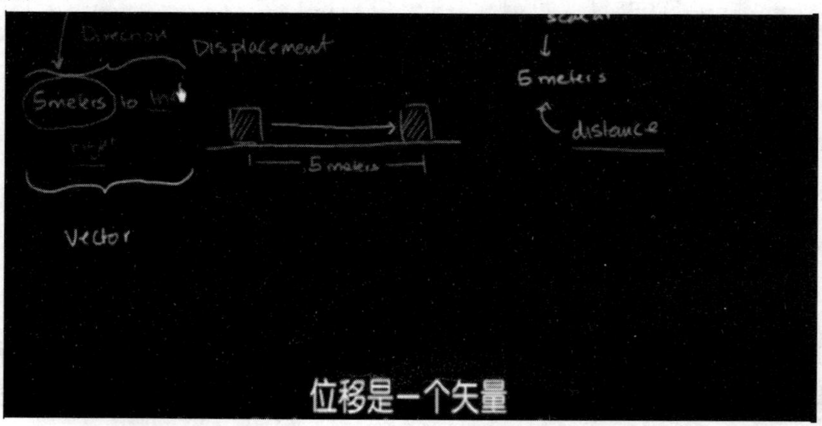

图 1-8 “录屏软件+手写板”录屏

- 制作工具：录屏软件(如 Camtasia Studio、SnagIt 或 CyberLink YouCam 等)、多媒体计算机、麦克风、手写板、画图工具(如 Windows 自带绘图工具等)。
- 制作方法：通过手写板或画图工具对教学过程进行讲解演示，同时使用录屏软件录制。
- 主要过程：在录制过程中可以录屏配音，具体如图 1-9 所示。

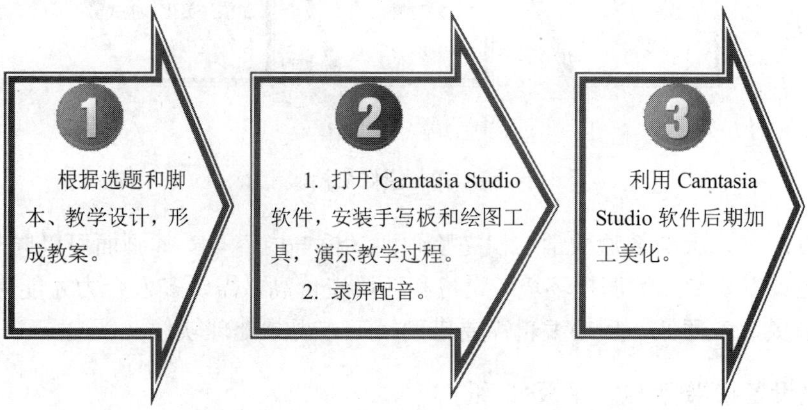

图 1-9　“录屏软件+手写板”录制步骤

1.4.2　拍摄类

使用拍摄工具制作微课，也是最常用、最普遍的微课制作方法之一，不同的拍摄工具具有不同的适用场所和特点。录播教室、摄像机等便携设备都是常用的微课拍摄工具。

1. 录播教室拍摄

录播教室系统是一种同时满足多画面处理、无缝切换、高清录制和直播等多种功能的设备，通常可以在录播教室里录制高质量的、专业的微课视频。

- 拍摄方法：进入录播系统管理平台，完成相关视频的画面、音频设置后，即可选择自动录制或手动录制完成微课的拍摄。后期还可以利用系统自带的编辑功能完成视频的后期加工。
- 优点：自动跟踪定位，场景自动切换。

2. 摄像机拍摄(摄像机+黑板或白板)

摄像机在微课制作过程中是较常用的，是相对比较专业的拍摄设备，通常在拍摄过程中需要配三脚架，防止拍摄画面抖动。

- 制作工具：摄像机、三脚架、黑板(或白板)、粉笔、其他教学演示工具。
- 制作方法：对教学过程同步摄像。
- 主要过程：教师需出镜，在黑板或白板前开展教学，具体如图 1-10 所示。

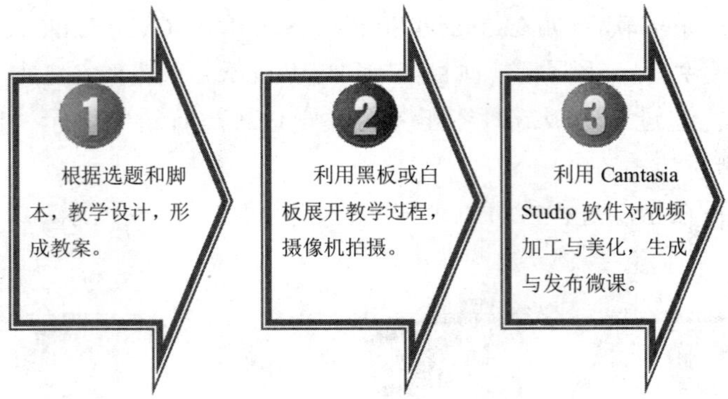

图 1-10　摄像机拍摄步骤

- 优点：可以录制教师教学过程完整画面，板书内容与教师画面可以同时出镜。
- 不足：需要专门的演播环境，设备和环境造价高，需要多人合力才能完成微课视频的拍摄，效率低，后期编辑需要借助第三方视频处理软件。

3. 便携设备拍摄(手机、平板+白纸)

电子产品的普及，使得手机和平板电脑在微课制作中也担当了一个重要角色，成了拍摄型微课制作的一个大帮手。

- 制作工具：可进行视频摄像的手机或平板电脑；白纸、几支不同颜色的笔、教案。
- 制作方法：使用便携摄像工具对纸笔结合演算、书写的教学过程进行录制。
- 主要过程：注重笔在白纸上进行展现解答的过程，具体如图 1-11 所示。

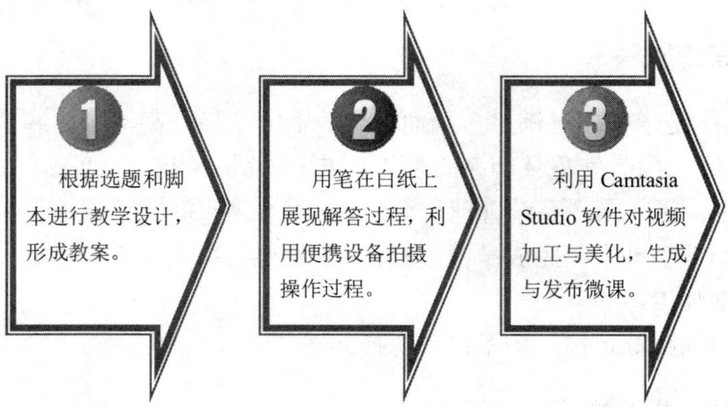

图 1-11　便携设备录制步骤

- 优点：拍摄工具易得。
- 不足：录制效果粗糙，声音和画面效果较差，拍摄范围狭小。

1.4.3　软件合成类

软件合成类微课的制作，就是利用软件制作动画，在后期再进行配音合成。动画软件可选用 Flash、PowerPoint、几何画板等，后期加工处理可以采用会声会影、After Effects、Motion、Maya 等专业的影视合成软件合成处理。另外还可以通过使用一些简单的平台或软件，如 Captivate 软件制作交互式的微课。

1．利用会声会影制作微课

会声会影是一款强大的视频制作、剪辑软件，具有多种视频编辑功能和动画效果。利用会声会影，可以对录制的微课视频进行专业编辑。

- 优点：该软件容易上手操作，可方便地对所拍摄的视频进行编辑与美化。
- 缺点：会声会影软件对微课前期录制的素材，特别是视频素材要求较高，如果原视频素材不清晰，所制作的视频质量会更不清晰。

2．利用 After Effects 制作微课

Adobe After Effects 简称“AE”，是 Adobe 公司推出的一款图形视频处理软件，是一种专业性很强的视频处理软件。

- 优点：利用与其他 Adobe 软件的紧密集成和高度灵活的 2D、3D 合成，以及数百种预设的效果和动画，为微课作品增添令人耳目一新的效果。
- 缺点：学习 After Effects 需要花费一定的时间，需要精心的学习与应用。且 After Effects 对制作微课的计算机设备要求较高。

3．利用 Captivate 制作微课

Adobe Captivate 是一款屏幕录制软件，任何不具有编程知识或多媒体技能的人都能够通过它快速地创建功能强大、引人入胜的仿真、软件演示及基于场景的培训和测验。

- 优点：通过简单地点击用户界面和使用自动化功能，软件专业人员、教育工作者和商业用户可以轻松地记录屏幕操作、添加电子学习交互、创建具有反馈选项的复杂分支场景，并包含丰富的媒体。
- 缺点：After Captivate 软件制作的非交互式微课可以发布为视频格式，但制作的交互式微课不能发布为视频格式。

1.4.4　混合类

混合类微课，一般是指教师制作微课时，根据选题的表达需求，把上述 3 种类型微课的录制方法任意组合创作出的，不属于上述类别的其他类微课。这类微课在录制前，准备工作应当根据选题和脚本设计要求，在相应的制作工具中选取合适的组合进行录制。

1．借助辅助软件录制微课

录制有特点的微课，常常需要一些有特色的软件进行辅助录制。如可借助专用软件、声音处理软件、教学课件等制作出特点鲜明的微课。

- 优点：在使用 Camtasia Studio 软件录制之前，安装专用软件，以便录屏时更好地体现微课的效果。如利用歌曲编辑软件、声音仿真软件、合成人声辅助实现多样的配音效果。
- 缺点：借助越多的辅助软件，对制作者的技能要求就越高，对计算机的处理速度要求也就越高。

2. 借助辅助硬件录制微课

录制微课时，有时使用一些硬件工具辅助录制，可以起到事半功倍的效果。如可借助手写板工具、交互电子白板工具边讲授边示范，合理利用一些教具、工具制作有学科特点的微课。

- 优点：安装专用书写工具，便于边讲授、边书写演示，让学习者学习时感到老师就在自己的身边进行讲解。
- 缺点：需要花费专门的费用购置硬件设备。

3. 借助人物出镜录制微课

在微课制作时，有时需要教师整体出镜，有时只是突出面部表情或手的动作，再利用 Camtasia Studio 软件对视频进行拍摄录制、后期编辑等综合处理。

- 优点：人物出镜可增加教师与学生之间的亲和力和表现力。
- 缺点：人物的表现方式、拍摄时的技术都有一定的要求。

本书接下来的章节将主要以具体案例，介绍应用录屏软件 Camtasia Studio 制作微课的详细方法。

第 2 章

Camtasia Studio 基础

Camtasia Studio 软件提供了强大的屏幕录像(Camtasia Recorder)、视频的剪辑和编辑(Camtasia Studio)、视频菜单制作(Camtasia MenuMaker)、视频剧场(Camtasia Theater)和视频播放功能(Camtasia Player)等。使用该软件，用户可以方便地进行屏幕操作的录制和配音、视频的剪辑和过场动画、添加说明字幕和水印、制作视频封面和菜单、视频压缩和播放。

Camtasia Studio 能在任何颜色模式下轻松地记录屏幕动作，包括影像、音效、鼠标移动的轨迹等，并能记录解说声音。另外，它还具有及时播放和编辑压缩的功能，可对视频片段进行剪接、添加转场效果。它输出的文件格式很多，有常用的 AVI 及 GIF 格式，还可输出为 RM、WMV 及 MOV 格式，用起来极其顺手。Camtasia 还是一款视频编辑软件，可以将多种格式的图像、视频剪辑连接成电影，输出格式可以是 GIF 动画、AVI、RM、QuickTime 电影等，并可将电影文件打包成 EXE 文件，在没有播放器的机器上也可以进行播放。同时它还附带一个功能强大的屏幕动画抓取工具，内置一个简单的媒体播放器。本章将带大家认识 Camtasia Studio 软件。

本章内容：

- Camtasia Studio 软件安装与卸载
- 初识 Camtasia Studio 软件

2.1 安装与卸载 Camtasia Studio 软件

安装或卸载 Camtasia Studio 软件前，应关闭系统中当前正在运行的所有应用程序，然后根据提示信息操作。

2.1.1 Camtasia Studio 软件安装

下面来介绍 Camtasia Studio 的安装方法。读者如果购买了 Camtasia Studio 软件，可以按照下面的方法操作；如果没有购买，则可在网络上查找 Camtasia Studio 测试版下载并安装。

跟我学

1. **打开主文件** 将下载的安装文件夹解压，按图 2-1 所示操作，打开 Camtasia Studio 8.exe，进行安装(安装时选择英文)。

图 2-1 打开主文件

2. **同意安装协议** 安装过程中，不断单击“Next”按钮，按图 2-2 所示操作，同意安装协议。同意安装协议后，继续单击“Next”按钮。

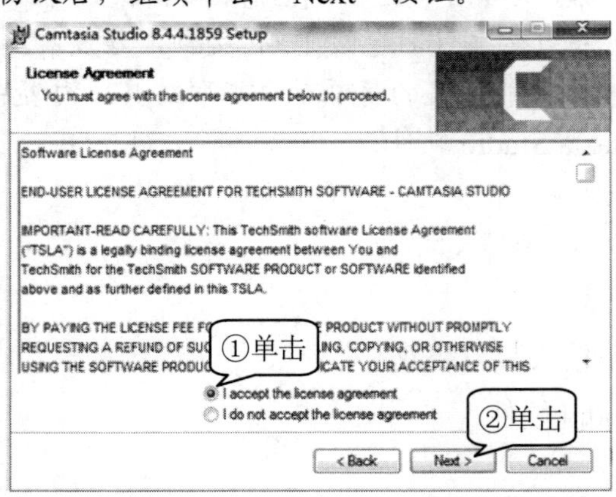

图 2-2 同意安装协议

3. **选择安装目录**　按图 2-3 所示操作，选择安装目录。选择安装目录后，再不断地单击“Next”按钮即可。

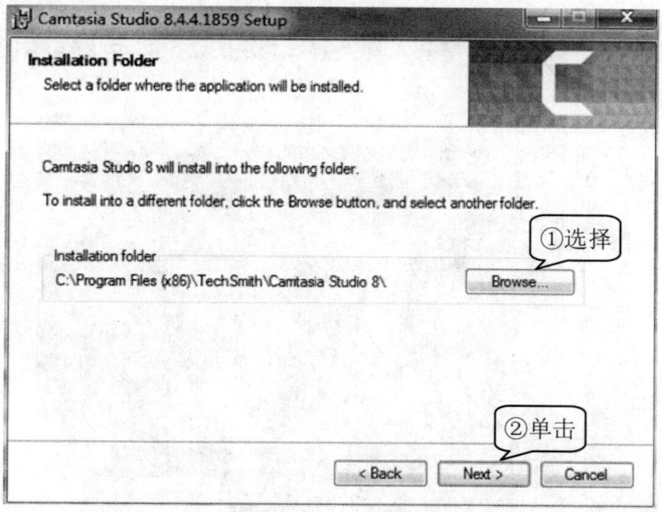

图 2-3　选择安装目录

4. **完成安装**　不断单击“Next”按钮后，即可完成 Camtasia Studio 软件的安装，如图 2-4 所示。

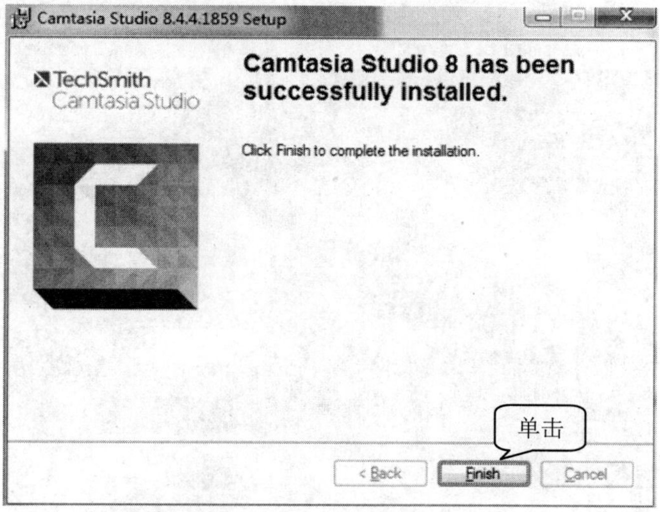

图 2-4　完成安装

2.1.2　Camtasia Studio 软件汉化

安装的 Camtasia Studio 软件默认的语言是英语，为了方便使用，在完成软件安装后，可安装汉化补丁。

跟我学

1. **打开主文件** 将下载的汉化安装文件夹解压，按图 2-5 所示操作，打开 Camtasia Studio 8 汉化补丁，进行安装。

图 2-5 打开主文件

2. **完成汉化** 按图 2-6 所示操作，完成 Camtasia Studio 8 软件的汉化。

图 2-6 完成汉化

2.1.3 Camtasia Studio 软件兼容性设置

安装的 Camtasia Studio 8 完成汉化后，打开时经常会出现无法录制屏幕的情况，这就需要对一些属性进行设置。

跟我学

1. **查找 CamRecorder.exe**　右击 Camtasia Studio 8 桌面的快捷方式，选择“属性”命令，按图 2-7 所示操作，查找安装目录，再根据安装目录的位置查找到 CamRecorder.exe。

图 2-7　查找 CamRecorder.exe

2. **设置兼容性**　右击 CamRecorder.exe 文件，执行“属性”→“兼容性”命令，按图 2-8 所示操作，选择兼容模式，并以管理员的身份运行。

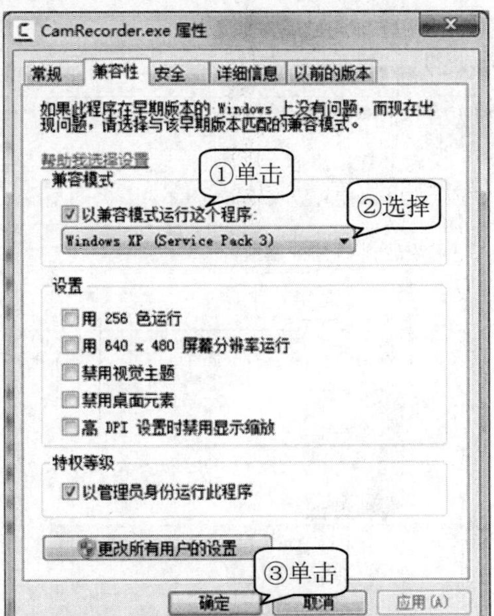

图 2-8　设置兼容性

3. **重启程序**　完成以上设置后，重新启动 Camtasia Studio 8 程序即可。

2.1.4　Camtasia Studio 软件卸载

卸载 Camtasia Studio 软件需要使用 Windows 的卸载程序，下面的操作是针对 Windows 7 用户的。

跟我学

1. **选择程序和功能**　打开 Windows 控制面板，按图 2-9 所示操作，单击“程序和功能”选项。

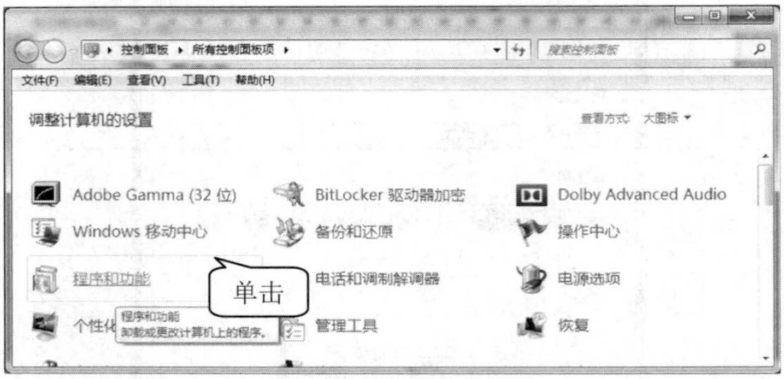

图 2-9　选择程序和功能

2. **卸载程序**　按图 2-10 所示操作，选中“Camtasia Studio 8”程序，单击“卸载”按钮即可卸载软件，窗口中会显示卸载速度，如果要取消卸载，可单击“取消”按钮。

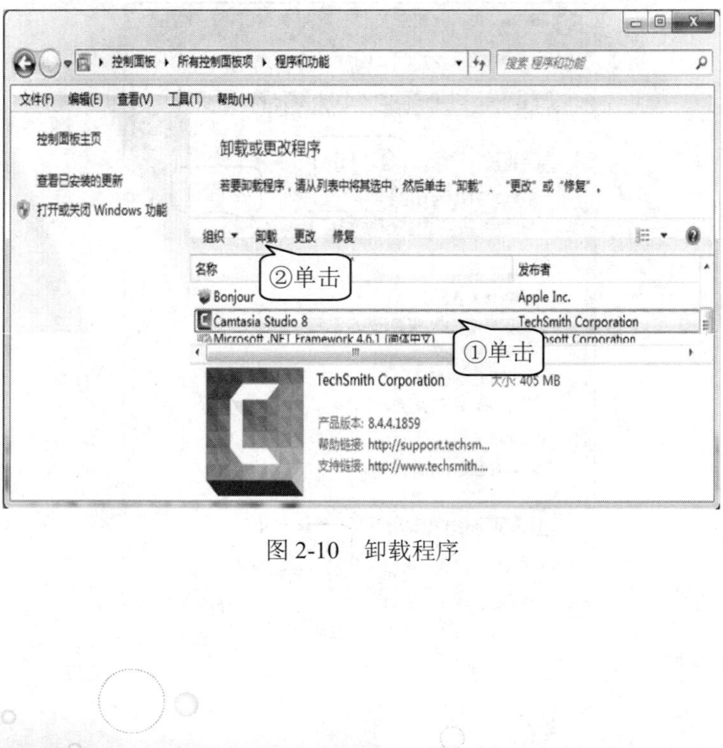

图 2-10　卸载程序

2.2　初识 Camtasia Studio 软件

Camtasia Studio 软件安装结束后，在 Windows 系统“开始”菜单中可以找到“Camtasia Studio 8”和“Camtasia Recorder 8”命令。Camtasia Recorder 8 可以单独录像，并保存录像为“.camproj”格式，而 Camtasia Studio 8 则是对 Camtasia Recorder 8 录像生成的文件进行处理，并最终输出通用视频格式。

2.2.1　Camtasia Studio 工作界面

Camtasia Studio 8 主要是对录制好的视频进行编辑处理，下面一起来认识 Camtasia Studio 8 的界面组成及其各项功能。

1. 了解工作界面组成

Camtasia Studio 工作界面包含了标题栏、编辑区、时间轴、视频播放窗口，如图 2-11 所示。

图 2-11　Camtasia Studio 工作界面

- 标题栏：显示文档名称。
- 菜单栏：菜单中包含可以执行的各种命令。单击菜单名称即可打开相应的菜单。
- 编辑区：导入媒体文件存放窗口，视频编辑时会使用到的很多工具。
- 时间轴：时间轴是视频编辑时必不可少的工具，在视频处理时大量的工作都会在时间轴上进行，所以了解时间轴的使用是非常必要的。

- 视频播放窗口：可以随时查看视频编辑后的效果。

2. 了解编辑区窗口

编辑区主要是用于存放导入的媒体文件，还含有视频编辑时会使用到的大部分工具。下面由上向下介绍各个工具。

- 录制屏幕：包含了录制屏幕和录制 PowerPoint，单击该按钮就会弹出 Camtasia Recorder 8 工作界面，即将开始录制。
- 导入媒体：单击该按钮，可以选择要导入的媒体，媒体导入到编辑区的空白区，如图 2-12 所示。

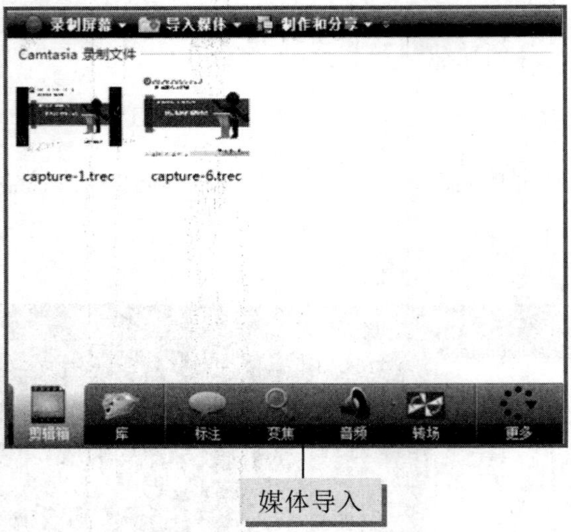

图 2-12　导入媒体

- 制作和分享：单击该按钮可对导入的视频进行编辑，也可将视频进行输出分享。
- 剪辑箱：单击“导入媒体”按钮，选中要剪辑的视频，单击“打开”，所选中的视频就加入到剪辑箱中。直接将视频拖入时间轴，视频将进入自动播放；调整视频播放器左下角的“-”或“+”符号可以调整视频在时间轴上的长短，方便做精准的剪辑；移动时间轴上的“红”“绿”滑块可以选中要剪掉的部分范围，单击时间轴左上角的剪刀图标，即可将其剪辑掉。
- 库：可利用库添加片头片尾。
- 标注：单击该按钮可对视频添加标注。把时间轴上的播放头定位到要添加标注的时刻，单击标注栏里的图形(标注栏中有多种图形可供选择)，画布上就会出现选中的标注图形，也可以继续调整它出现的时刻、在画布上的位置、存在的时间长短、颜色大小边框之类的属性，还可以添加淡入和淡出的效果，如图 2-13 所示。

图 2-13　添加标注

- 变焦：可通过变焦的功能来对视频某部分的内容进行放大和突出，如图 2-14 所示。

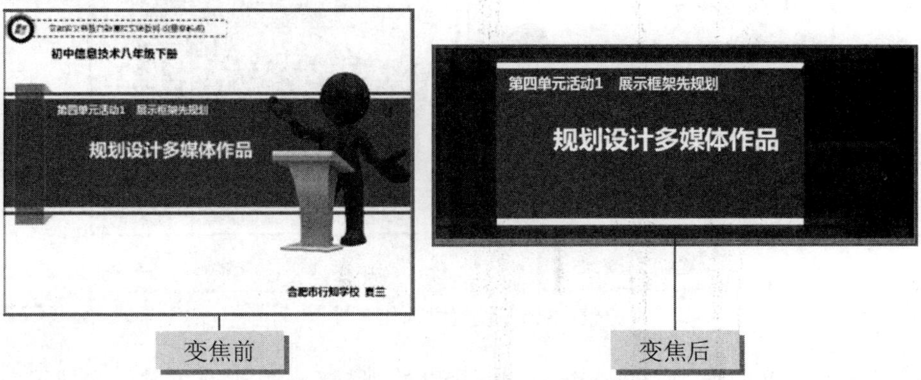

图 2-14　添加变焦

- 音频：打开 Camtasia Studio 8 软件，插入一段音频素材并将其拖到时间轨道上。如果音频素材较短，可通过调整放大比例。单击音频工具，这时就会在它上方出现相关的音频调节工具，同时下方的时间轨道上的音频变成绿色。操作过程中可根据实际情况调节音量的减小或增加、音量淡入淡出、静音。如果音频中有噪声，可以通过消除噪声工具来去除，选中“Enable noise removal”选项即可。如果消除的效果不太理想，可单击下方的“Advanced”，然后通过滑动条进行调节，直至满意为止。
- 转场：在用 Camtasia Studio 8 制作微课时，通过设置转场过渡，可以让视频在开头、结束或者两个小视频片段间出现一种可视的效果，提示位置或内容的变化，或者让两个视频间出现一种平滑的过渡，作用非常大。
- 光标效果：为了在关键的重点知识处引起学生的注意，有时根据需要通过设置光标效果，可以将鼠标光标改成特殊效果，如图 2-15 所示。

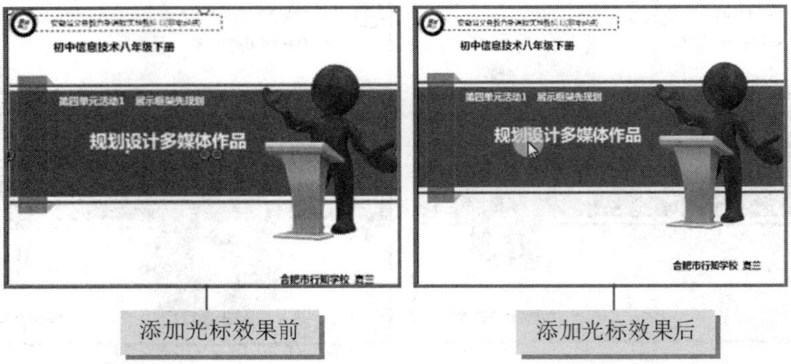

图 2-15　添加光标效果

- 可视化属性：可通过可视化属性面板数值的输入，精确地设置视频的“尺寸”“不透明度”“位置”和“旋转的角度”，如图 2-16 所示。

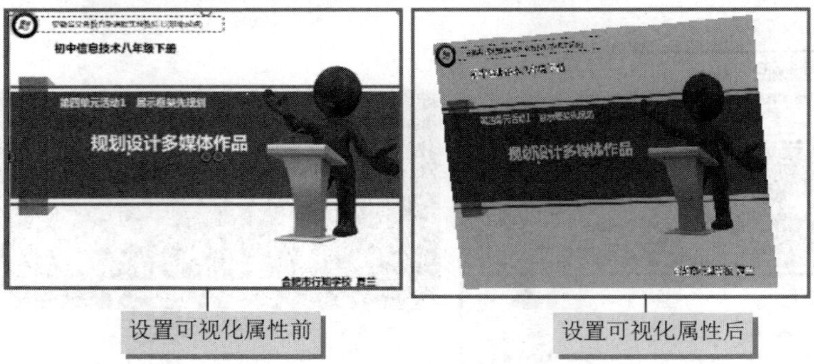

图 2-16　设置可视化属性

- 语音旁白：有时候用 Camtasia Studio 录制好视频后，发现在关键处漏掉了一句解说词，这时可以用 Camtasia Studio 里的 Voice Narration(语音旁白)功能将要补充进视频的声音进行录制，然后插入到相应的时间线上。
- 录制摄像头：在用 Camtasia Recorder 录制视频前，也可以通过单击 Camtasia studio 编辑区里的“录制摄像头”按钮，对摄像头相关属性进行设置。
- 字幕：Camtasia Studio 8 可以为录制好的视频添加字幕，如图 2-17 所示。

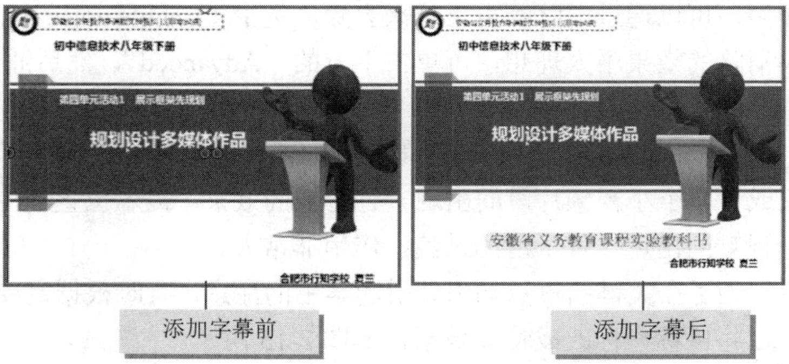

图 2-17　添加字幕

- 测验：如果想检测别人观看录制好的视频后的学习效果，可使用 Camtasia Studio 8 中的“测验”|“添加测验试题”进行检测。

3. 了解时间轴窗口

时间轴是视频编辑时必不可少的工具，在视频处理时大量的工作都会在时间轴上进行，所以了解时间轴的使用是必不可少的，如图 2-18 所示。

图 2-18　“时间轴”面板

- 媒体轨道：将媒体拖入时间轴后，媒体将会显示在轨道中，这样就可以在轨道中对想要编辑的媒体进行一系列的操作。
- ：该按钮为“撤销”按钮。如果所做的操作不合适，单击该按钮可取消上一步的操作过程，可返回到当前结果前面的状态。
- ：该按钮为“重做”按钮。单击该按钮可恢复“撤销”按钮取消的操作。
- ：该按钮为“剪切”按钮。它可以删除不需要的媒体文件或者是删除标签选择的区域。
- ：该按钮为“分割”按钮，这个按钮是将一整段文件剪辑成多个文件，按图 2-19 所示，左图是一段完整的音频和视频，右图是将其分割成三段媒体文件了。

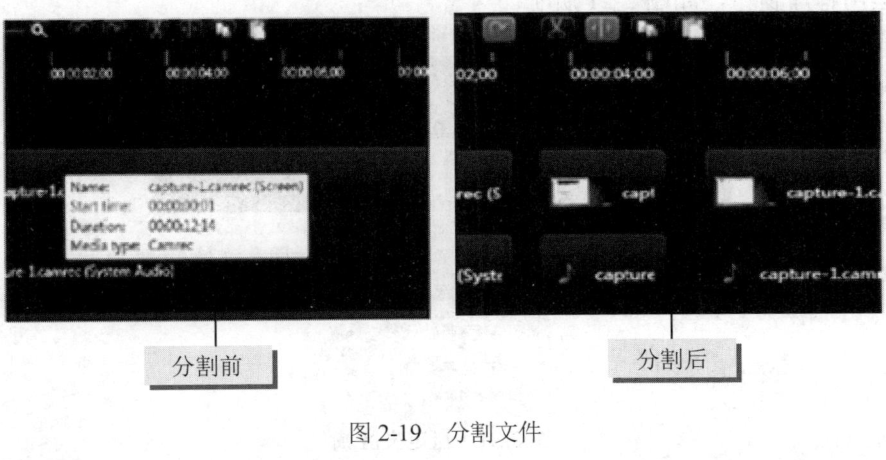

图 2-19　分割文件

2.2.2 Camtasia Recorder 工作界面

Camtasia Recorder 8 主要是单独录像的，可通过单击 Camtasia Studio 8 界面中的“录制屏幕”按钮打开 Camtasia Recorder 8，也可以直接启动安装程序中的 Camtasia Recorder 8 打开。

1. 工作界面组成

Camtasia Recorder 8 工作界面包含了菜单栏、选择区域、录制输入和 rec 按钮，如图 2-20 所示。

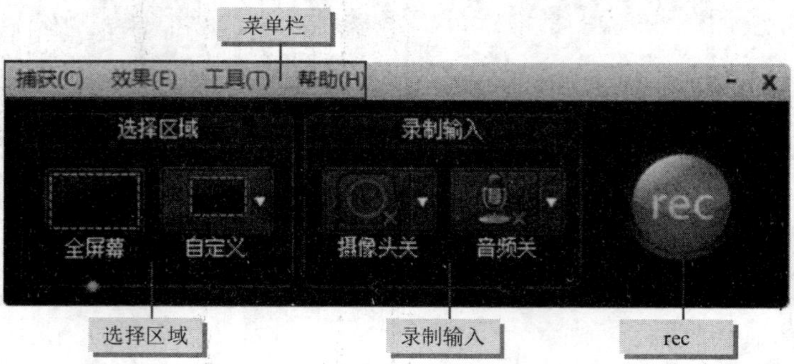

图 2-20　Camtasia Recorder 8 工作界面

- 菜单栏：菜单中包含可以执行的各种命令。单击菜单名称即可打开相应的菜单。
- 选择区域：录制区域的选择设置。
- 录制输入：录制输入的相关属性设置。
- rec 按钮：录制开关。

2. 选择区域窗口

选择区域主要是对将要录制的界面区域进行设置。主要包含以下两大类。

- 全屏录制(full screen)：录制的是全屏，满屏。
- 自定义(custom)：在自定义中提供了下拉菜单，可以选择录制的区域，以及录制的运用程序窗口，如图 2-21 所示。

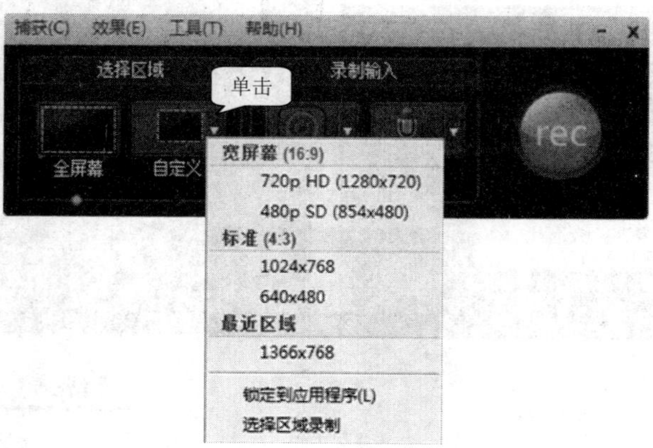

图 2-21　自定义区域

3. 录制输入窗口

录制输入区域主要是对录制输入的相关属性进行设置，主要包含两大类。

- 摄像头：单击“摄像头”按钮，即可开/关摄像头。按图 2-22 所示操作，单击摄像头按钮，即可打开摄像头。

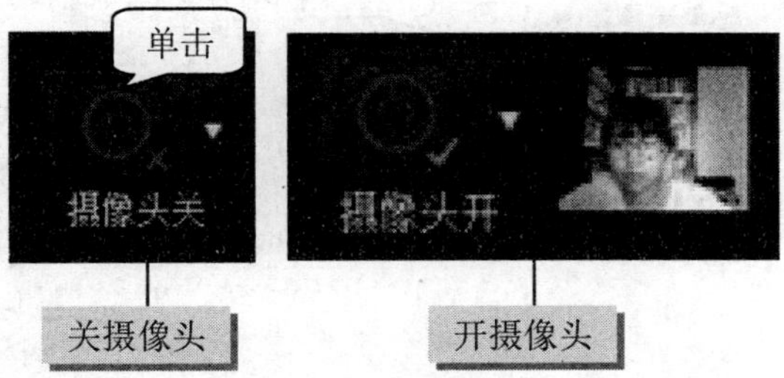

图 2-22　开/关摄像头

- 音频：音频的录制设置包含了以下三大类。
- 外部声音：按图 2-23 所示操作，可录入外部声音。

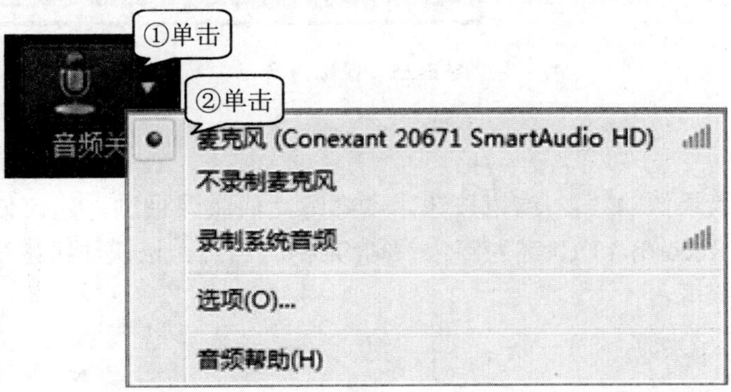

图 2-23　外部声音

- 系统声音：按图 2-24 所示操作，可录入系统声音。

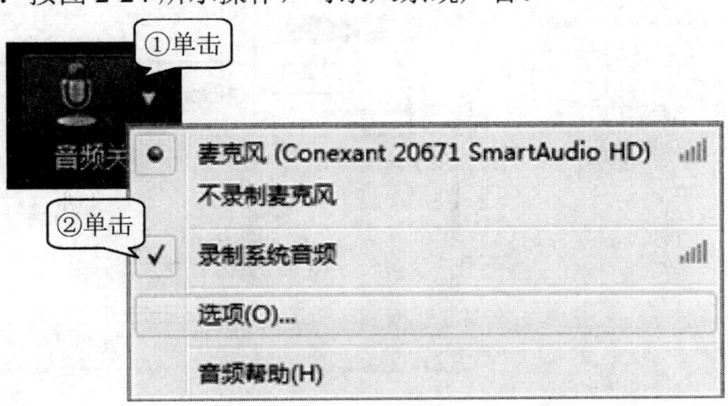

图 2-24　系统声音

● 鼠标声音：单击“效果”菜单栏，按图 2-25 所示操作，可录入鼠标声音。

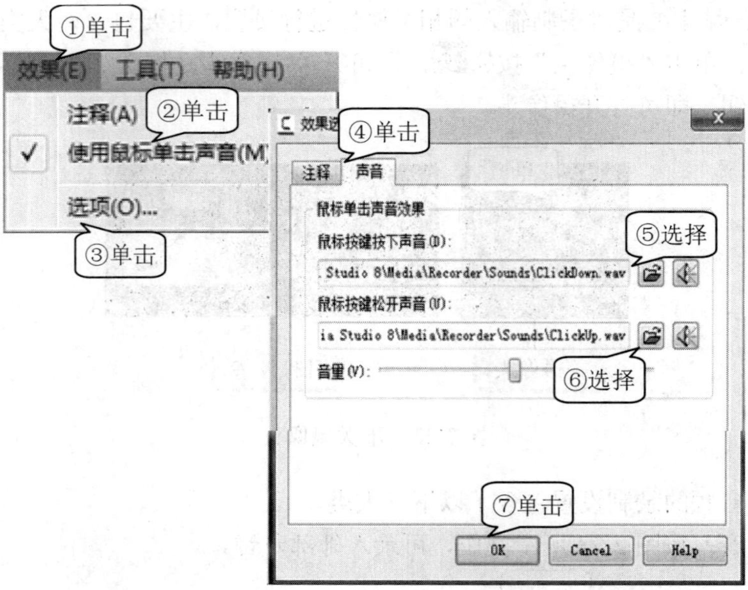

图 2-25　鼠标声音

4. 开关按钮

“rec”按钮为录像的开始/结束按钮。要熟练完成微课录制，建议使用快捷键，其中 F9 键为开始录制(Record)，F10 键为停止录制(Stop)。当然，该快捷键也是可以设置的，按图 2-26 所示操作即可。

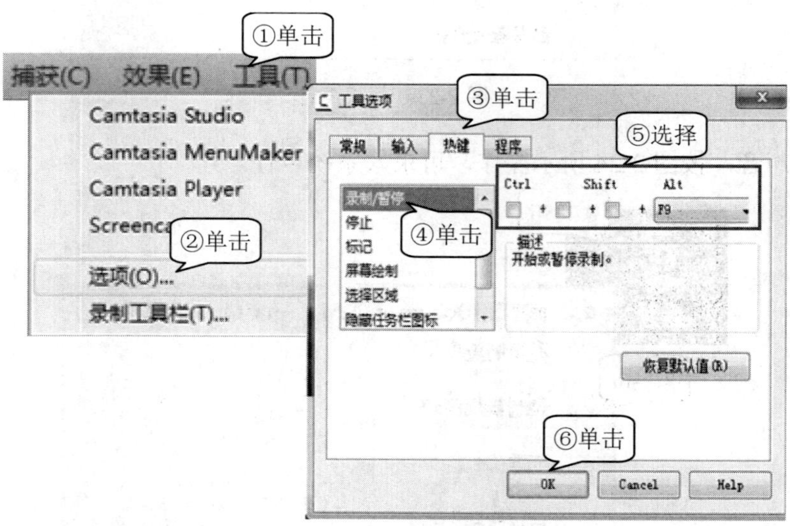

图 2-26　设置开始、停止快捷键

5. 预览界面

使用 Camtasia Recorder 8 软件录制微课，按 F10 键，结束微课录制，进入预览界面，如图 2-27 所示。

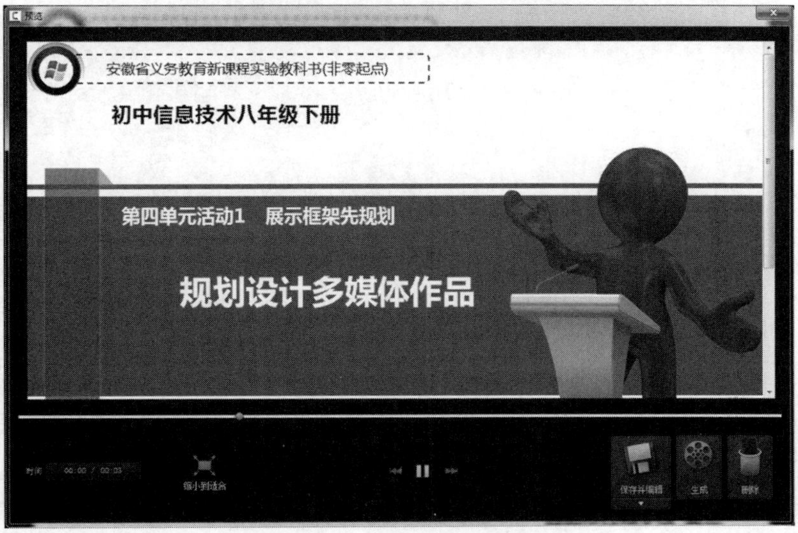

图 2-27　预览界面

Camtasia Studio 软件结束录制后进入预览界面，可单击“播放/暂停”按钮来观看录制的视频。

- 时间：显示的是当前播放时间/视频时间长度。
- 缩小到合适：单击按钮，可将视频缩放到合适尺寸。
- 保存并编辑：可将录制的视频“另存为”到指定的位置。
- 生成：可直接保存为视频文件，也可选择保存位置，为文件重新命名。
- 删除：选择删除录制的视频，选择“Yes”表示删除，选择“No”表示不删除。

知识库

1. Camtasia Studio 支持的导入文件类型

Camtasia Studio 支持的导入文件类型包含以下 3 个方面。

- 图像文件：支持的图像文件类型有.bmp，.gif，.jpg，.jpeg，.png。
- 音频文件：支持的音频文件类型有.wav，.mp3，.m4a，.wma。
- 视频文件：支持的视频文件类型有.camrec，.trec，.avi，.mp4，.mpg，.mpeg，.wmv，.mov，.mts，.m2ts，.swf。

2. Camtasia Studio 支持的保存文件格式

Camtasia Studio 支持的保存文件格式有如下两种。但一般保存时不推荐 avi 格式，因为

avi 文件较大，采用 avi 格式保存较长视频时容易死机。

- camrec：. camrec 只有在 Camtasia Studio 中才能打开。
- avi：通用格式，基本上所有的软件都可以打开。

第 3 章

录制微课视频

利用 Camtasia Studio 软件来录制微课视频，是简单而常用的微课录制方式。根据不同学科的微课特点，选择多样化的方式来录制，掌握录制微课视频的方法，可以丰富微课的呈现形式，提高微课视频的教学效果，从而增加学习者对微课的学习兴趣。

Camtasia Studio 软件可以实现屏幕操作的录制，并能嵌入到 PowerPoint 课件中进行录制，具有针对性；若需要讲解者出现在镜头中或实物展示还可利用摄像头进行录制；还能录制画面的语音旁白，真正实现了录制的多样化。其操作界面的设计人性化，操作方法简单、快捷易学习。

由于篇幅限制，录制微课仅介绍关键画面步骤，其他部分可参考光盘中的实例进行学习。

本章内容：

- 录制屏幕
- 设置变焦
- 录制光标效果

3.1 录制屏幕

利用 Camtasia Studio 软件录制屏幕和语音，其最大优点是录制屏幕清晰度高，录制的声音清晰无杂音，保真性高，操作简单不繁琐。可以实现屏幕、PowerPoint 课件、摄像头和语音的录制，真正实现了录制的简单化、多样化。

3.1.1 设置录制区域

录制屏幕时默认状态下是全屏录制，可根据录制画面的特点来灵活设置录制区域，以免去后期编辑时视频区域的缩放调整。

实例 1 小学信息技术“设置自定义动画”

本例内容是小学信息技术“设置自定义动画”微课，通过观看微课，旨在让学生使用“自定义动画”命令，为幻灯片的艺术字、文字、图片等添加动画效果，增强观赏性。微课效果如图 3-1 所示。

图 3-1 微课“设置自定义动画”效果图

跟我学

1. **创建新项目** 运行 Camtasia Studio 软件，单击欢迎窗口中的“录制屏幕”按钮，按图 3-2 所示操作，创建新项目。

图 3-2 创建新项目

2. **设置区域、音频属性**　按图 3-3 所示操作，在 Camtasia Recorder 中设置录制区域为“全屏幕”，设置“音频开”，调整好音频大小。

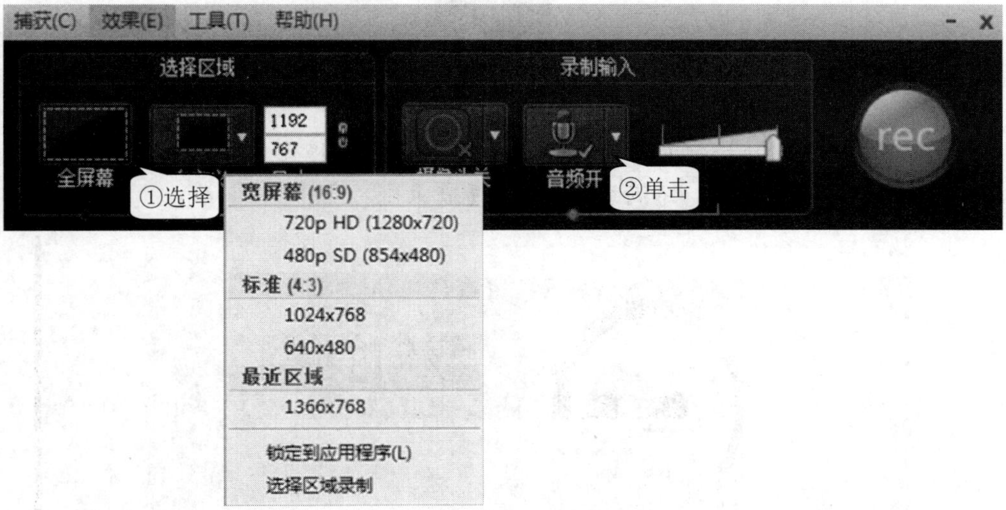

图 3-3　设置区域、音频属性

3. **设置录像格式**　按图 3-4 所示操作，设置录像保存格式为.trec 或.avi，同时修改保存路径。

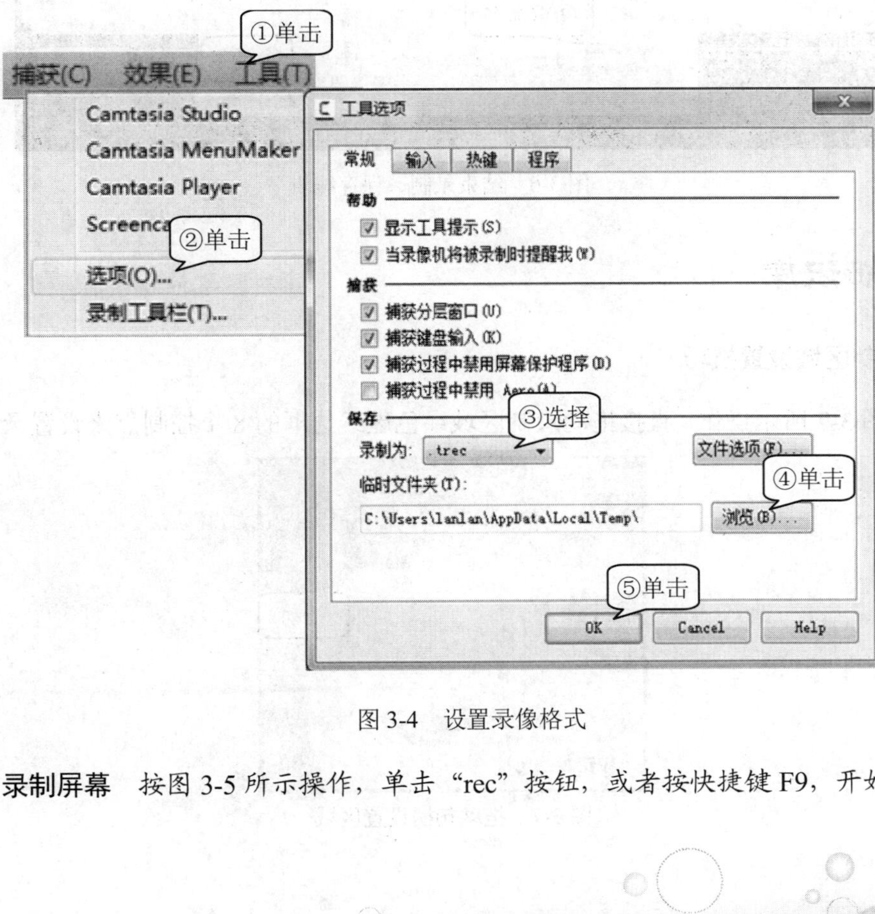

图 3-4　设置录像格式

4. **录制屏幕**　按图 3-5 所示操作，单击“rec”按钮，或者按快捷键 F9，开始录制。

图 3-5　录制屏幕

5. **预览效果**　按快捷键 F10 停止录制，按图 3-6 所示操作，预览录制的效果，满意后保存并进入软件编辑，不满意则删除后重新录制。

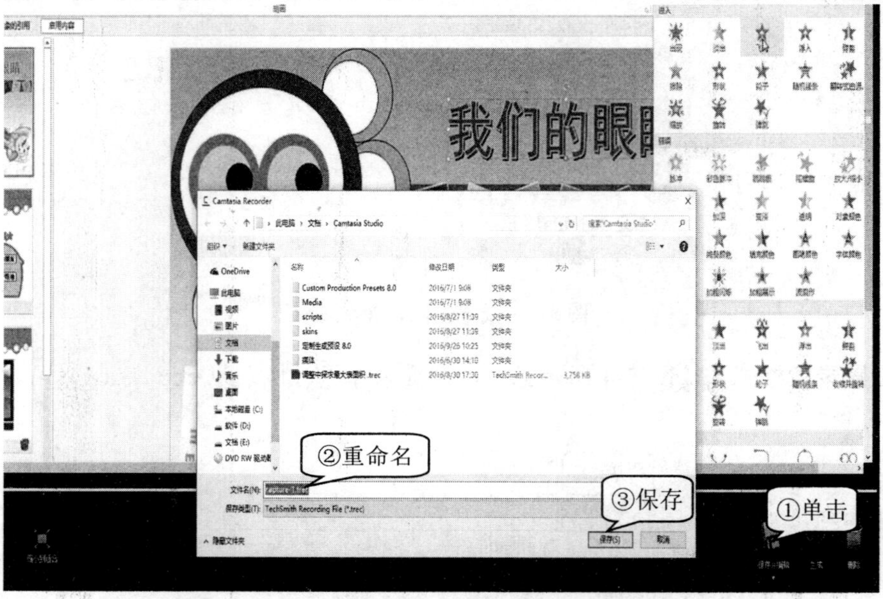

图 3-6　结束录制、保存编辑

知识库

1. 录制区域设置技巧

可按图 3-7 所示操作，直接拖动录制区域绿色虚线边框的 8 个控制点来设置录制区域。

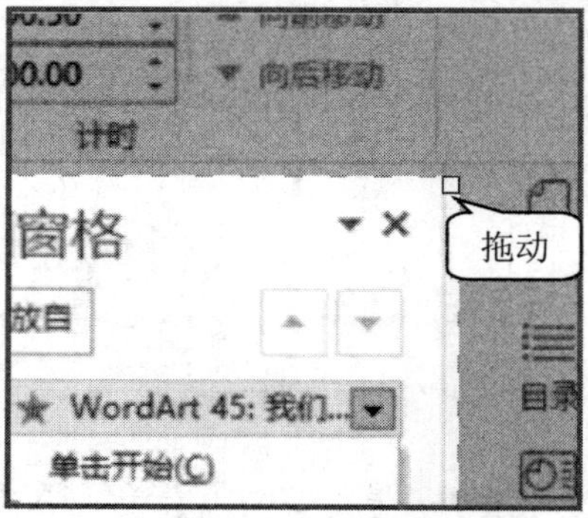

图 3-7　拖动句柄设置区域

2. 录制屏幕注意事项

开始录制时注意，如图 3-8 所示，当出现 3 秒倒计时提示时先不要录音，待 3 秒后开始录制，因为这 3 秒是准备阶段，录音不记录。

图 3-8　倒计时提示界面

3.1.2　录制 PowerPoint 课件

Camtasia Studio 软件可直接作为加载项嵌入 PowerPoint 软件，也可直接录制 PowerPoint 课件讲解内容，去除其他多余画面，便于课件的录制，更便于后期编辑。

实例 2　小学语文“导游词”

本例内容是小学语文第七册“导游词”微课，通过观看微课，创设情境，旨在罗列出学生设计导游词时易出现的几种错误，并进行指导和练习。微课效果如图 3-9 所示。

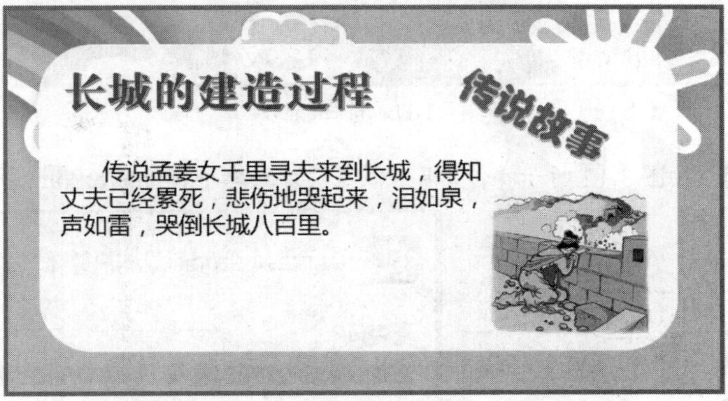

图 3-9　微课“导游词”效果图

跟我学

1. **打开课件**　按图 3-10 所示操作，打开课件“导游词.pptx”。

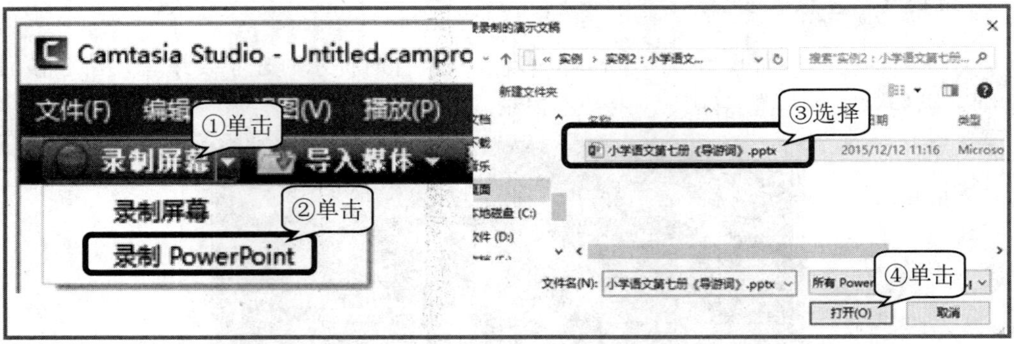

图 3-10　打开课件

2. **选择加载项**　按图 3-11 所示操作，选择 PowerPoint 软件中的 Camtasia Studio 录制加载项。

图 3-11　选择加载项

3. **开始录制**　按图 3-12 所示操作，根据微课设计思路进行 PowerPoint 课件的讲解录制。

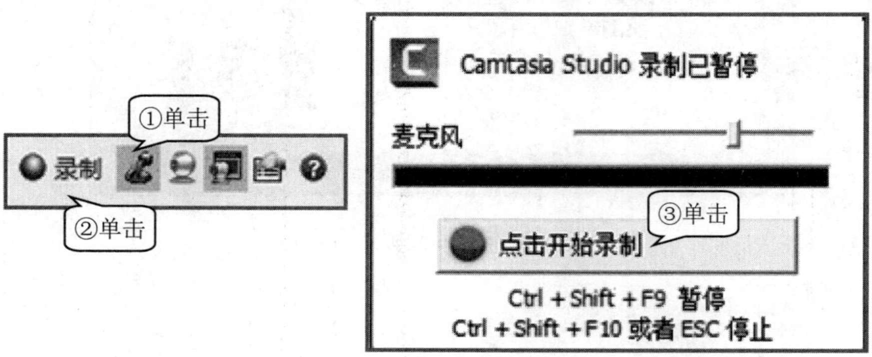

图 3-12　开始录制

4. **结束录制**　课件放映结束后，按图 3-13 所示操作，停止录制，并保存录制文件为“导游词.trec”。

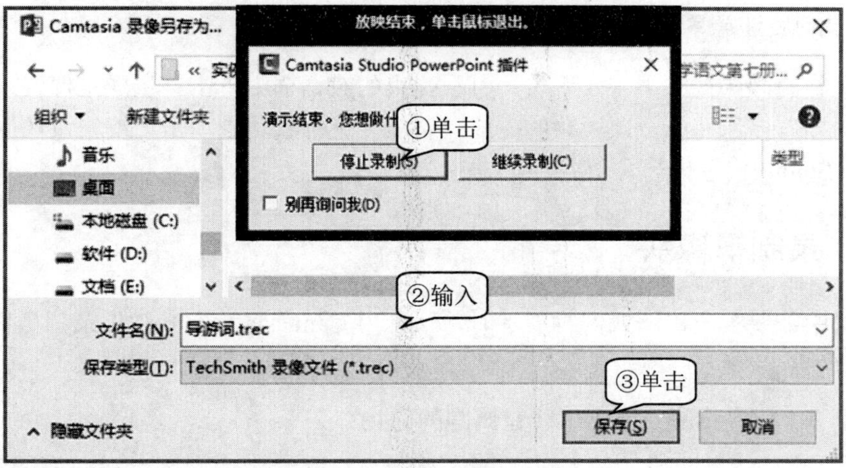

图 3-13　结束录制并保存微课

5. **生成录像**　按图 3-14 所示操作，按照“生成向导”提示完成微课视频的生成。

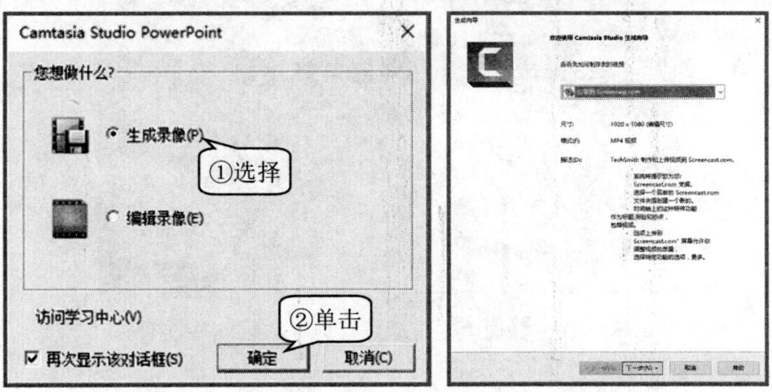

图 3-14　生成微课视频

知识库

1. PowerPoint 软件关联加载项

在安装 Camtasia Studio 软件时，会有英文提示是否关联 PowerPoint 软件，此选项要选取，否则在 PowerPoint 软件中无法找到录制加载项，如图 3-15 所示。

图 3-15　关联加载项

2. 录制后注意事项

若录制的微课视频不需要编辑，可在弹出的对话框中单击“生成录像”选项，并按照“生成向导”提示完成微课视频的生成；若需要进行编辑则单击“编辑录像”选项，进入 Camtasia Studio 软件进行合理编辑。

3.1.3 录制摄像头

微课中需要实景讲解或实物展示时，可利用 Camtasia Studio 软件录制摄像头进行辅助讲解。

实例 3 初中物理“通电螺线管周围的磁场”

本例内容是初中物理“通电螺线管周围的磁场”微课，通过观看微课，实景展示通电螺线管周围的磁场，让学生产生直观的感受，微课效果如图 3-16 所示。

图 3-16 微课“通电螺线管周围的磁场”效果图

跟我学

1. **预览摄像头** 连接好摄像头后，按图 3-17 所示操作，运行 Camtasia Studio 软件中的“录制摄像头”窗口，预览摄像头连接是否正常。

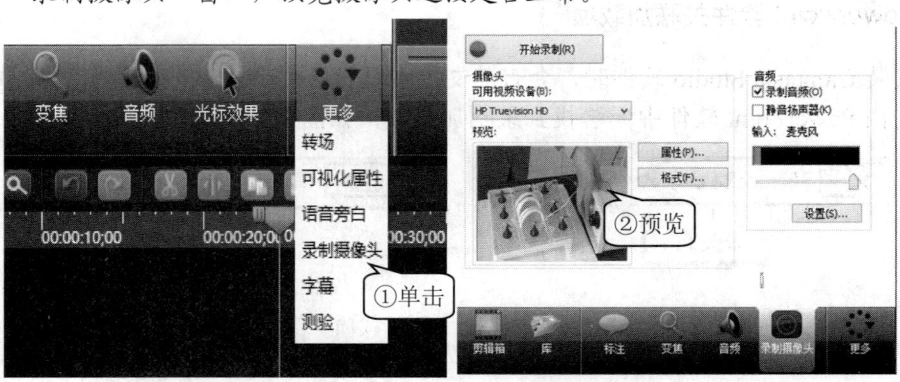

图 3-17 预览摄像头

2. **设置视频属性**　根据微课设计思路，按图 3-18 所示操作，合理设置摄像头录制的属性、格式，调整视频的对比度、色调、输出大小。

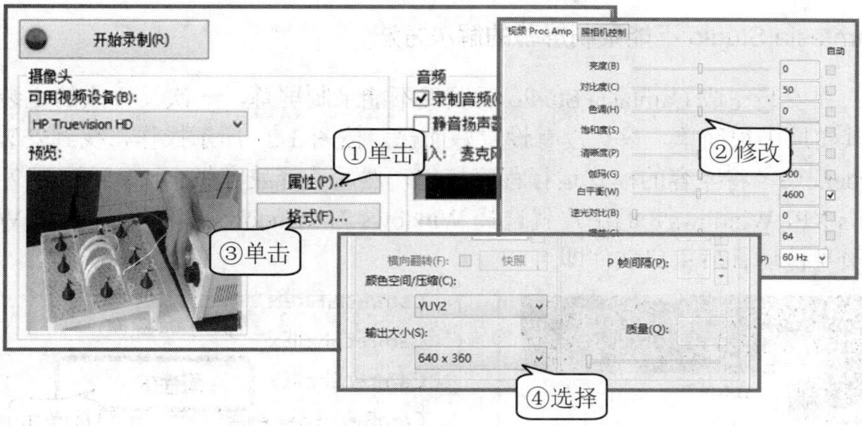

图 3-18　设置视频属性

3. **设置音频格式**　按图 3-19 所示操作，开启“录制音频”，设置麦克风录制的音频格式。

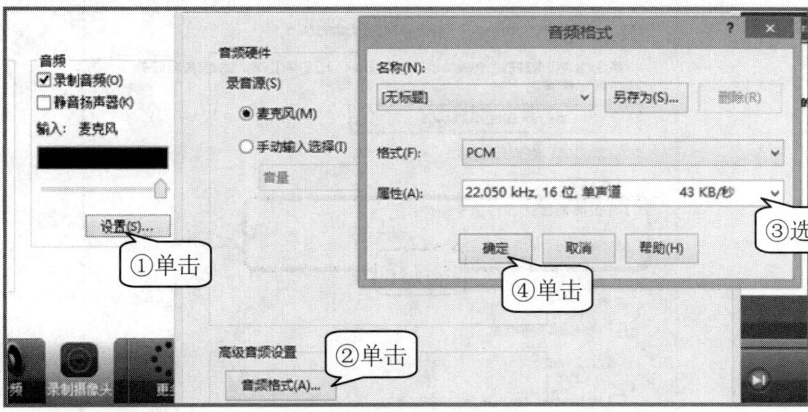

图 3-19　设置音频格式

4. **开始录制**　按图 3-20 所示操作，开始录制摄像头拍摄的画面，并保存录制视频。

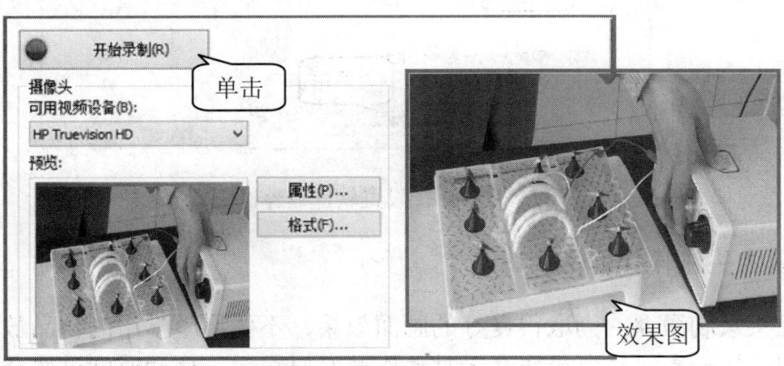

图 3-20　开始录制并预览效果

知识库

1. Camtasia Studio 不能录制屏幕的解决方法

很多人在安装完成 Camtasia Studio 后发现不能录制屏幕，一次又一次的重装也没有任何作用。其实原因很简单，只是没有设置好而已。按图 3-21 所示操作，找到安装目录中的 CamRecorder.exe，将兼容的模式运行程序打勾，然后选择兼容版本，Windows 7 的用户选择 Windows XP，Windows 8 的用户就选择 Windows 7，Windows 10 的用户选择 Windows 8；并以管理员身份运行后重启软件即可。

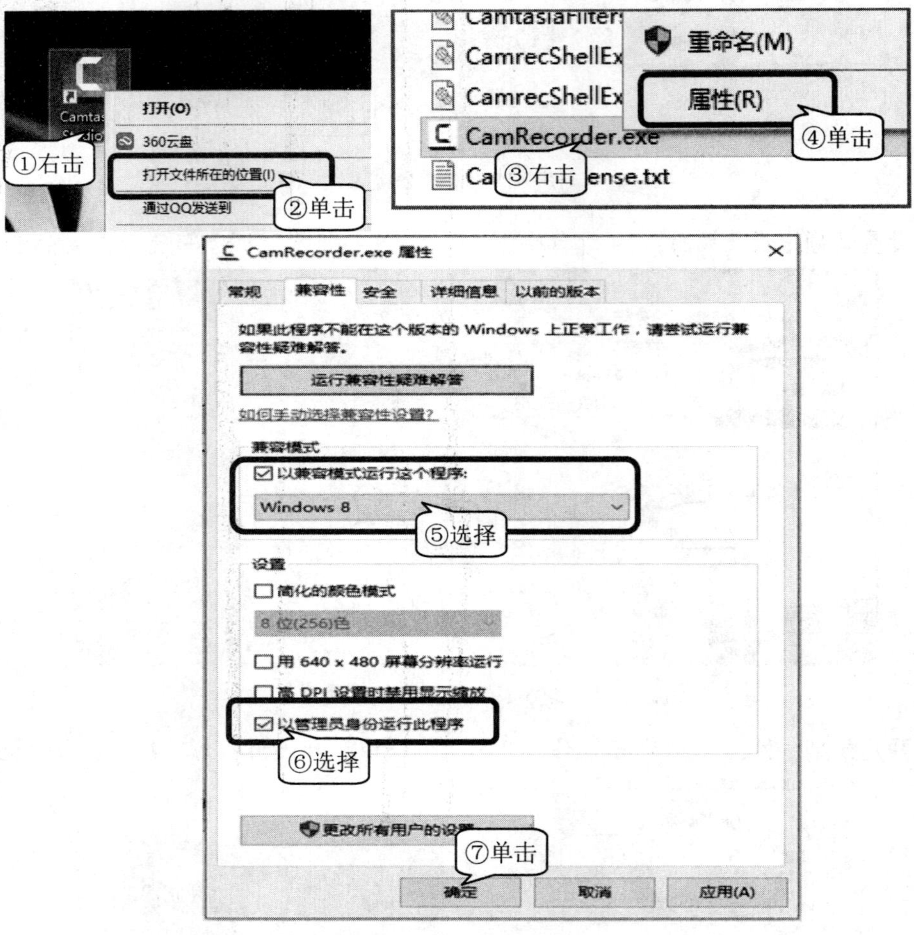

图 3-21　设置软件兼容性

2. 录制摄像头注意事项

借助摄像头录制微课，为取得良好的画面效果，不要将教学用的物品放在拍摄区域之内，去除一切干扰元素；注意操作演示时动作节奏要舒缓，移动速度过快会导致画面不清晰；光线要明亮无频闪。

3.1.4　录制语音旁白

有时候我们用 Camtasia Studio 录制好微课后，发现在关键处漏了一句解说词。这时不需要重新录制视频，可用 Camtasia Studio 软件中的语音旁白功能在对应时间的媒体轨道上补充录制解说词，就可以快速解决了。

实例 4　小学数学“调整中探求长方体最大表面积”

本例内容是小学数学六年级下册“调整中探求长方体最大表面积”微课，通过观看微课，旨在让学生回顾长方形周长定义，长宽与面积的关系，结合语音旁白引导学生运用这个关系探求长方体棱长总和一定情况下的最大表面积。微课效果如图 3-22 所示。

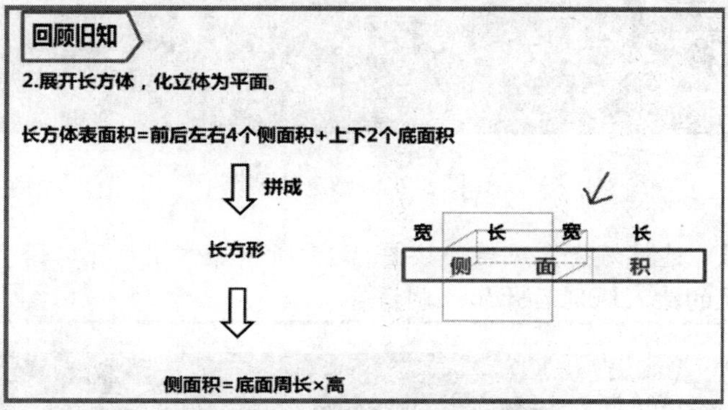

图 3-22　微课“调整中探求长方体最大表面积”效果图

跟我学

1. **导入微课**　按图 3-23 所示操作，运行 Camtasia Studio 软件，导入需要补录解说词的微课“调整中探求最大表面积.mp4”。

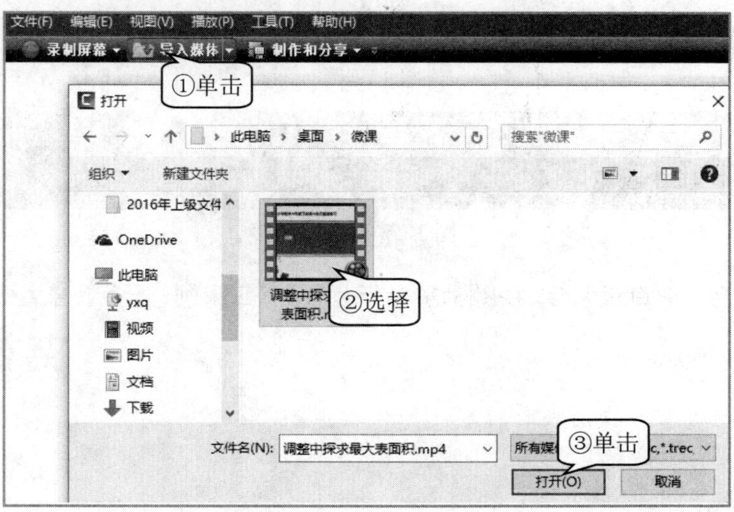

图 3-23　导入微课

2. **确定补录点** 按图 3-24 所示操作，用鼠标拖动时间轴上的滑轴，将时间线移到需要添加语音旁白的帧上。

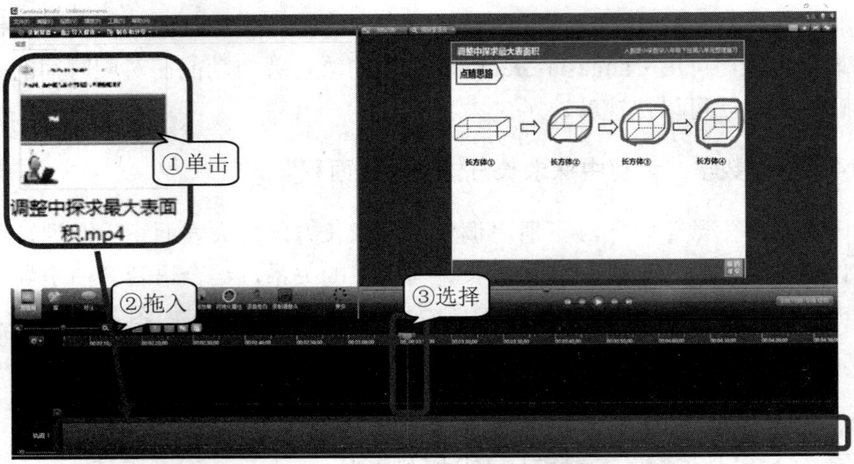

图 3-24 确定补录点

3. **设置麦克风** 连接好麦克风后，按图 3-25 所示操作，打开“语音旁白”选项面板，确定麦克风的输入级别后开始录制语音。

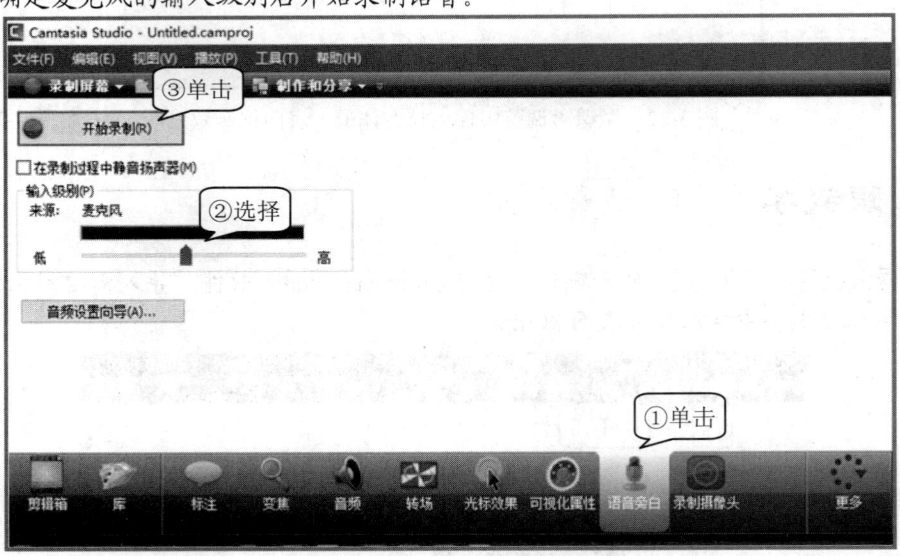

图 3-25 设置麦克风

4. **保存录音** 旁白说完后，按图 3-26 所示操作，停止录制，保存录音文件为“旁白.wav”。

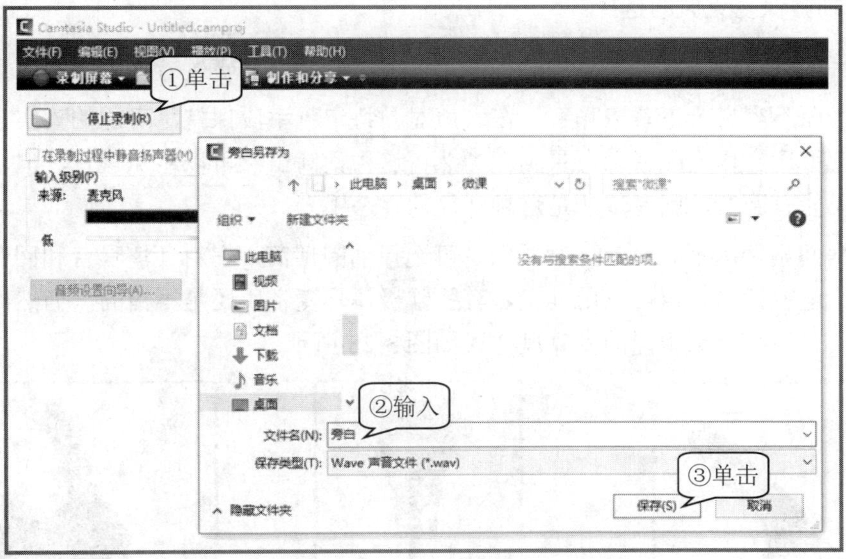

图 3-26　保存录音

5. **加入旁白**　如图 3-27 所示，录制的旁白会自动加在指定的时间线上。

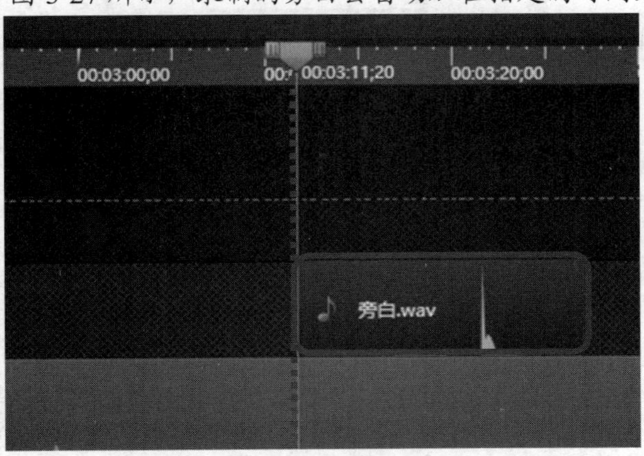

图 3-27　自动添加旁白

知识库

1. 录制音频的注意事项

若“语音旁白”选项面板中的“开始录制”按钮呈灰色状态，则表示麦克风未正常连接，需要检查麦克风连接情况；麦克风连接正常的情况下，有时也会出现声音无法录制的情况，把软件的兼容版本调高后重启即可。

还可使用 Windows 系统“附件”中自带的麦克风功能(SoundRecorder.exe)录制语音旁白后添加到 Camtasia Studio 软件中进行编辑。

2. 录制微课麦克风的选择

有条件的话可以选择配音专用的枪型小振膜电容话筒，它具有超指向功能，能轻易录制你的语音而不容易录下背景噪音，在人声对白特定频率段保持尽可能的真实自然以及亲近感，因此很适合作为配音念白录制。当然，这种话筒虽然可以避免噪音，但是必须时刻注意房间不能有回音，回音依然是这种话筒的“杀手”。

如果房间条件达不到声学环境要求，可选择动圈话筒，它对环境噪音和回音的敏感度要远远低于电容话筒。也可以用耳麦，有些驻极体耳麦音质还是不错的，当然离专业质量还是有很大差距。录制微课的麦克风样式如图 3-28 所示。

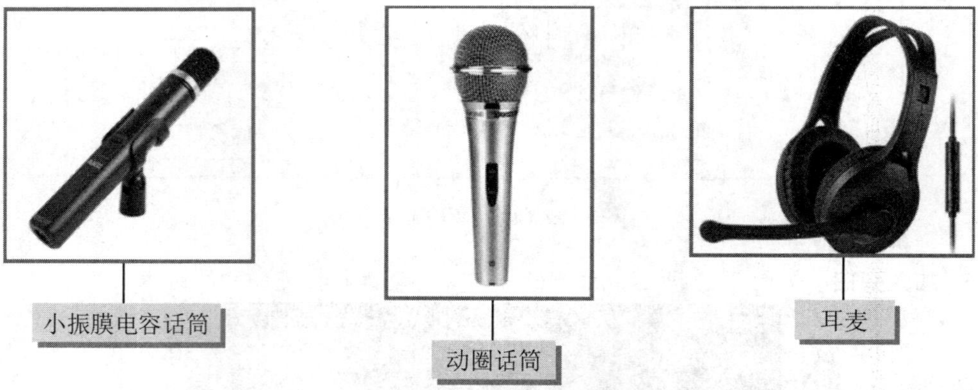

图 3-28　麦克风样式

3.2　设置变焦

在用 Camtasia Studio 制作微课时，为了让学生看得更清晰，有时候需要将屏幕画面放大或缩小，从而让画面更有层次和跳跃感，这也是很多微课中具备的画面特点。

3.2.1　放大屏幕

在微课中，对于一些重点知识要进行细化讲解时，可将画面放大，去除干扰的画面，从而让微课讲解得更有针对性。

实例 5　初中信息技术“了解修补工具”

本例内容是初中信息技术“了解修补工具”微课，通过放大屏幕来突出演示修补工具的操作方法，方便学生记忆和理解操作细节。微课效果如图 3-29 所示。

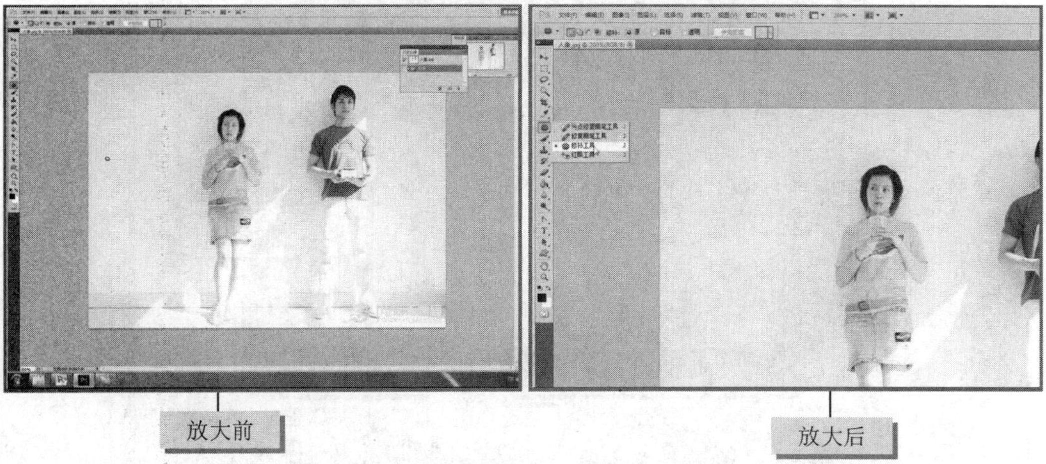

图 3-29　屏幕画面放大效果

跟我学

1. **打开微课**　运行 Camtasia Studio 软件，导入微课“了解修补工具.mp4”到剪辑箱中，并拖入到媒体轨道中。
2. **确定放大点**　按图 3-30 所示操作，将时间轴上的滑轴移到需要放大画面所在的帧上。

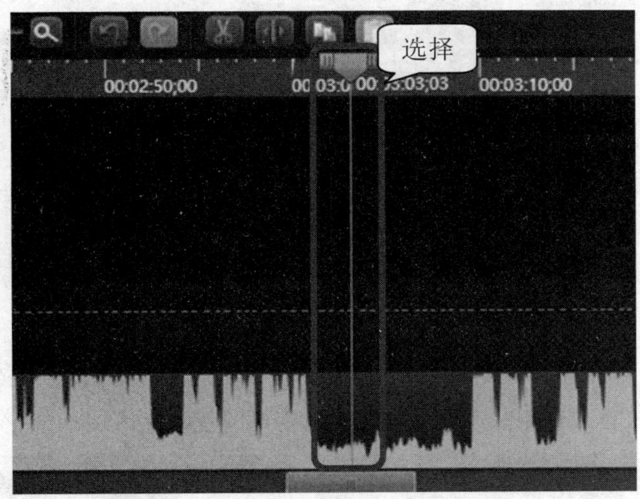

图 3-30　确定放大点

3. **打开变焦面板**　按图 3-31 所示操作，打开“变焦”控制面板，观察预览画面，找到 8 个调整句柄。

图 3-31　打开“变焦”面板

4. **放大屏幕**　按图 3-32 所示操作，通过推拉调整句柄缩小矩形选框，就好像是在将镜头朝向被摄物体推进一样，右边的画面立刻变大，调整画面到合适位置。

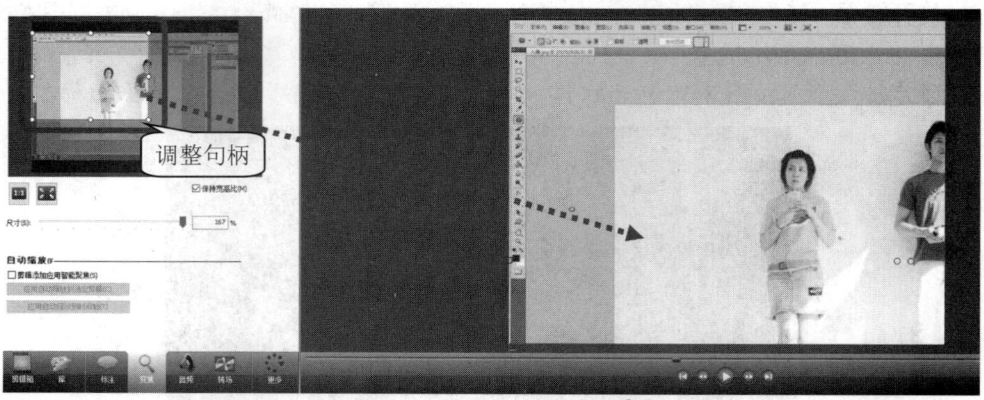

图 3-32　放大屏幕

5. **调整时长**　按图 3-33 所示操作，将鼠标移到蓝色变焦标记左边的白色小圆点上，出现一个双向箭头，拖拉改变画面放大起始位置及放大效果时长为 2 秒，并保存文件。

图 3-33　调整放大特效时长

3.2.2　缩小屏幕

在微课中，设置了放大画面的同时，为了便于知识点的逐步理解，还需将画面缩小到合适大小，从而让微课讲解得更有条理性。

实例 6　小学数学“调整中探求长方体最大表面积”

本例内容是小学数学“调整中探求长方体最大表面积”微课，为了探求长方体的最大表面积，需要逐步展示调整长方体的长、高、宽的过程，从而得出正方体的表面积最大，可将画面缩小，让学生在学习时有一个直观的感受。画面缩小效果如图 3-34 所示。

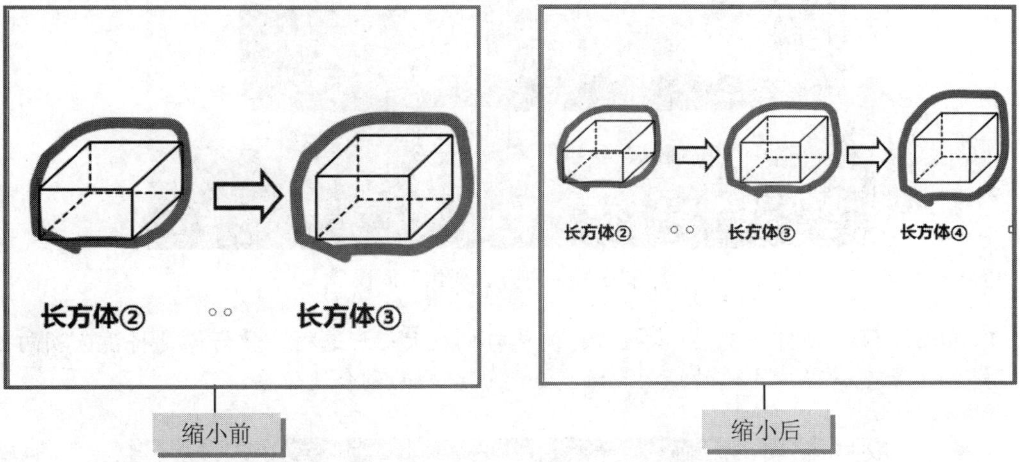

图 3-34　屏幕画面缩小效果

跟我学

1. **打开微课**　运行 Camtasia Studio 软件，导入微课“调整中探求长方体最大表面积.mp4”到剪辑箱中，并拖入媒体轨道中。
2. **确定缩小点**　按图 3-35 所示操作，将时间轴上的滑轴移到需要缩小画面所在的帧上。

图 3-35　确定缩小点

3. **打开“变焦”面板** 按图 3-36 所示操作，在“变焦”面板中预览画面，选择合适的句柄调整画面区域。

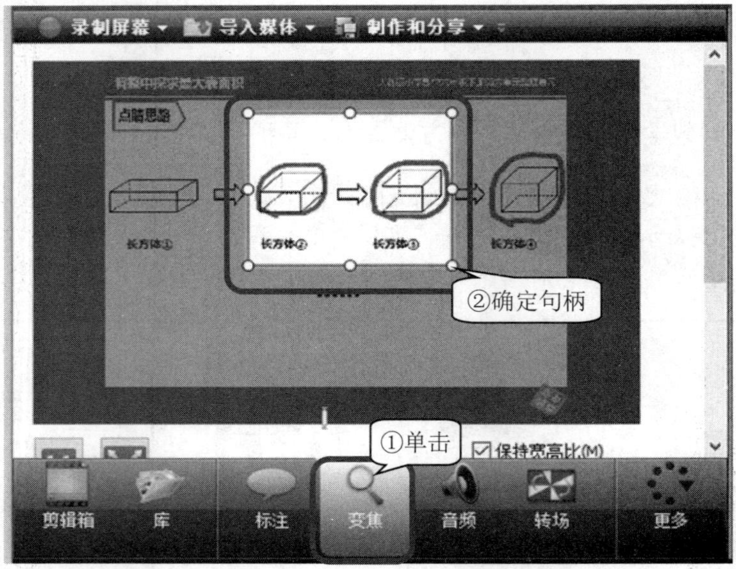

图 3-36　打开“变焦”面板

4. **缩小屏幕** 按图 3-37 所示操作，调整句柄放大矩形选框，就好像是将镜头朝向被摄物体拉远一样，右边的画面立刻变小，调整画面到合适位置。

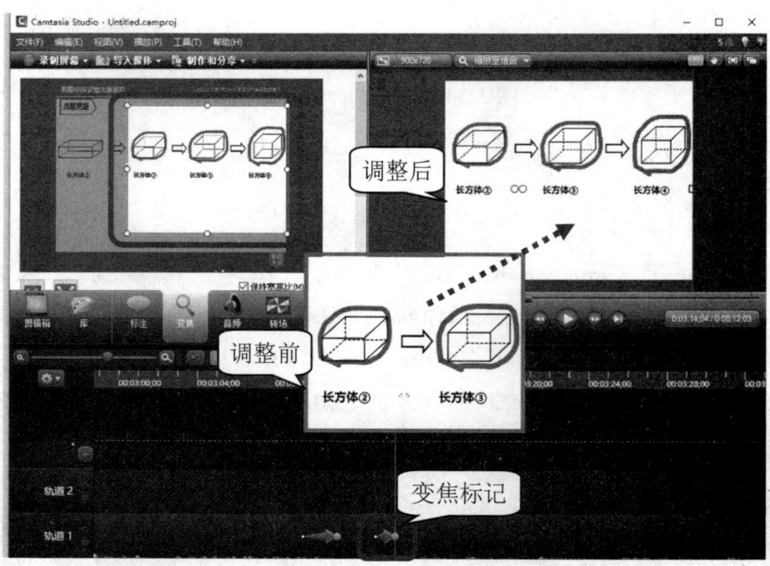

图 3-37　缩小屏幕

5. **调整时长** 按图 3-38 所示操作，改变画面开始缩小的起始位置及画面缩小效果经历的总时长为 1.28 秒，并保存文件。

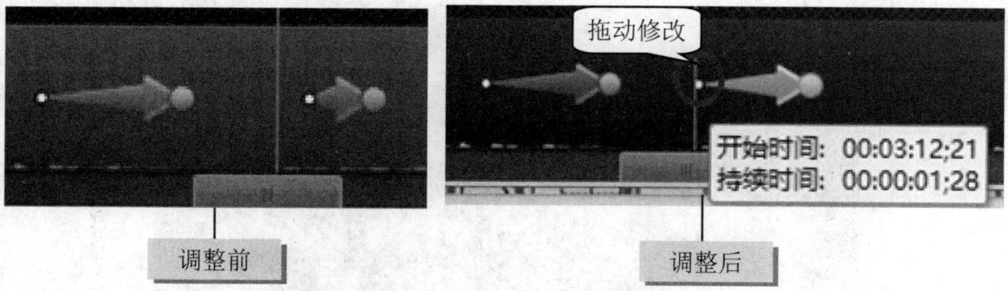

图 3-38 调整缩小特效时长

3.2.3 还原变焦

在微课中讲解完知识点后，可将屏幕画面进行还原，以求微课画面的完整性，方便学生在完整的知识点结构中进行总结和回顾。

实例 7 小学数学“调整中探求长方体最大表面积”

本例内容是小学数学“调整中探求长方体最大表面积”微课，通过微课系统回顾当长方体棱长总和相同情况下，正方体是具有最大表面积的长方体。画面还原效果如图 3-39 所示。

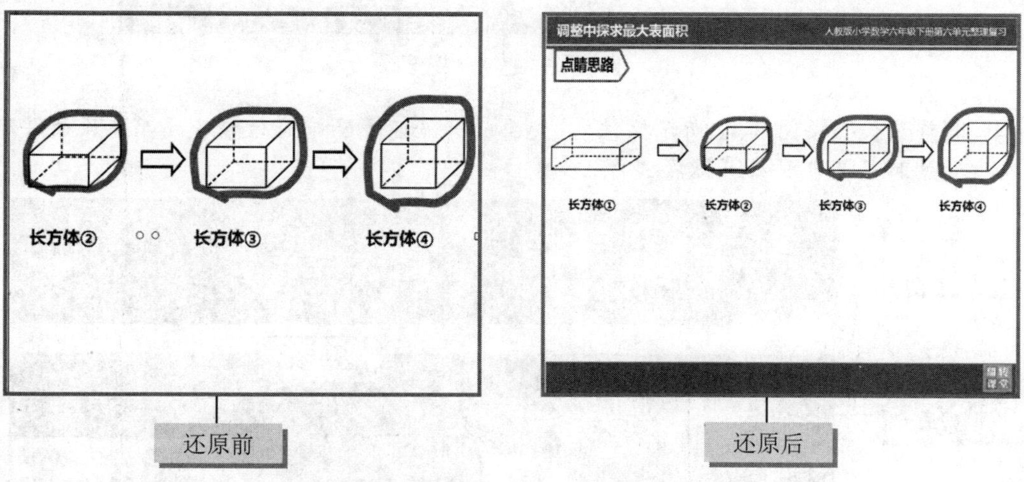

图 3-39 屏幕画面还原效果

跟我学

1. **打开微课** 运行 Camtasia Studio 软件，导入微课“调整中探求长方体最大表面积.mp4”到剪辑箱中，并拖入到媒体轨道中。

2. **确定还原点** 按图 3-40 所示操作，将时间轴上的滑轴移到需要还原到原始画面所在的帧上。

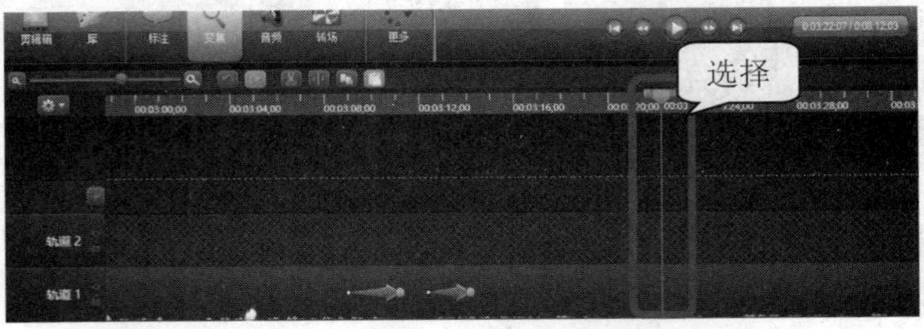

图 3-40 确定还原点

3. **还原“变焦”** 按图 3-41 所示操作，还原屏幕为满屏显示。

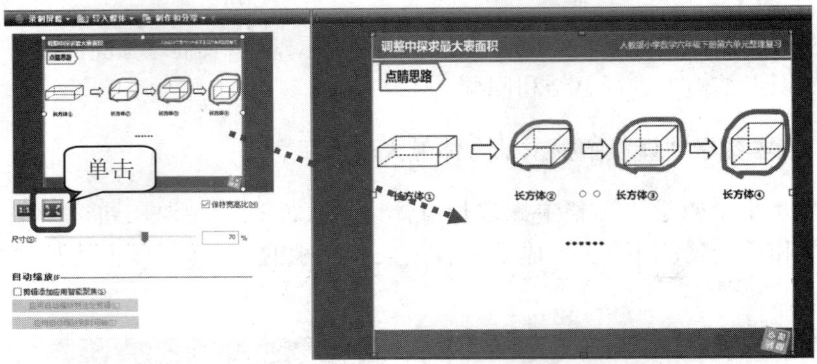

图 3-41 还原“变焦”

4. **调整时长** 按图 3-42 所示操作，改变画面开始还原的起始位置及画面还原效果经历的总时长为 2 秒，并保存文件。

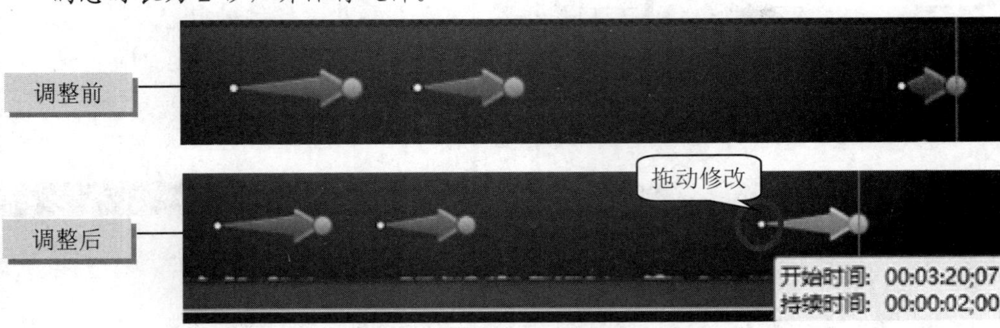

图 3-42 调整还原特效时长

知识库

1. 利用视频播放窗口变焦

不仅在“变焦”面板中可以调整视频画面的变焦效果，还可利用视频播放窗口进行变焦。按图 3-43 所示操作，调整句柄，可适当放大、缩小和还原画面，但要注意的是，缩小画面时不是满屏显示，可结合微课设计需要合理使用。

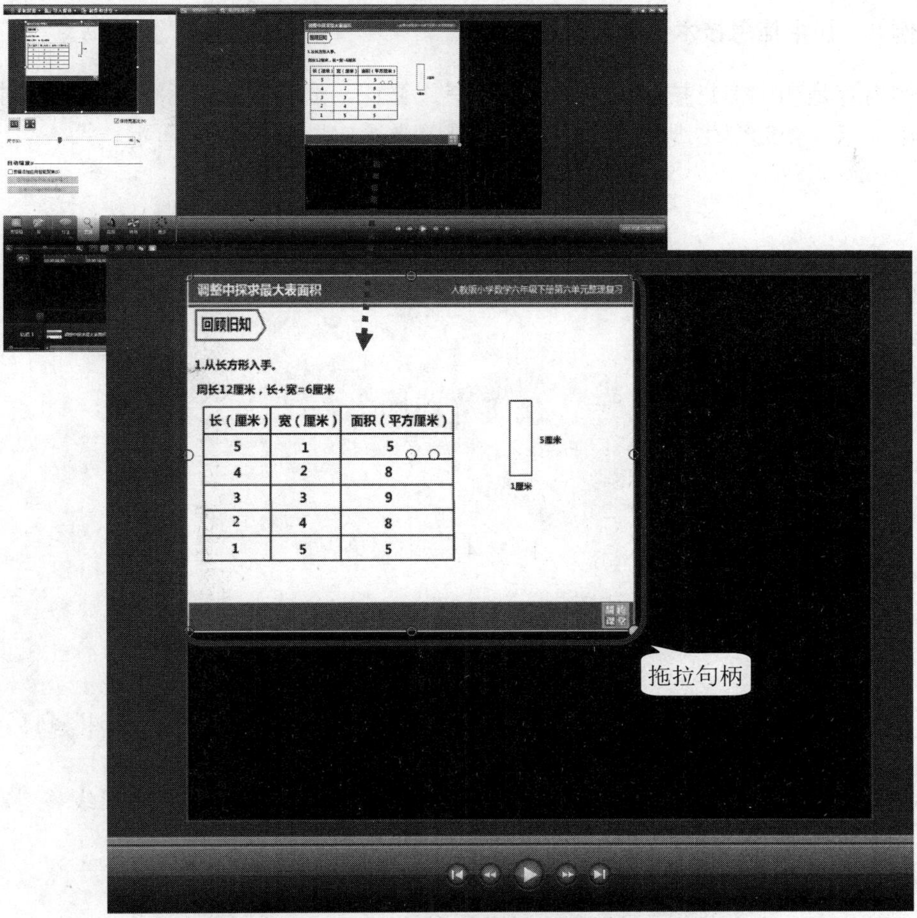

图 3-43　利用视频播放窗口变焦

2. 变焦功能使用注意事项

变焦功能极大地改善了微课画面的单一性，让微课画面更具跳跃性，减少了学习者的视觉疲劳；但是画面层次丰富的同时也要注意画面的完整性和系统性，根据微课设计思路，合理使用变焦功能。频繁使用变焦会增加学习者的信息量，快速变焦的同时提高了学习者对于微课中知识点的理解难度，画面跳跃感太强烈，反而适得其反。

3.3　录制光标效果

观看微课时，为了让关键的重点知识引起学生的注意，有时根据需要我们可以将鼠标光标改成特殊效果，突出显示帮助学生理解。

3.3.1 添加录制光标

实例 8 初中信息技术“了解修补工具”

本例内容是初中信息技术“了解修补工具”微课，通过添加光标效果，在具体操作鼠标时突出显示，帮助学生观察操作按钮和细节。光标效果如图 3-44 所示。

图 3-44 光标效果

跟我学

1. **打开微课** 运行 Camtasia Studio 软件，导入微课“了解修补工具.mp4”到剪辑箱中，并拖入媒体轨道中。
2. **确定光标效果起始点** 按图 3-45 所示操作，选择对应轨道，将时间线移到需要添加光标效果的帧上。

图 3-45 确定光标效果起始点

3. **显示光标特效窗口** 按图 3-46 所示操作，显示光标效果面板。

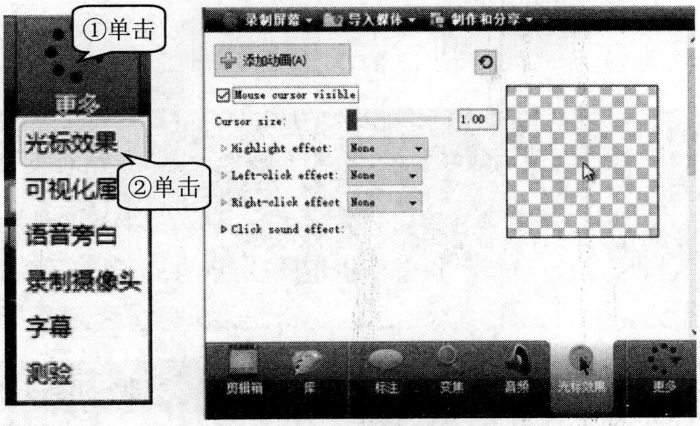

图 3-46　显示光标特效窗口

4. **设置光标特效**　按图 3-47 所示操作，在添加动画之前根据需要调整合理的光标特效。

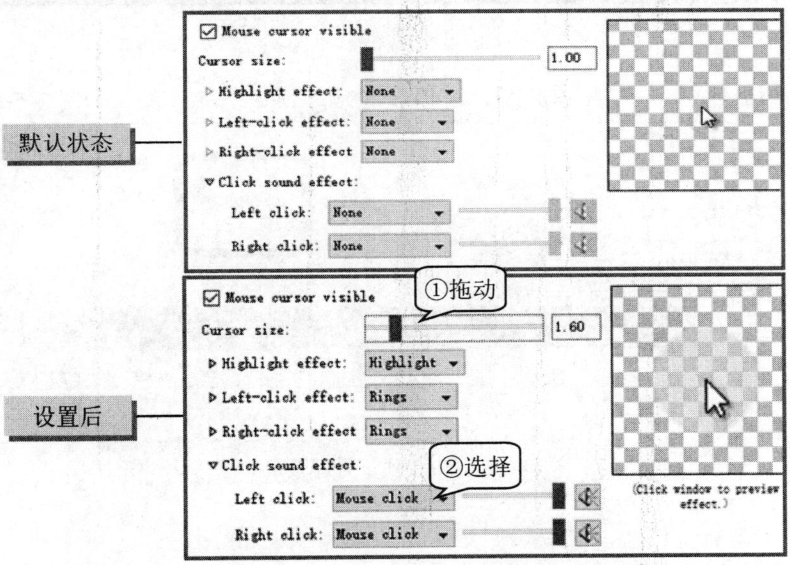

图 3-47　设置光标特效

5. **添加光标动画效果**　按图 3-48 所示操作，添加动画，并在当前轨道下方显示“光标动画”显示条和鼠标操作标记，方便后期编辑改变光标动画区域和位置。

图 3-48　添加光标动画效果

6. **编辑光标效果** 按图 3-49 所示操作，双击橘色动画标记右侧的空心圆，改变动画的显示位置，拖动橘色标记左边的边框条改变动画显示的区域。

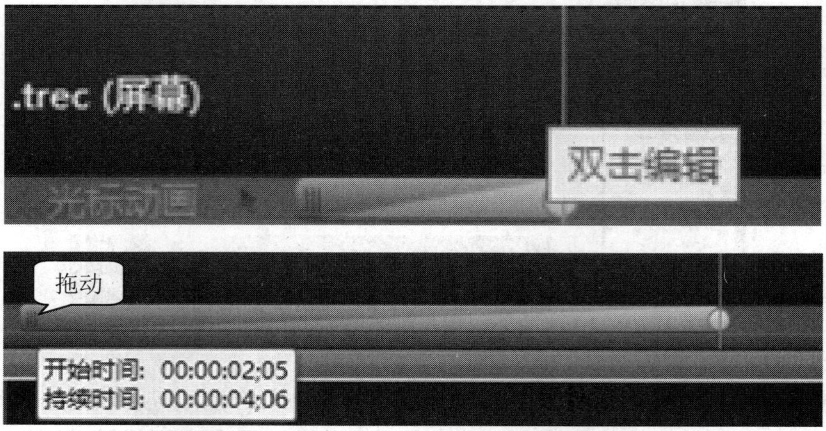

图 3-49 编辑光标效果

7. **预览光标效果** 在视频播放窗口中播放视频，预览光标效果，如图 3-50 所示。

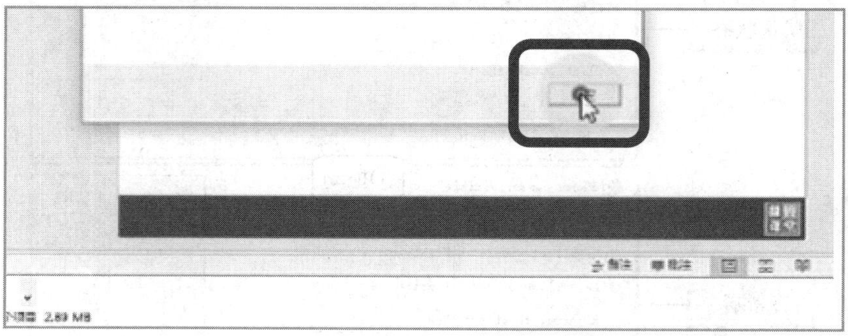

图 3-50 预览光标效果

知识库

1. 录制前添加光标效果

微课中录制光标的添加，可分为录制前添加和录制后添加两种方式，需根据微课设计和制作的需要来合理选择。录制前添加光标效果需在创建新项目后修改录制视频的格式为“avi”，只有将保存格式修改为“avi”后才会出现添加光标效果的选项，再根据微课设计需要设置。具体操作如图 3-51 所示。

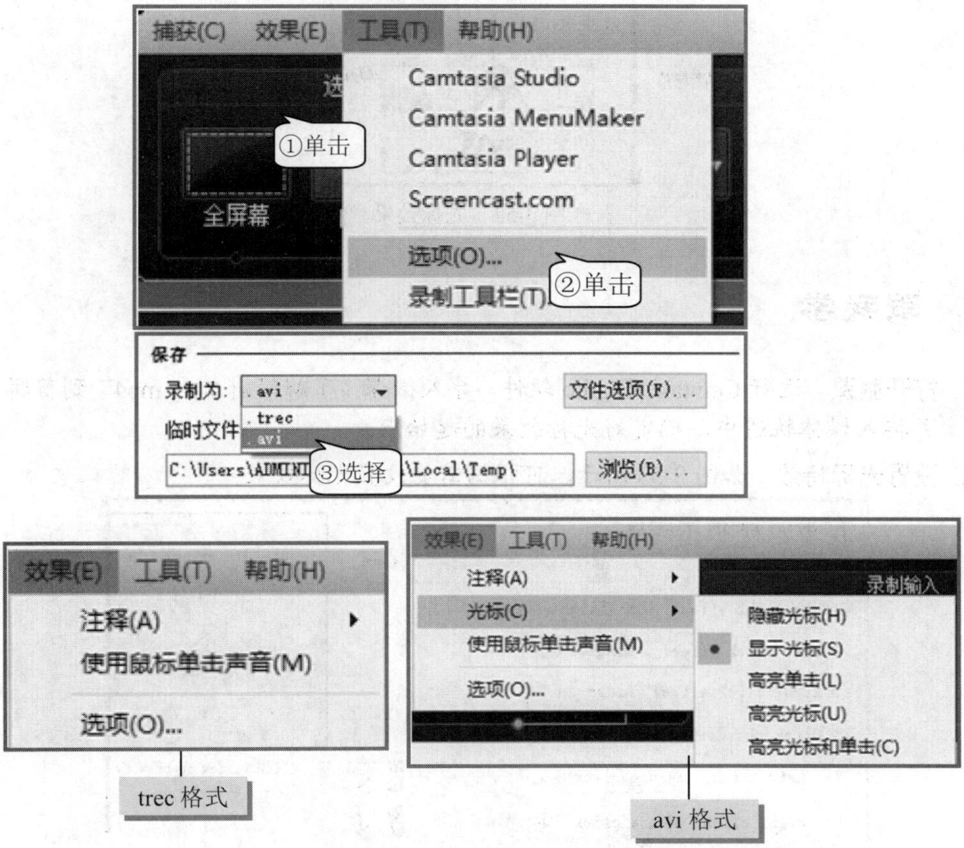

图 3-51　录制前添加光标效果

2. 录制前后添加光标效果的区别

光标效果添加的顺序不同，所显示的效果和区域也会有所不同。

- 录制前添加光标效果：一个视频中只有一种光标效果并贯穿始终。
- 录制后添加光标效果：一个视频中可根据时间段来设置多个光标效果，并且每个时间段可分别设置不同的光标效果，体现不同的特效，丰富画面效果。

3.3.2　设置光标效果

在 Camtasia Studio 录制微课视频后可根据需要添加光标效果，但在默认的情况下，鼠标的光标效果是没有的，如果不设置效果，后期添加了动画也是没有效果的，所以在添加动画之前必须要根据需要设计合理的光标效果。

实例 9　初中信息技术“了解修补工具”

本例内容是初中信息技术“了解修补工具”微课，通过添加光标效果，在具体操作鼠标时突出显示，帮助学生观察操作按钮和细节，光标效果如图 3-52 所示。

图 3-52　光标效果

跟我学

1. **打开微课**　运行 Camtasia Studio 软件，导入微课“了解修补工具.mp4”到剪辑箱中，并拖入媒体轨道中，确定好光标效果的起始点。
2. **设置光标特效**　如图 3-53 所示，可根据需要设置光标效果。

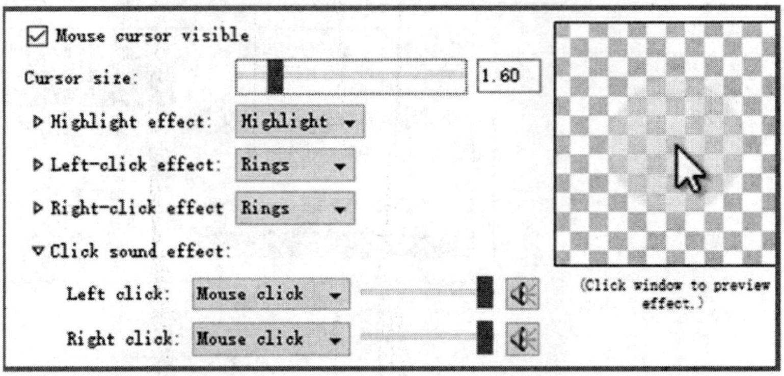

图 3-53　设置光标特效

3. **设置光标大小**　按图 3-54 所示操作，拖动设置鼠标的显示大小为“2.11”。

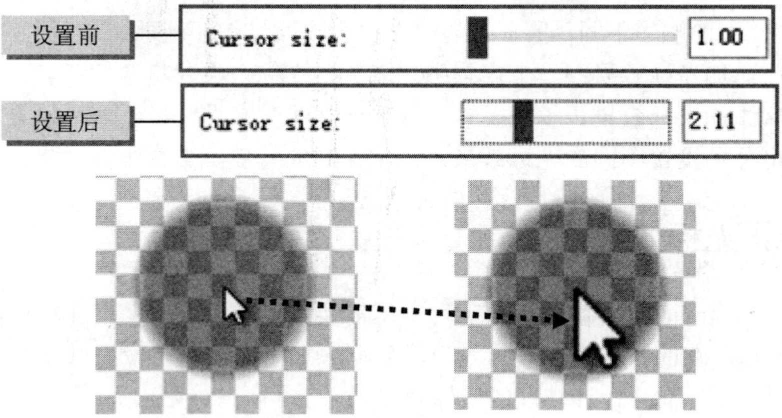

图 3-54　设置光标大小

4. **设置光标属性**　按图 3-55 所示操作，设置高亮光标背景色为“绿色”，改变高亮区域；设置高亮光标单击效果为“黄色圆形”，高亮光标右击效果为“玫红色圆形”。
5. **预览光标效果**　如图 3-56 所示，预览光标效果。

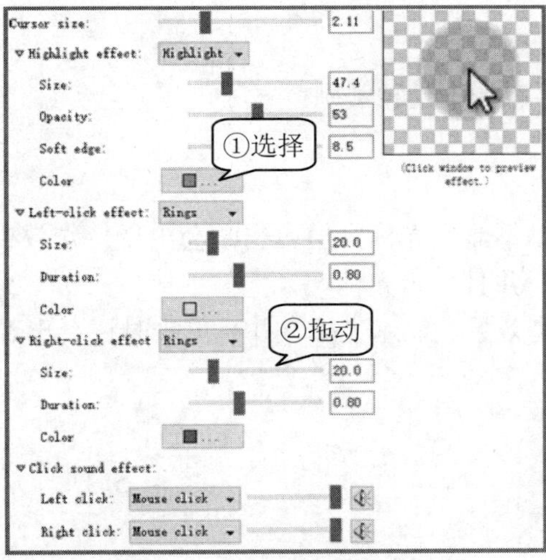

图 3-55　设置光标属性

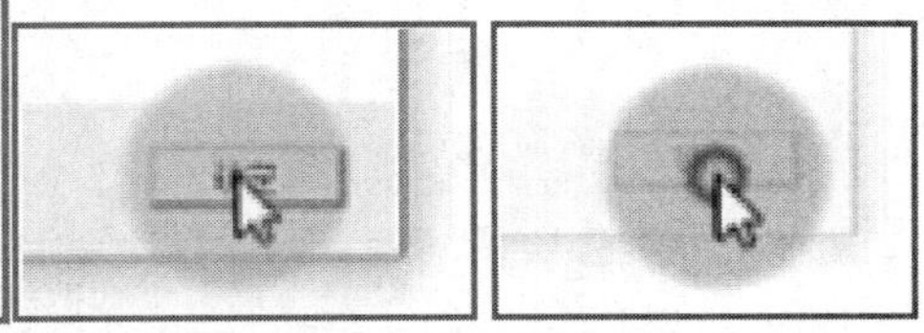

图 3-56　预览光标效果

知识库

1. 录制前设置光标效果

将录制视频的保存格式修改成“avi”格式后，会出现“光标”选项卡，打开“光标效果”选项卡，可在其中进行光标效果的设置，具体操作按图 3-57 所示。

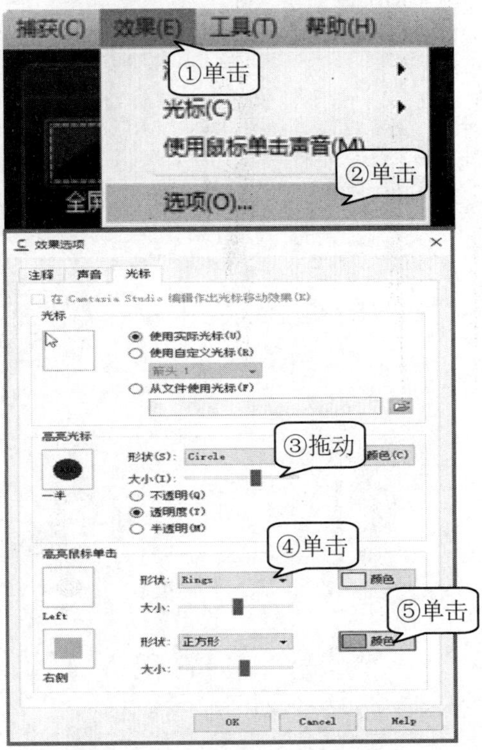

图 3-57　录制前设置光标效果

2. 光标效果的类别

光标效果可结合自身需要进行设置，主要有如下几种类别：

- 隐藏光标：无光标效果。
- 显示光标：只有光标显示的效果。
- 高亮单击：光标周围区域有高亮效果，不显示光标，但单击时会出现特殊效果。
- 高亮光标：光标周围区域有高亮效果，并且显示光标。
- 高亮光标和单击：光标周围区域有高亮效果，显示光标，并且单击时还会出现特殊效果。

第 4 章

编辑微课

编辑微课主要是通过修改或调整视频和音频中的错误衔接不理想的地方，来消除微课中的错误，使微课更加完善；对声音进行编辑和配上音乐，使微课声音更加完美；还可在微课关键地方添加文字提示，给学习者以提示，使教学环节更清楚。

本章通过实例，说明如何使用 Camtasia Studio 软件处理微课视频音频中存在的问题。

本章内容：

- 编辑文字
- 编辑图片
- 编辑声音
- 编辑视频

4.1 编辑文字

微课一般开始要有醒目的标题，在关键操作时要有文字提示。使用 Camtasia Studio 对微课进行编辑，可以很方便地插入文字，即使为每一句话进行同步文字显示，也很方便。用 Camtasia Studio 为微课插入文字可以使用标注，也可以使用字幕让文字与声音同步显示。

4.1.1 编辑标注

Camtasia Studio 软件中的标注有 4 种，使用 Special 中的 Text，可以很方便地为微课添加标题文字和关键环节的提示文字。

实例 1 小学信息“认识 Word 软件”

“认识 Word 软件”是安徽省小学信息技术第 3 册第 1 课的内容。本实例使用 Camtasia Studio 软件中的 Text 工具添加标题文字，效果如图 4-1 所示。

图 4-1 微课“认识 Word 软件”片头

跟我学

1. **导入视频** 运行 Camtasia Studio 软件，按图 4-2 所示操作，导入视频到剪辑箱。

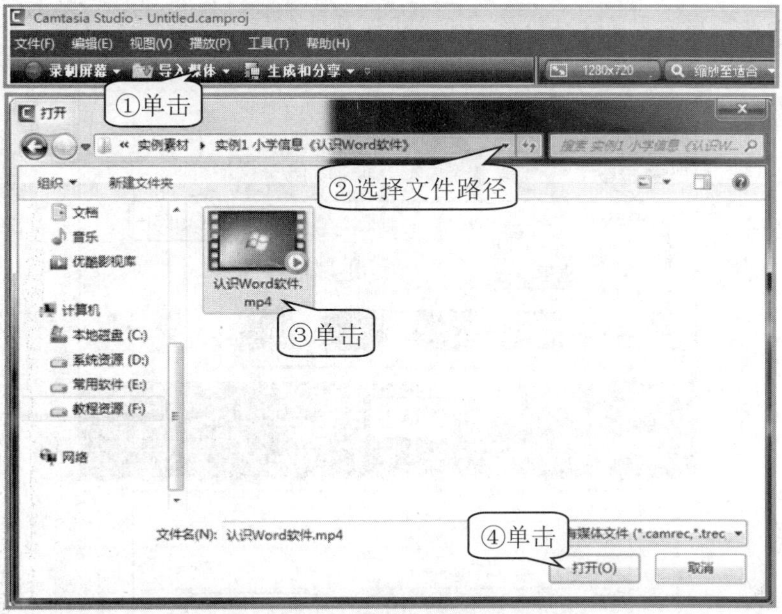

图 4-2　导入视频

2. **添加视频到轨道**　按图 4-3 所示操作，把视频添加到轨道。

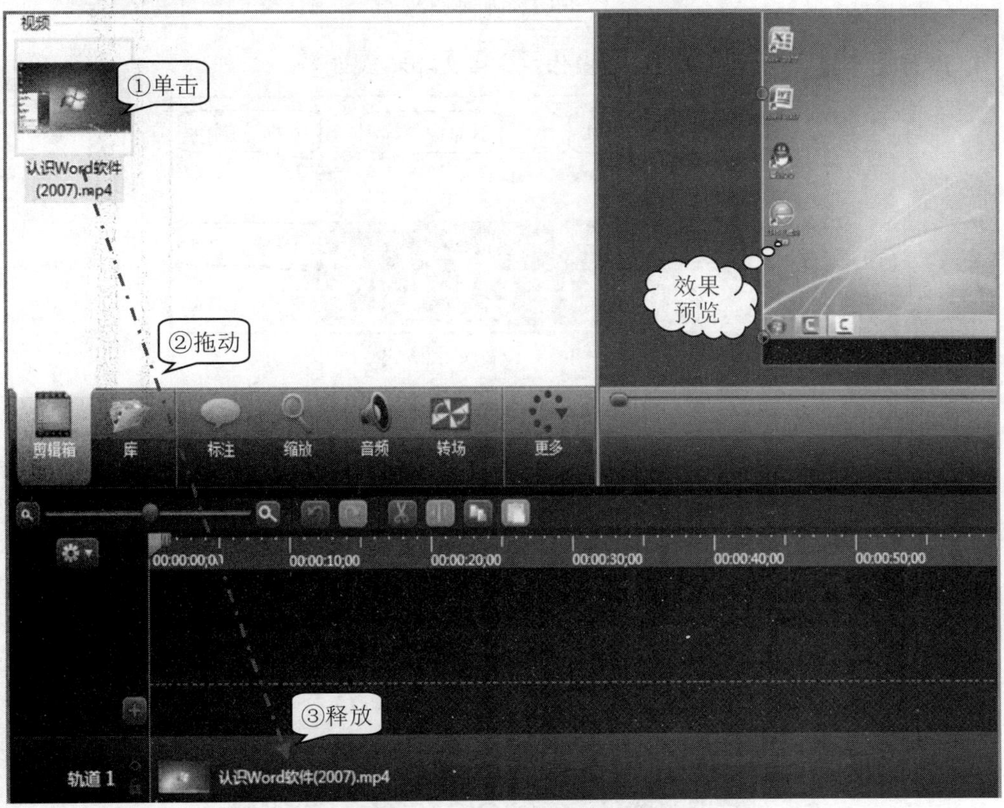

图 4-3　添加视频到轨道

3. **添加字幕** 按图 4-4 所示操作，完成文字的添加。

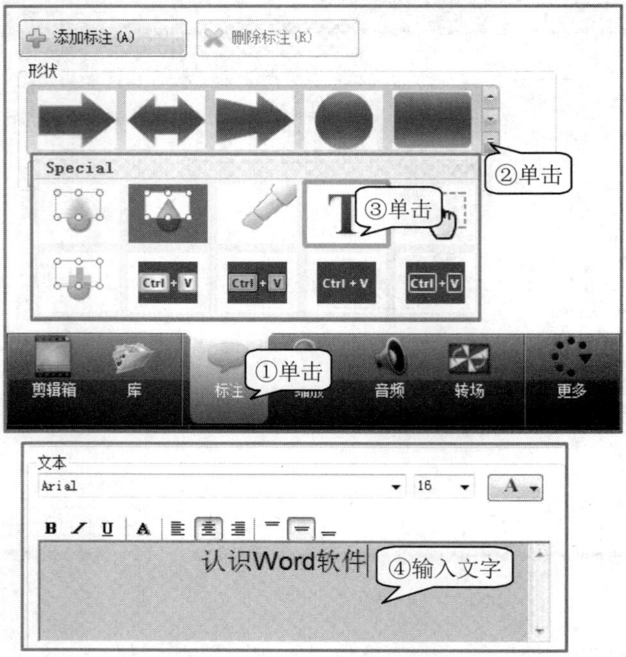

图 4-4 添加标题文字

4. **设置文字格式** 按图 4-5 所示操作，完成文字格式设置。

图 4-5 设置文字格式

5. **调整文字位置** 按图 4-6 所示操作，完成文字位置和显示区域设置。

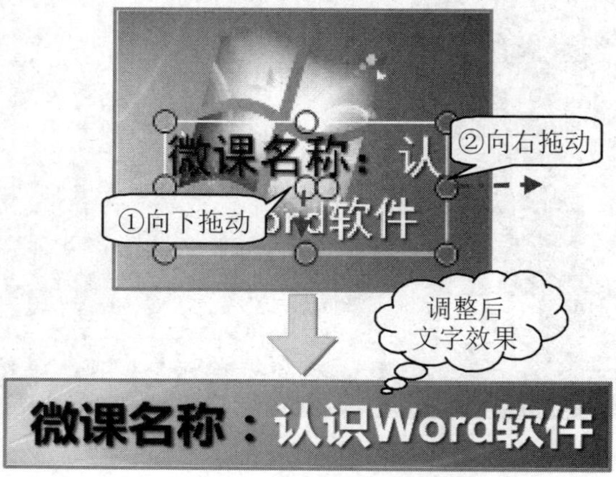

图 4-6 调整文字显示

6. **效果预览**　最终完成设置效果如图 4-1 所示。

7. **保存文件**　执行“文件”→“保存项目”命令，保存编辑好的文件。

知识库

1. 改变文字

给微课添加文字标注需要多次反复调整才能取得理想效果，在预览区也要对文字的显示位置进行调整，可以拖放到适当位置，通过圆形控制手柄可改变显示的宽度和高度，还可以旋转角度，改变方法如图 4-7 所示。

图 4-7　改变文字

2. 改变文字显示时段

在微课中，对于字幕显示时长及从何时显示，还需要在时间轴里进行相关设置，也可以设置字幕的渐入渐出效果，其改变方法如图 4-8 所示。

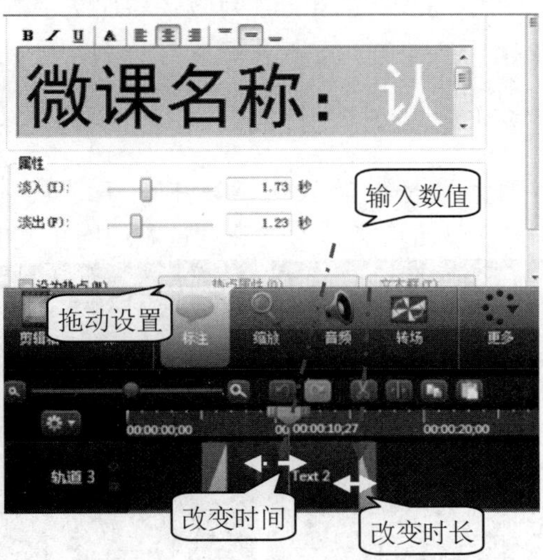

图 4-8　改变文字显示时段

3. 标注的类型样式

Camtasia Studio 软件中的标注有 4 类：Shapes with Text、Shapes、Sketch Motion 和 Special，所有标注样式如图 4-9 所示。

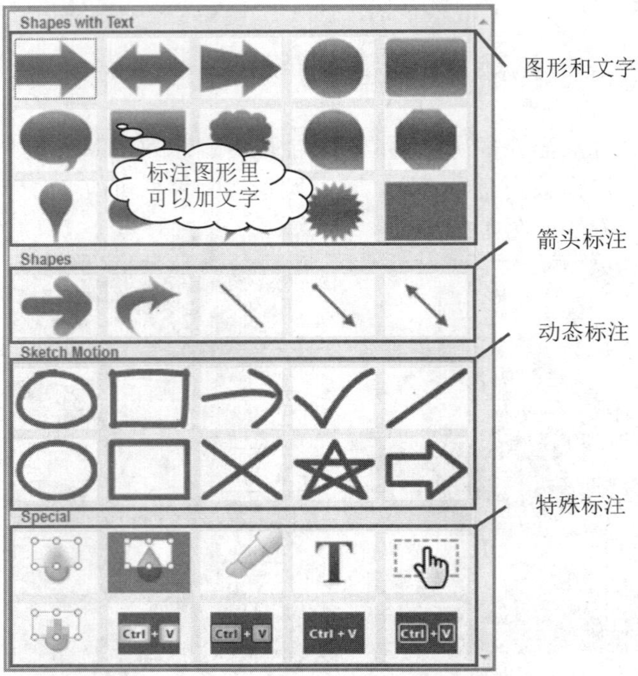

图 4-9　Camtasia Studio 中标注类型样式

4.1.2　编辑字幕

微课的片头多用静态文字，在微课讲解过程中添加与讲解声音同步的文字，可以避免产生语音听不清的误解。使用 Camtasia Studio 为微课添加文字既可以使用标注，又可以使用字幕文件，轻松实现讲解声音与文字同步出现。

实例 2　高中化学“复习萃取-分液与蒸馏”

“复习萃取-分液与蒸馏”是人教版化学高中一年级教材中的内容。本实例运用 Camtasia Studio 中的字幕文字添加功能，为讲解声音添加同步文字，效果如图 4-10 所示。

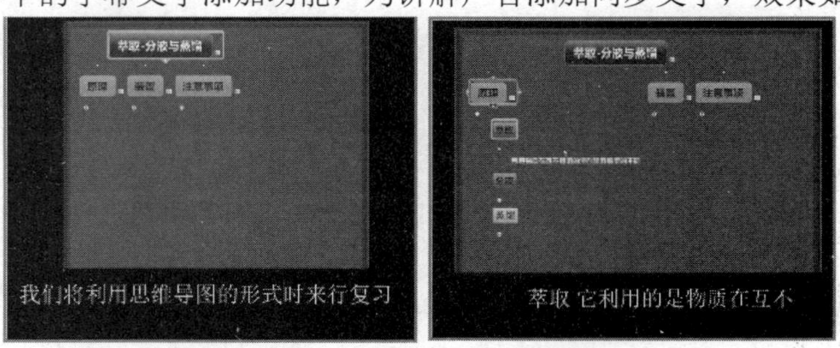

图 4-10　微课“复习萃取-分液与蒸馏”同步字幕

跟我学

1. **导入视频**　运行 Camtasia Studio 软件，导入媒体到剪辑箱。
2. **添加字幕**　把剪辑箱中的“微课视频.mp4”添加到“轨道 1”中，按图 4-11 所示操作，完成字幕文字的添加。

图 4-11　添加字幕

3. **设置格式与时长**　按图 4-12 所示操作，完成文字格式的设置，同时调整文字显示时长与声音同步。

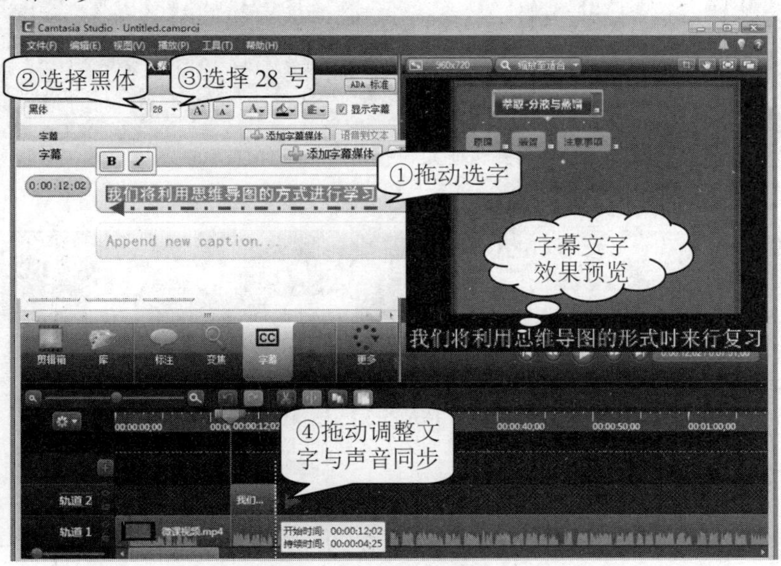

图 4-12　设置格式与时长

4. **试听效果** 从刚才添加文字处开始播放，听听看文字与声音是否同步，效果理想后，保存文件。
5. **继续添加字幕** 按图 4-11 添加字幕和图 4-12 调整字幕时长的操作方法，将后面的声音配上文字，保存文件。

知识库

1. 播放头定位

在微课编辑过程中，有时需要快速移动播放头，这就要把时间线中的视频缩小显示。有时需要精确定位播放头，在寻找两个不同场景之间的时间点时，需要精确到 0.01 秒，在确定大致位置后，再把时间线中的视频尽量放大。以方便高效操作为原则，掌握一定的操作技巧，可以提高工作效率。有关操作方法如图 4-13 所示。

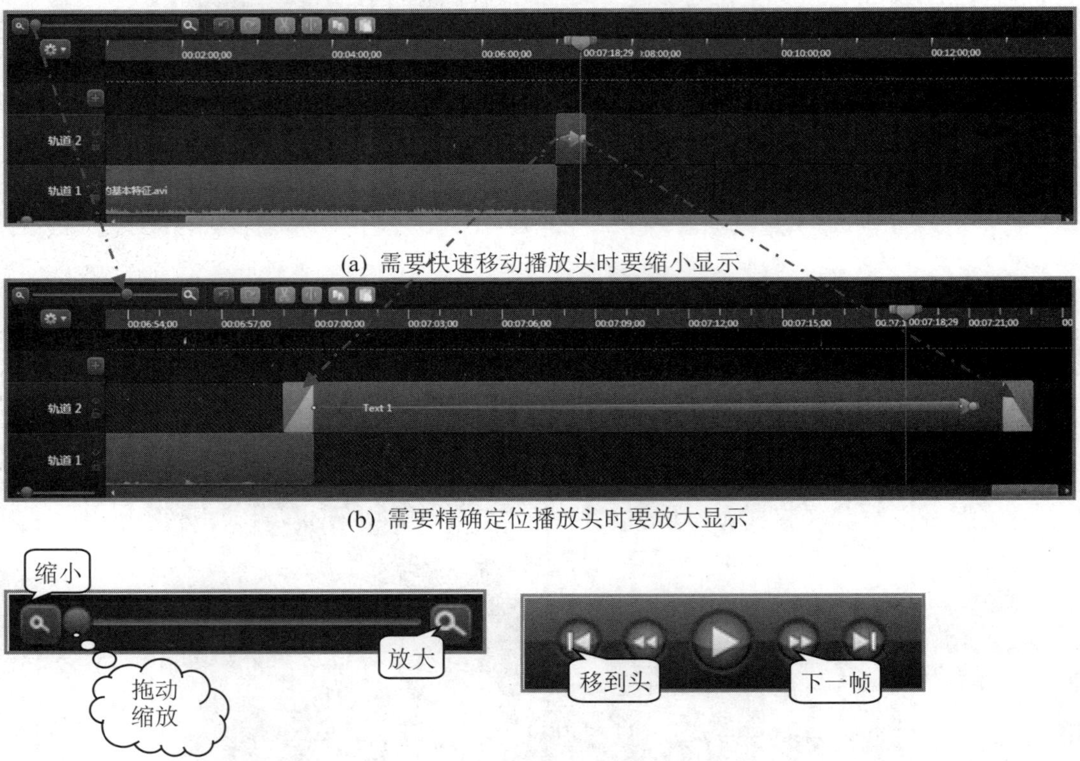

(a) 需要快速移动播放头时要缩小显示

(b) 需要精确定位播放头时要放大显示

图 4-13 播放头定位操作技巧

2. 同步字幕

如果要让微课中的全部讲解都有文字显示，可以使用同步字幕来实现。我们事先要把所在讲解的文字都输入文本文件中，不用标点，因为文字随着讲解出现，停顿跟着声音出来，有标点有时反而不好操作。

- 添加同步字幕：复制全部文件后，按图 4-14 所示操作，完成同步字幕。在执行图 4-14 所示的第 5 步单击后，系统会从头开始播放，当你听到一句话的第一个字时，就单击该句的第一个字，听到下句时，单击下一句的第一个字，依次重复，直到把最后一句读完，单击“停止”按钮，完成同步字幕的添加。

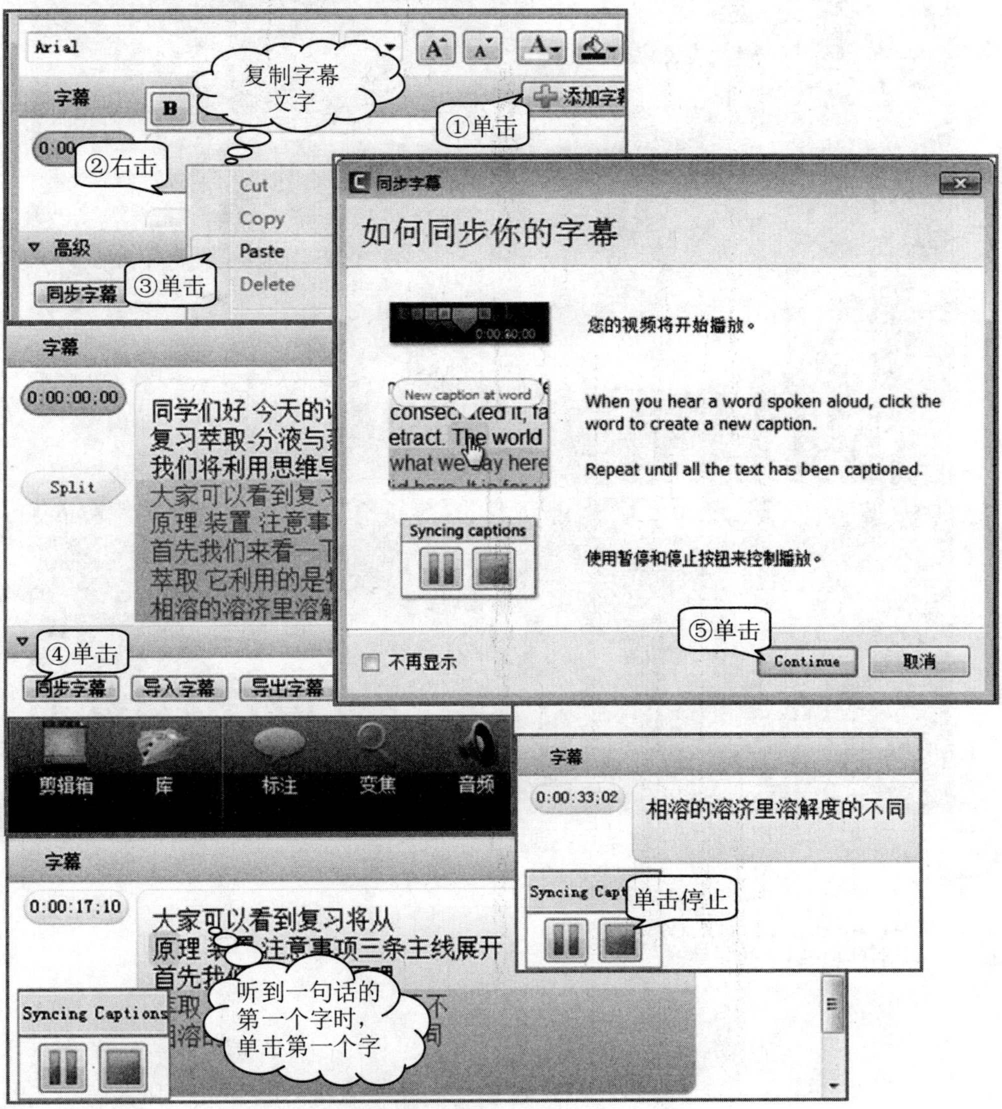

图 4-14　同步字幕

- 调整字幕与声音同步：字幕添加完成后，由于人的反应快慢不同，听到声音再单击，文字显示就会比声音晚一些，因此要对字幕显示时段进行调整，有些没有声音的就不要让字幕出现了。按照图 4-15 所示操作，完成字幕显示时段的调整。可让文字比时间出现的略微早半秒也是符合人的认知规律。

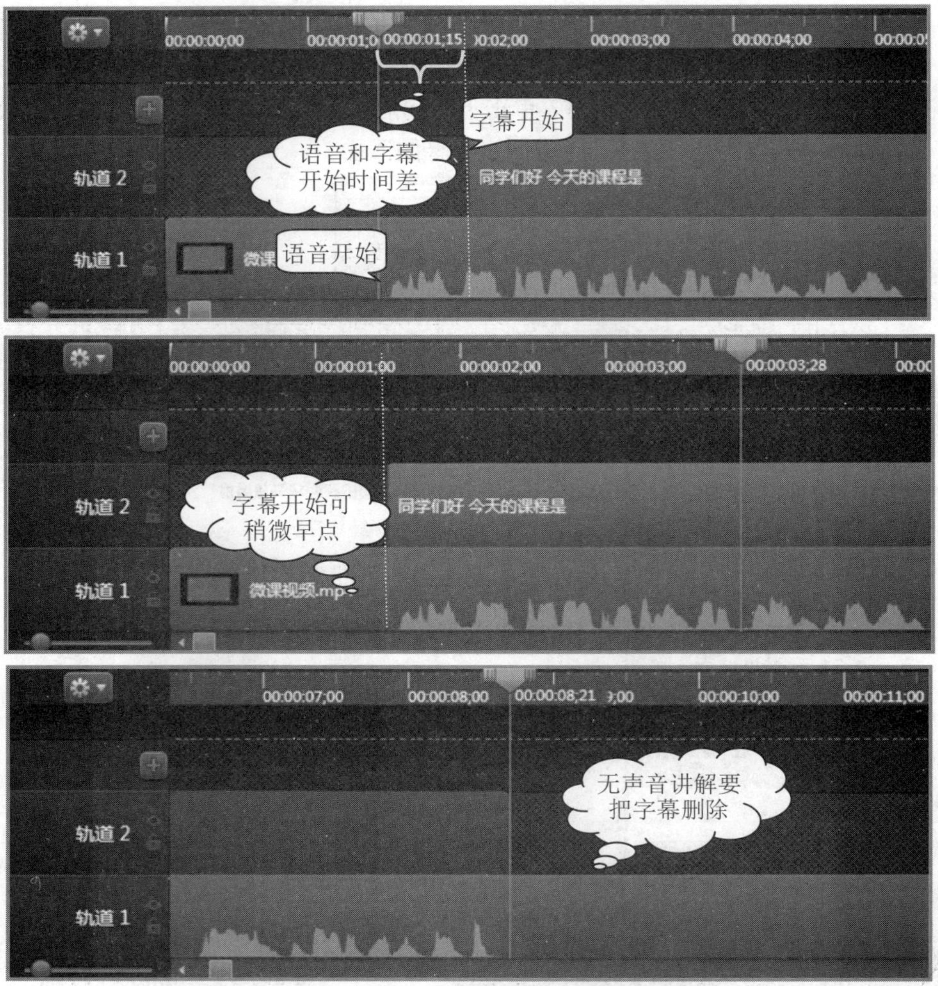

图 4-15　调整字幕与声音同步

4.2　编辑图像

在 Camtasia Studio 中不仅可以添加文字，还可以使用图片作为视频文字的必要补充。使用 Camtasia Studio 可以对图片进行自由缩放、旋转和剪裁，配合聚焦和移动，可以做出许多动画效果。

4.2.1　导入图像

在 Camtasia Studio 中添加图片的方法与导入视频的方法很相似。可以一次导入一个，也可以导入多个，还可以同时导入图片、视频和音频等多种媒体。

实例 3　小学数学“认识公顷”

“认识公顷”是小学数学四五年级学习的知识。本实例运用 Camtasia Studio 软件展示如何在录制好的微课中导入图片的方法，利用图片替换原来的画面。

跟我学

1. **导入视频**　运行 Camtasia Studio 软件，导入视频“小学数学‘认识公顷’.mp4”到剪辑箱，并且添加到轨道 1 中。
2. **导入图片**　想在微课开始介绍观众席时显示鸟巢内部座位图片，按照以前学习的导入视频的方法，把图片导入到剪辑箱中。
3. **添加图片到轨道**　按图 4-16 所示操作，完成将图片加入轨道 2 的任务。

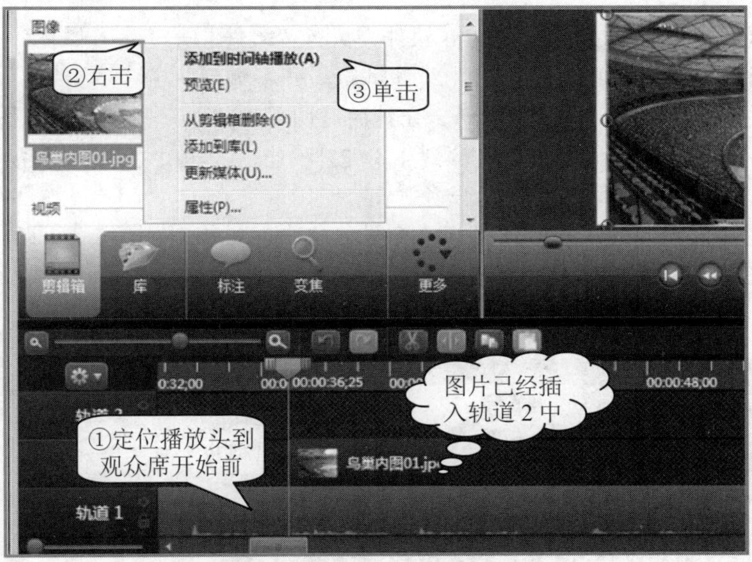

图 4-16　添加图片到轨道

4. **调整图片显示时段**　播放微课，试听确定图片结束的显示位置，按图 4-17 所示操作，完成图片在视频中显示时长的调整。

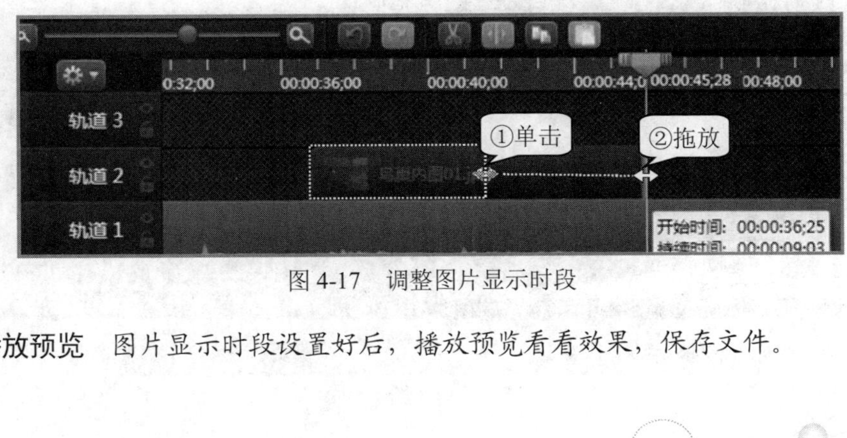

图 4-17　调整图片显示时段

5. **播放预览**　图片显示时段设置好后，播放预览看看效果，保存文件。

4.2.2 编辑图像

不管是自己拍的照片还是从网上搜索的图片，大多数都要进行再加工才能符合我们的要求，有时我们只要图片的一部分，有时要把图片上的网址和相关出处信息去掉。使用 Camtasia Studio 可以对图片进行简单的处理，如果要对图片做精细处理，建议使用 Photoshop 软件。

实例 4　小学英语“My schoolbag”

“My schoolbag”是人教版 PEP 小学英语四年级的单词教学。本实例运用 Camtasia Studio 处理图片，去掉不用的部分，并调整大小和位置。

跟我学

1. **导入视频**　运行 Camtasia Studio 软件，执行“文件”→“导入媒体”命令，导入“小学英语‘My schoolbag’.mp4”到剪辑箱，并添加到轨道 1 中。
2. **添加图片**　在微课 1 分 22 秒到 2 分钟的时间段中添加一个“书包”图片。将“书包”图片导入剪辑库，把播放头定位到 1 分 22 秒处，并把“书包”图片拖放到轨道 1 上面，完成添加图片到轨道 2 的任务。
3. **调整图片显示时段**　在时间轴上 2 分钟处单击，延长图片显示时间到 2 分钟结束。
4. **编辑图片**　把播放头向前拖动几秒，让预览窗口显示书包图片，方便编辑图片的操作。按图 4-18 所示操作，完成图片对剪裁、调整大小和位置的操作任务。

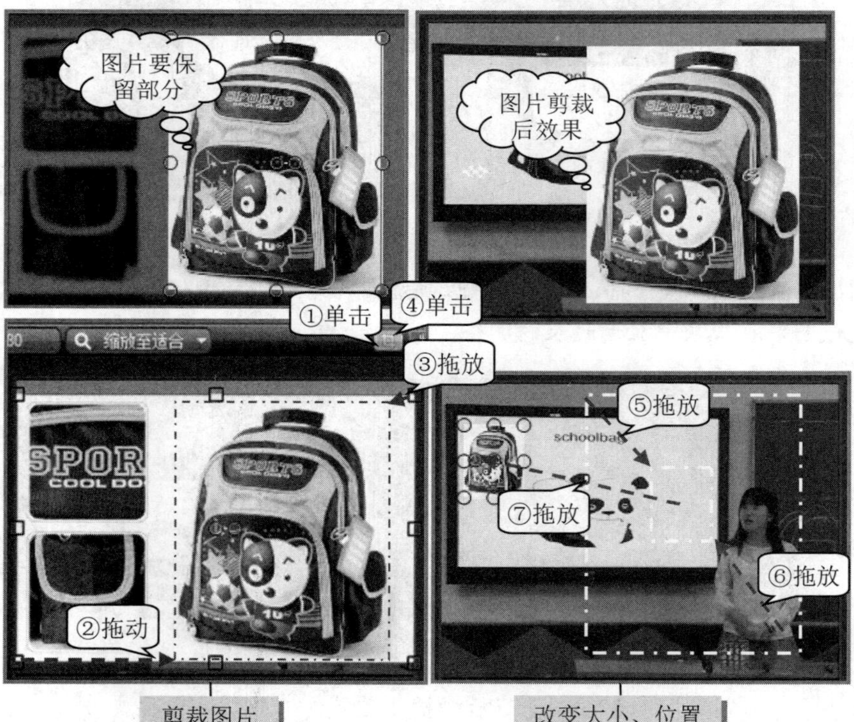

图 4-18　编辑图片

5. **播放预览**　图片编辑好后，要播放预览看看效果，保存文件。

4.2.3　删除视频背景

在微课录好进行编辑时，有时需要插入其他视频，还有的视频背景需要去除，对于纯色背景的视频，在 Camtasia Studio 中可以很方便地删除。

实例 5　高中物理“太阳能从西边升起吗”

“太阳能从西边升起吗”是(人教版)物理必修(一)第一章第 1 节“质点 参考系和坐标系”课后作业中的一道选择题。本实例运用 Camtasia Studio 添加视频功能添加地球自转小视频，原来的背景是黑色的，为了使视频效果更好，要把黑色的背景删除。删除后的效果如图 4-19 所示。

图 4-19　微课“太阳能从西边升起吗”效果图

跟我学

1. **打开项目**　运行 Camtasia Studio 软件，打开“太阳能从西边升起吗.camproj”项目文件。
2. **导入素材**　把视频“地球.mp4”导入剪辑箱中。
3. **拖入轨道**　将视频“地球.mp4”拖入“轨道 2”中，并调整位置。
4. **调整视频大小和位置**　按图 4-20 所示操作，完成“地球.mp4”视频的大小和位置的调整。

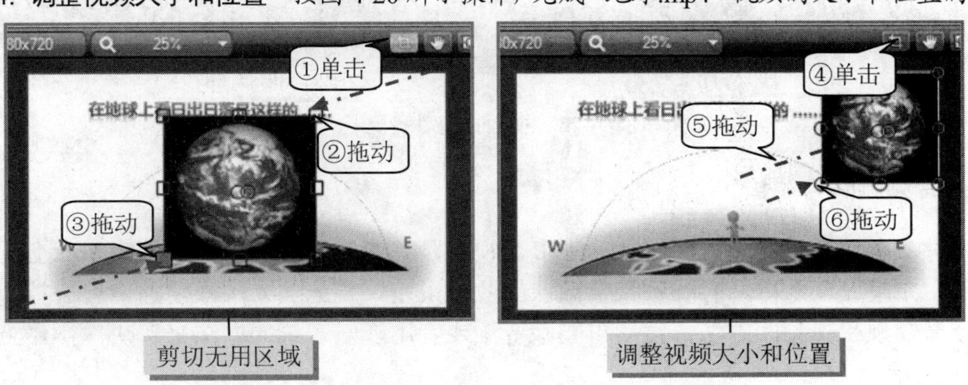

图 4-20　调整视频大小和位置

5. **去除视频背景** 按图 4-21 所示操作，完成“地球.mp4”视频背景的去除。

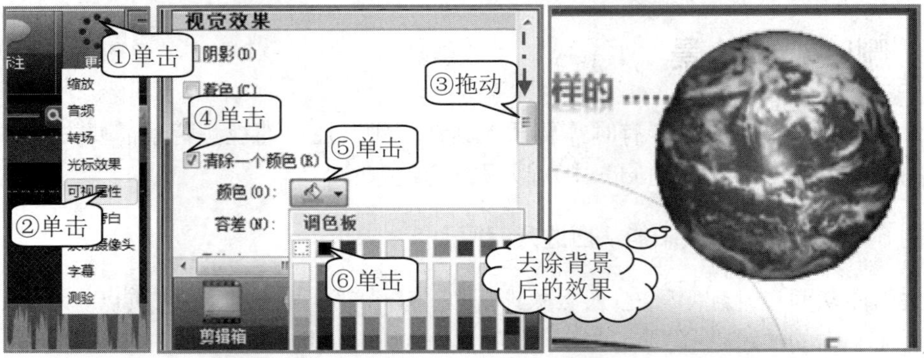

图 4-21 去除视频背景

6. **保存项目** 保存项目后，生成视频并查看视频效果。

知识库

1. 视频时间对齐提示

在设置画中画效果时，常常需要调整上层画面的显示时间。从某一时间开始或者结束，有时需要与下面某个画面的开始对齐或者结束对齐，这就要新建一个空轨道，把要做画中画的视频拖放到新建的轨道上，然后拖动到要显示的大致位置，再慢慢拖动，当拖动到出现黄色线时，说明拖动的视频的开始或者结束与下面某一视频的开始或者结束时间相同，这时可释放鼠标，即可完成对齐，操作如图 4-22 所示。

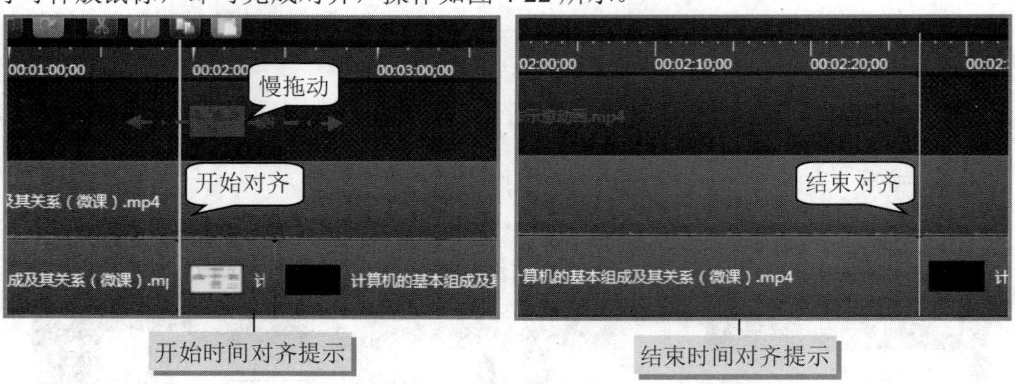

图 4-22 视频时间对齐提示

2. 音频删除与调整

有时在添加视频文件时，添加的大多数视频是有声音的，2 个视频的声音就会同时播放出来，如果处理不好，会导致整个微课的效果很差。要把加入的次要的声音去掉，可以采取分离音频和视频的方法，然后再删除音频或者用降低音量的办法来解决。操作方法如图 4-23 所示。

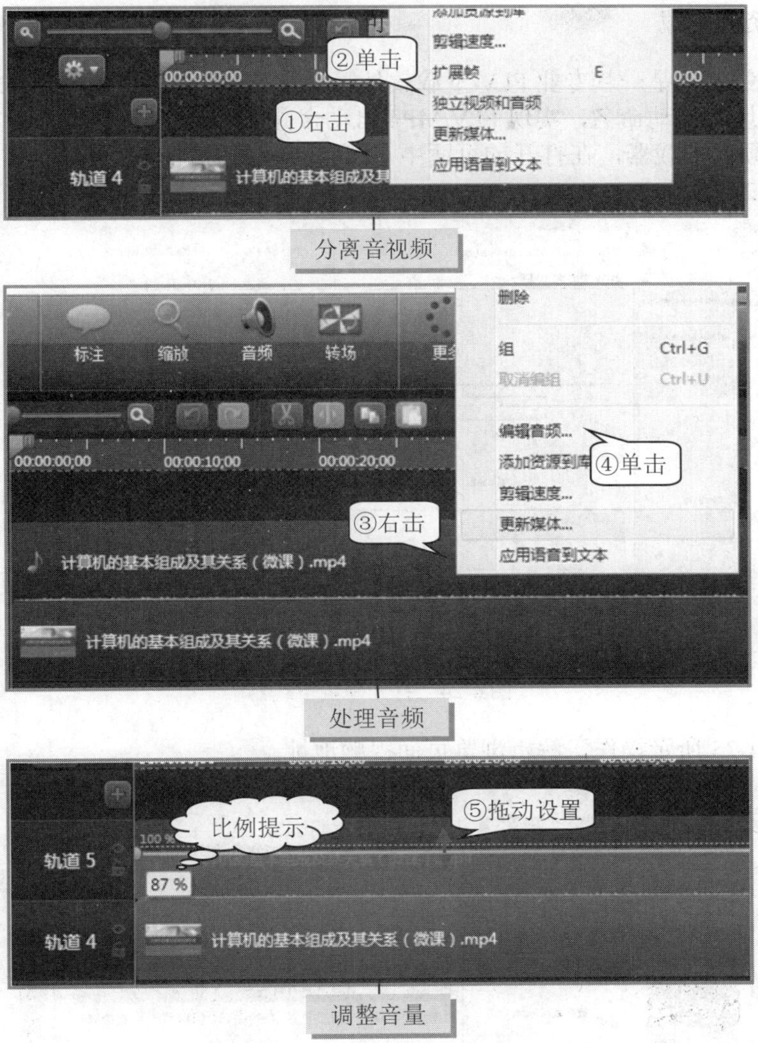

图 4-23　音频的删除与调整

3. 常见视频格式

视频文件有多种格式，不同格式的视频体积、画质和运用有所不同，常见的视频格式有 AVI、RM、FLV 等。

- AVI 格式：视频文件体积大，主要应用在多媒体光盘上，用来保存电视、电影等各种影像信息。
- RM 格式：视频文件体积小，比较清晰，可以实现即时播放，即先从服务器上下载一部分视频文件，形成视频流缓冲区后实时播放，同时继续下载，为接下来的播放做好准备。
- FLV 格式：视频文件体积小，是普通视频文件体积的 1/3。由于它形成的文件极小、质量较好、加载速度极快，使得网络观看视频文件成为可能。

4．视频资源下载

“硕鼠下载器”是一款专业 FLV 下载软件，它具有体积超小、功能强大的特点。它可智能地选择地址，自动命名，实现 FLV/MP4 自动合并。

(1) 打开硕鼠下载器，在打开的页面中，可以直接打开优酷链接，找到要下载的视频页面，如图 4-24 所示。

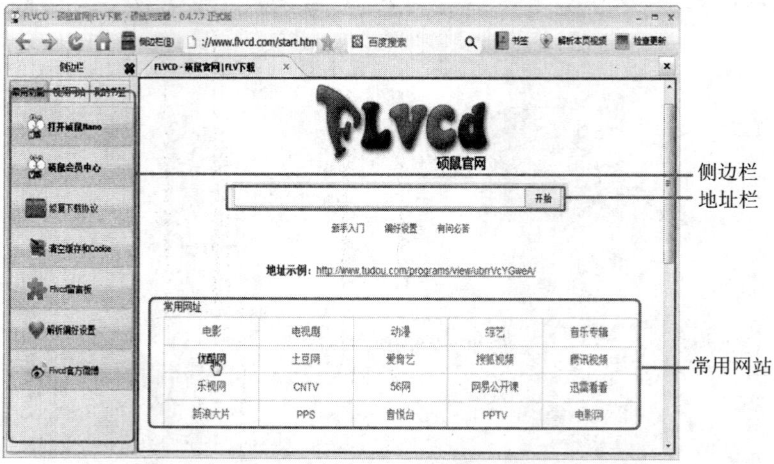

图 4-24　打开硕鼠下载器

(2) 按图 4-25 所示操作，解析浏览页面视频地址。

图 4-25　解析浏览页面视频地址

(3) 按图 4-26 所示操作，打开硕鼠下载新建任务窗口。

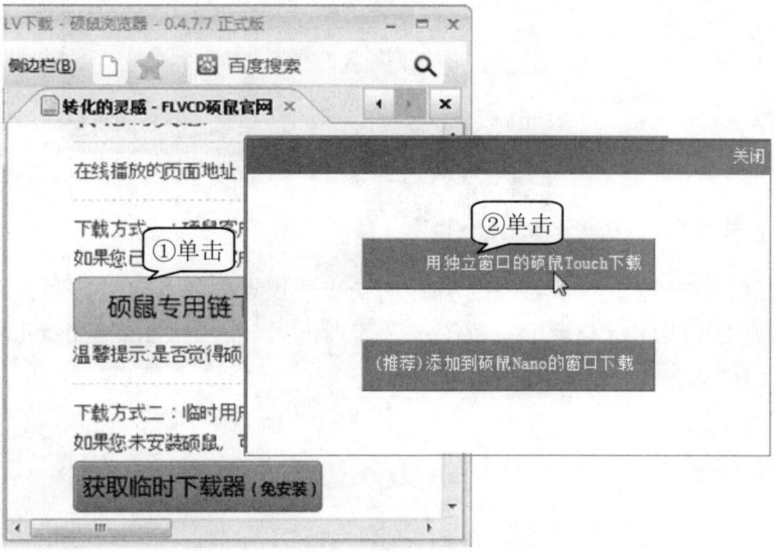

图 4-26　打开“硕鼠下载”独立窗口

(4) 按图 4-27 所示操作，将视频文件下载到目标文件夹中。

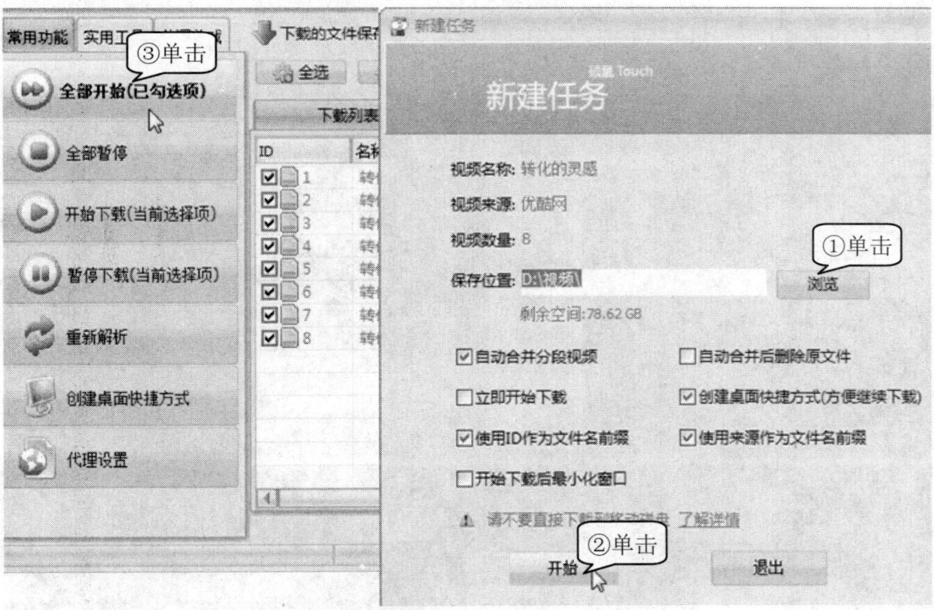

图 4-27　下载视频文件

4.3　编辑音频

优秀的微课，不仅要有清晰的画面，声音的音量也要大小适中，清楚、无杂音，从头到尾音量需大致一样高，声音不能忽大忽小。录制微课时难免会有杂音，添加背景音乐和视频片段容易出现音量大小不一致的情况，这就需要对音量进行降噪、调整处理，对于错误的音频要修改正确。

4.3.1 调控音量

调控音量，主要是讲解视频声音的音量要适中，不可太大，也不可太小，尽量把噪音降到最小。如果在录制过程中音量不合适，在编辑时要对音量进行调控。

实例 6　小学数学“认识分数”

“认识分数”是小学三年级数学“分数的初步认识”中的内容，该微课中插入了几段动画片，其声音大小不同，与老师讲解的声音差别很大。运用 Camtasia Studio 调整老师讲解与动画片中的声音大小不一致的情况。

跟我学

1. **导入视频**　运行 Camtasia Studio 软件，导入“小学数学‘认识分数’.mp4”到剪辑箱并添加到轨道中。
2. **试听声音**　把视频从头到尾听一遍，注意哪段音量过高，哪些部分音量过低。
3. **调整音量**　按图 4-28 所示操作，查看并分析声音波形图，并调整音量的高低，使整个微视频中音量的高低适中。

图 4-28　调整音量

4. **试听效果**　调整好后，要从头播放试听调整后的效果，如果感觉不合适再用上述方法调整，直到音量大小适中。
5. **保存项目**　全部声音调整结束后要保存项目。

4.3.2　设置声音淡入淡出

有时一节微课中要用到几段视频片段，视频之间过渡可以用转场效果来实现平滑过渡，声音之间也可以使用淡入淡出来实现过渡自然。

实例 7　初中物理“通电螺线管周围的磁场”

“通电螺线管周围的磁场”是初中九年级物理第二十章“电与磁”第二节“电生磁”的内容。本实例中微课的开头音乐与老师讲解之间过渡时停止的太突然，戛然而止，给人感觉很不舒服，可以运用 Camtasia Studio 调整配音在结束时渐渐减弱，效果会更好。

跟我学

1. **导入视频**　运行 Camtasia Studio 软件，导入“初中物理‘通电螺线管周围的磁场’.mp4”到剪辑箱并添加到轨道中。
2. **试听声音**　把视频从头到尾听一遍，注意听哪里过渡不自然。
3. **分割音频**　把音频、视频分离，在开头的音乐结束处分割音频。
4. **设置音乐淡出**　按图 4-29 所示操作，设置音乐淡出效果。

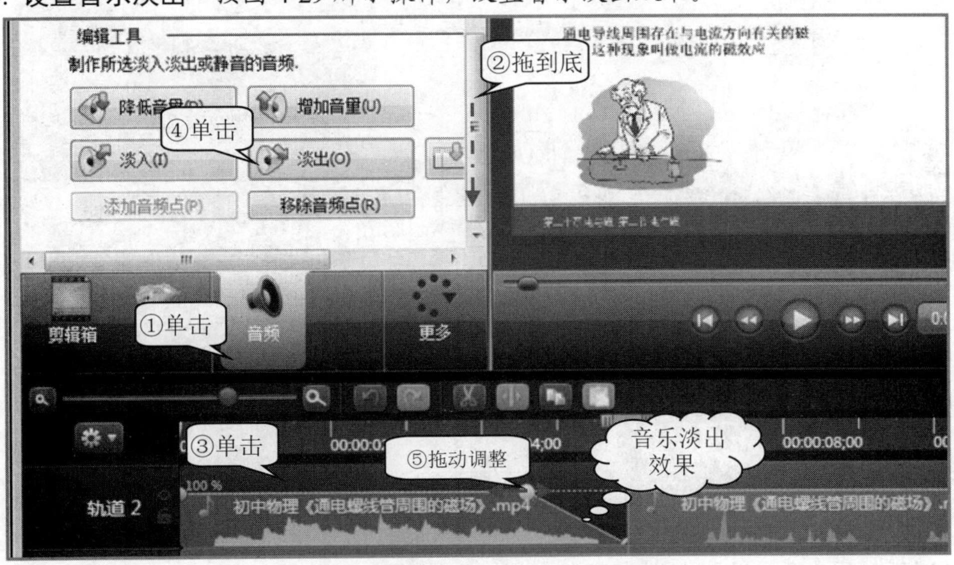

图 4-29　设置音乐淡出

5. **试听效果**　调整好后，要从头播放并试听调整后的效果，如果感觉不合适再用上述方法调整，直到音量大小适中。
6. **保存项目**　全部声音设置结束后要保存项目。

4.3.3 去除噪声

大多数微课的录制都多多少少会受到环境噪声的干扰，使微课的声音听起来不舒服，可以通过 Camtasia Studio 中的降噪功能来去除噪声，美化声音。

实例 8　小学美术“纸盘拼画”

“纸盘拼画”是(人美版)小学美术二年级的内容。本实例运用 Camtasia Studio 对微课在录制过程中的环境噪声进行消除。

跟我学

1. **打开项目**　运行 Camtasia Studio 软件，打开“纸盘拼画.mp4”项目文件。
2. **初听音效**　在预览区里单击“播放”按钮，听到微课中，有很大噪声。
3. **消除噪声**　按图 4-30 所示操作，消除音频中的噪声。

图 4-30　消除噪声

4. **试听效果**　再单击“播放”按钮，听一下微课中去除噪声的效果，噪声明显减小。
5. **保存项目**　保存项目后，可生成视频文件，听一下微课视频中的声音效果。

知识库

1. 音频的高级设置

对于声音文件不仅可以进行降噪处理，还可以进行更多的设置，如：高音、中音、低音的调节，去除鼠标单击的声音，声音渐入渐出的设置，等等，具体设置如图 4-31 所示。

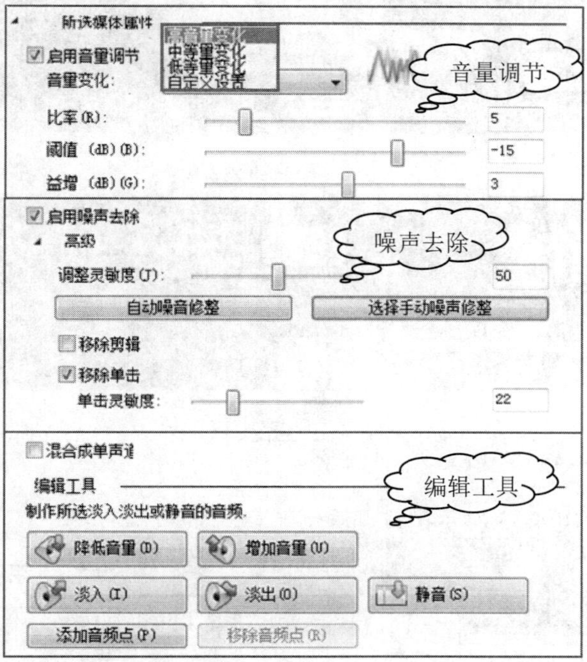

图 4-31　音频的高级设置

2. 使用 Adobe Audition 自适应降噪

用 Camtasia Studio 8 给微课音频降噪的效果不是很好，为了达到更好的音频降噪效果，可以使用更专业的音频处理软件 Adobe Audition 来进行降噪。

运行 Adobe Audition 软件，执行“文件”→“导入”→“文件”命令，将“纸盘拼画.mp4”音频导入，执行“效果”→“降噪/修复”→“自适应降噪”命令，在弹出的“效果—自适应降噪”对话框中，单击“确定”按钮，完成后导出为音频文件即可在 Camtasia Studio 8 中使用。

4.3.4　添加视频配音

有时录制微课时说错了话，而画面却很完美；有时录了几次都是在关键地方说错了；有时操作时忘记说台词了，这就可以通过配音来解决以上的问题，让微课的声音正确无误。

实例 9　初中物理“声音的产生”

“声音的产生”是八年级物理第二章“声现象”的内容。因为微课是一位老师针对一位同学进行学习指导讲解的，所以要把微课开始的“同学们好”改成“同学你好”。

跟我学

1. **打开项目** 运行 Camtasia Studio 软件，打开“声音的产生.mp4”项目文件。
2. **删除音频** 按图 4-32 所示操作，删除第一句声音。

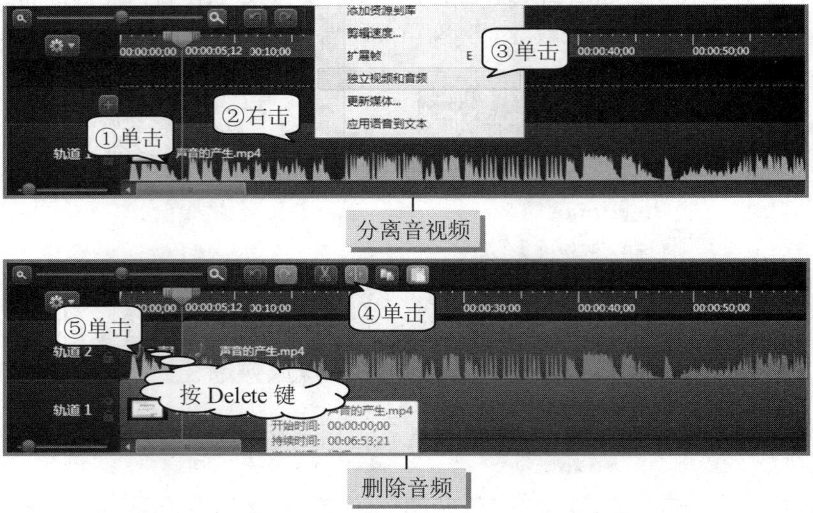

图 4-32 删除音频

3. **录制配音** 按图 4-33 所示操作，录制配音。

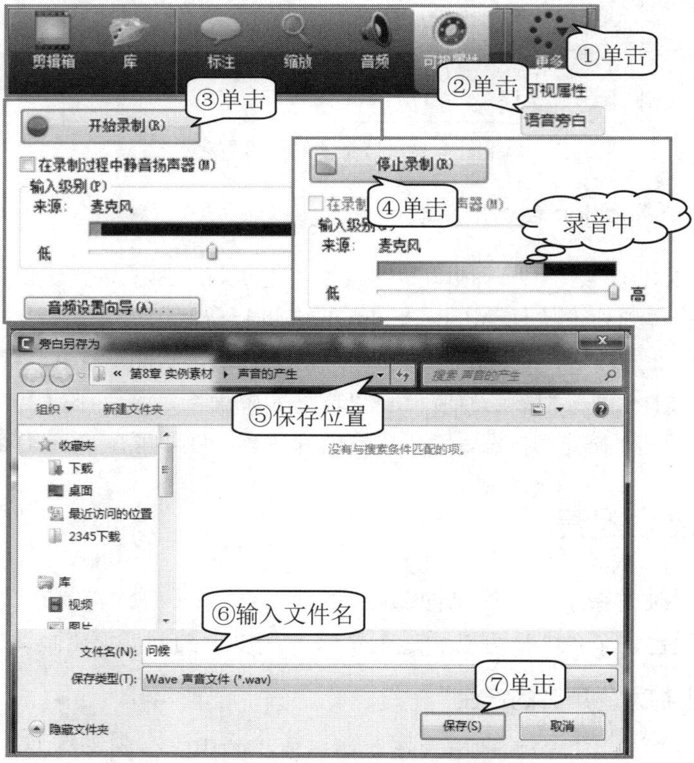

图 4-33 录制配音

4. **编辑音频**　单击“播放”按钮，听一下微课中刚刚录制的声音，根据需要进行多余声音的删除、降噪等操作。按图 4-34 所示操作，对新录制的声音进行编辑。

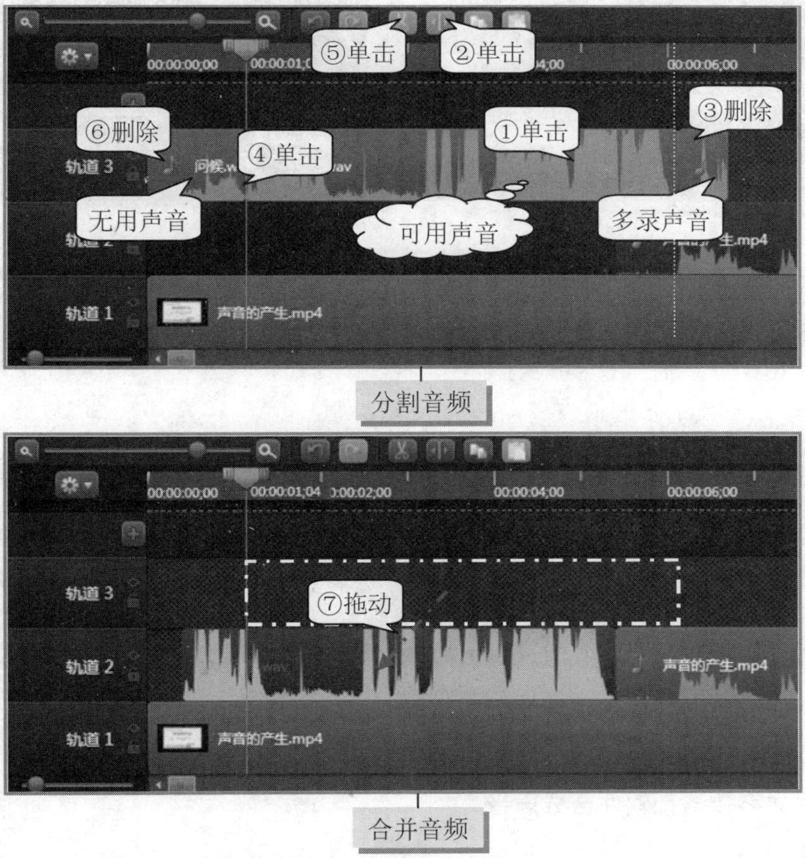

图 4-34　编辑音频

5. **保存项目**　保存项目后，可在生成的视频文件里查听声音。

知识库

1. 使用“组”操作

在调整好微课中的音频和视频配音后，为了以后操作都能让音频和视频保持一致，可以采用把它们合成组的方法。合成组后的音频和视频作为整体被移动，还可以展开组，对组内的元件进行编辑。也可以把视频、字幕、音频、照片、转场效果一起合成组。关于组的操作方法如图 4-35 所示。

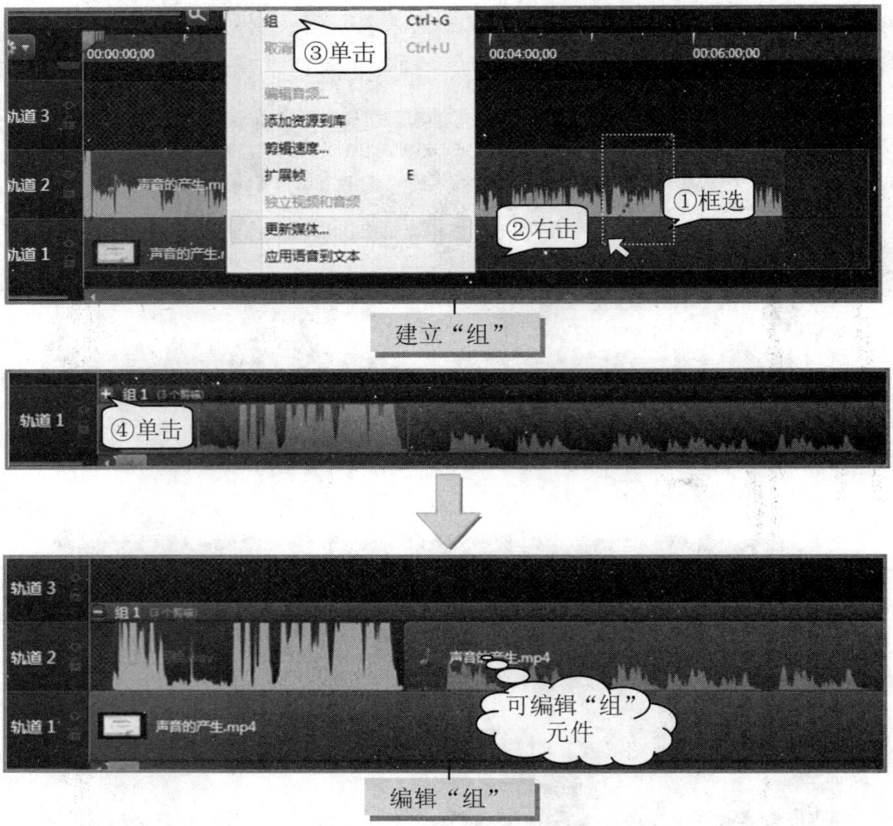

图 4-35　使用“组”操作

2. 利用文字转语音软件合成声音

现在的文字转语音软件功能非常强大，在给微课配音时可以采用。在网上搜索“文字转语音”软件可以搜索出多个在线转语音软件，下载后安装。经过简单的设置后，可以把在微课中要讲的话，分开成每一句转换一次，这样方便声音与画面同步。

3. 修改微课中错误声音的方法

在微课录制中有时会出现少量文字说错的情况，如果当时发现，可重复先前操作重新说一次正确的，到剪辑时把错误的语音删除即可；如果录制时没有发现，在后期编辑时发现，只是一两个字，可以在错误处做下标记，把微课中其他有正确发音的音频复制过来，把错误声音删除即可；如果微课中没有正确的发音，可以重新录制一段正确的发音，替换掉错误的发音。

4.3.5　添加背景音乐

在微课视频中配上美妙婉转的轻音乐，再加上生动的讲解，精彩的画面，不仅给人传授知识，更给人以美的享受，当然也会让微课的档次上一个台阶。

实例 10　初中化学“化合价”

“化合价”是九年级化学中的内容。本实例运用 Camtasia Studio 为“化合价”微课添加“小水果.mp3”和“小苹果.mp3”背景音乐。

跟我学

1. **打开软件**　运行 Camtasia Studio 软件，把视频“化合价.mp4”导入剪辑箱并添加到轨道。
2. **导入音乐**　执行“文件”→“导入媒体”命令，把音频“筷子兄弟-小水果.mp3”“筷子兄弟-小苹果.mp3”文件导入“媒体库”中。
3. **添加媒体到轨道**　新建一轨道，把“化合价.mp4”拖放到“轨道 1”中，把“筷子兄弟-小水果.mp3”和“筷子兄弟-小苹果.mp3”拖放到“轨道 2”中。由于视频比较长，所以“筷子兄弟-小水果.mp3”用两次。
4. **设置背景音乐**　背景音乐的声音不能太大，其主要是为视频中的讲解声音做陪衬，填补讲解空白，营造一个轻松舒适的学习环境。按图 4-36 所示操作，对插入音乐的音量进行调整，以便达到较好的效果。

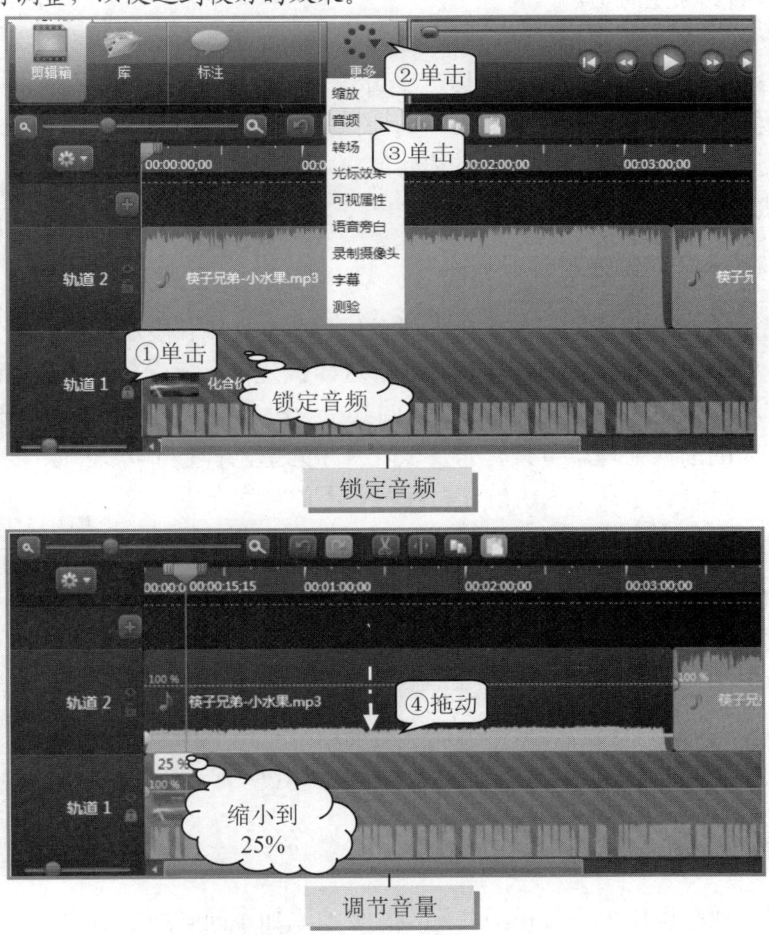

图 4-36　设置背景音乐

5. **保存项目**　保存项目后，可在生成视频文件里查听声音。

知识库

1. 轨道操作

微课在编辑时，常常会有多条轨道，如果掌握一定的轨道操作技巧，可以提高微课制作效率。关于轨道的整体操作有如下几种。轨道头部组成见图 4-37。

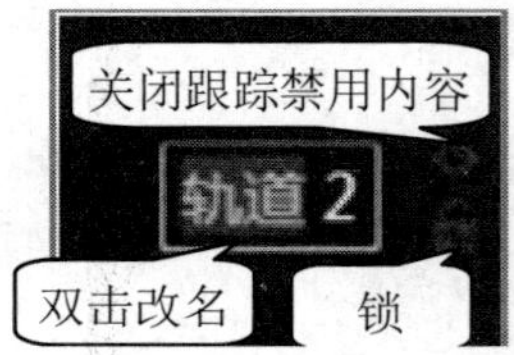

图 4-37　轨道头部组成

- 轨道锁定：如对于轨道比较多的情况下，有时把一个轨道的编辑工作做完后，不想再进行编辑，可以对该轨道进行锁，这样就不会在对其他轨道的音频或视频进行编辑时影响到锁定轨道。
- 轨道开关：在对视频进行编辑时，常常有多条轨道，有时不想看到某条轨道的视频或者音频播放，可以关闭该轨道，单击“关闭跟踪禁用内容”选项即可。
- 轨道改名：在对视频进行编辑时，需要做的特效多时，就会有很多条轨道，为了管理方便，可以根据轨道上显示的内容给每条轨道命名，这样更方便管理，可以提高工作效率。

2. 设置背景音乐时的注意事项

在给微课添加背景音乐时，常常会出现音乐长度与视频长度不一致的情况，这就需要对背景音乐进行剪裁，把多余的音乐删除掉，这样就会出现声音戛然而止的现象，这时可以对音乐进行渐出处理。有时只要某首音乐的其中一段或者几句，不想让音乐进入太突兀，这就要用到音乐的渐入处理。背景音乐要以轻音乐为主，音量不可太大，以不影响讲解声音为好，要记住背景音乐只是为讲解作衬托的，不能喧宾夺主。

4.4　编辑视频

编辑微课的大多数操作是对视频进行编辑，如视频中出现错误需要删除，就要用到分割视频；有的相同的操作，感觉前面的没有后面的好，可以用到复制视频；有时为了强调某一局部，可以采用聚焦放大效果；想在学习理论操作时看到实际操作，可用画中画操作。

4.4.1　分割视频

分割视频是视频操作中用得最多的操作，如要添加不同画面之间的转场效果，或在视频中插入一幅图画，等等，都要用到分割视频操作。

实例 11 小学科学“测量水的温度”

“测量水的温度”是(新科版)小学科学三年级下册第三单元第二课中的知识，本实例运用 Camtasia Studio 把片头和正式讲课视频分割开。

跟我学

1. **打开项目** 运行 Camtasia Studio 软件，打开“小学科学‘测量水的温度’(初).mp4”项目文件。
2. **分割视频** 按图 4-38 所示操作，完成视频的分割。

图 4-38 分割视频

3. **继续分割** 可以根据编辑需要，进行其他视频的分割。如果多轨道视频同一时间都要分割，可以一次选中所要分割的视频，一次单击“分割”按钮即可。
4. **保存文件** 只要对文件进行修改后，都要进行保存，以备以后使用。

4.4.2 剪辑与复制视频

在微课中有时会有重复的操作，也许重复的操作中有的地方会有令人不满意的地方，这时可以把好的视频片段复制过去，替代不好的，这就要用到视频的剪辑与复制替换操作。

实例 12 小学语文“留言条的写法”

“留言条的写法”是(北师大版)小学语文二年级上册的内容。本实例使用 Camtasia Studio 把 1 分 49 秒到 2 分 11 秒的记忆歌谣复制到最后，替换微课里的歌谣，因为最后一次的歌谣有学生下课的声音。

跟我学

1. **打开项目** 运行 Camtasia Studio 软件，打开“小学语文‘留言条的写法’.camproj”项目文件。
2. **定位播放头** 把播放头拖放到 0:01:49:18 处。
3. **复制视频片段** 按图 4-39 所示操作，完成复制歌谣视频。

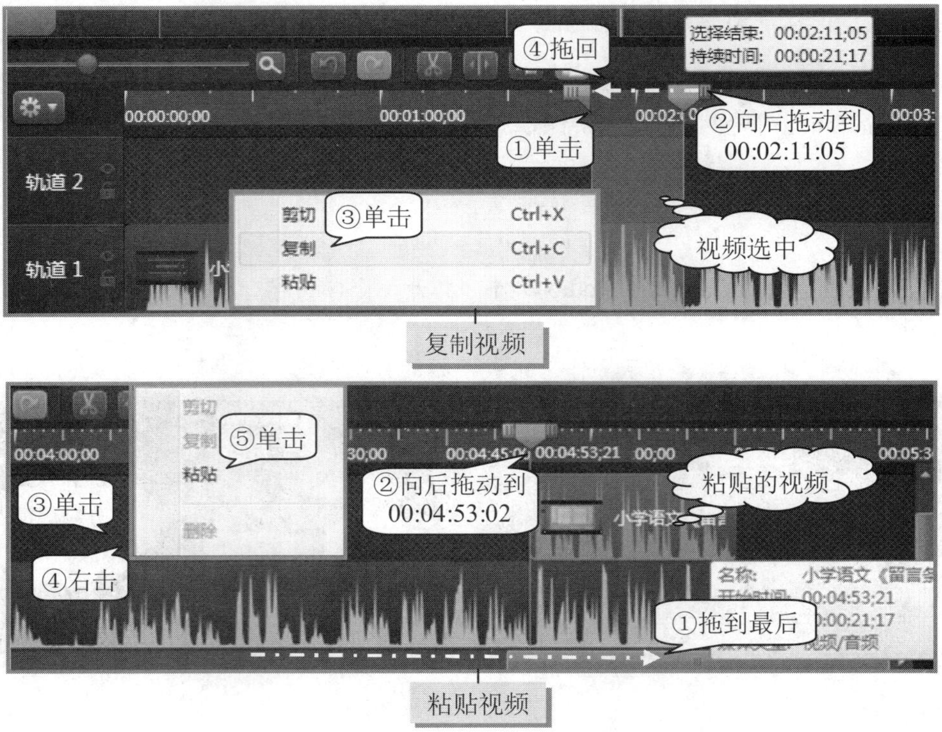

图 4-39　复制视频片段

4. **消除视频声音**　按图 4-40 所示操作，完成原来视频声音的消除。

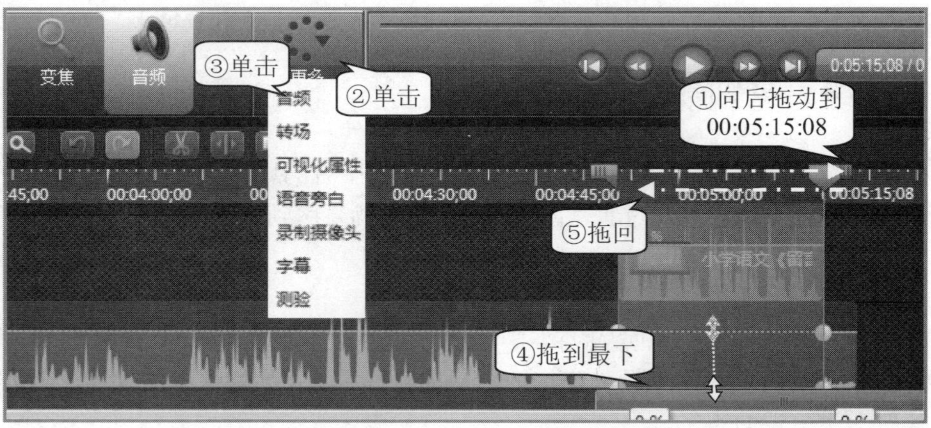

图 4-40　消除视频声音

5. **试听保存**　把播放头向前拖一些，听一下效果，如果满意保存文件。

4.4.3　放大与缩小视频

有时在录制微课时放大效果不到位，或没有放大想让学习者注意的部分，在编辑时可采用添加聚焦放大的效果来达到目的。

实例 13　背斜成谷与向斜成山

“背斜成谷与向斜成山”是(人教版)高中地理必修(一)第四章第二节“山地的形成”中“褶皱山”中的一个重点和难点。本实例运用 Camtasia Studio 添加视频聚焦放大效果，如图 4-41 所示。

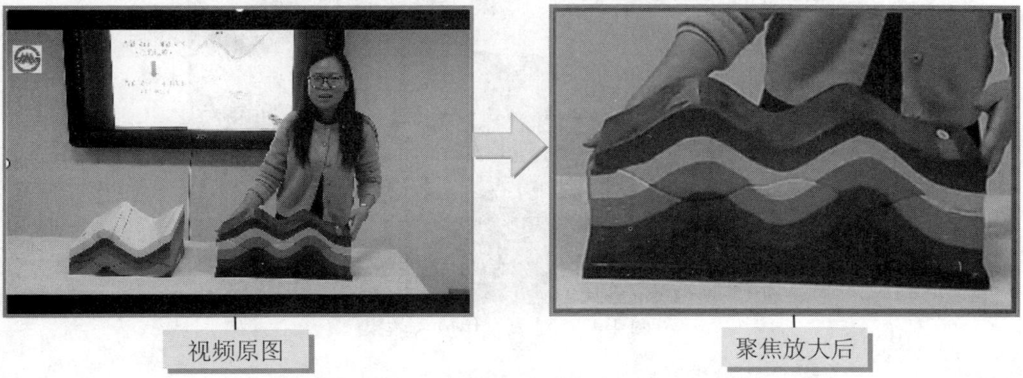

图 4-41　微课“背斜成谷与向斜成山”聚焦放大效果

跟我学

1. **打开项目**　运行 Camtasia Studio 软件，打开“背斜成谷与向斜成山.mp4”项目文件。
2. **定位播放头**　在时间轴里拖放播放头到 0:00:52:18。
3. **添加聚焦放大效果**　按图 4-42 所示操作，完成视频添加聚焦放大效果。

图 4-42　添加聚焦放大效果

4. **结束聚焦放大效果**　按图 4-43 所示操作，使视频画面显示正常，结束聚焦放大效果。
5. **保存查看效果**　保存编辑好的文件，生成视频文件即可查看最终效果。

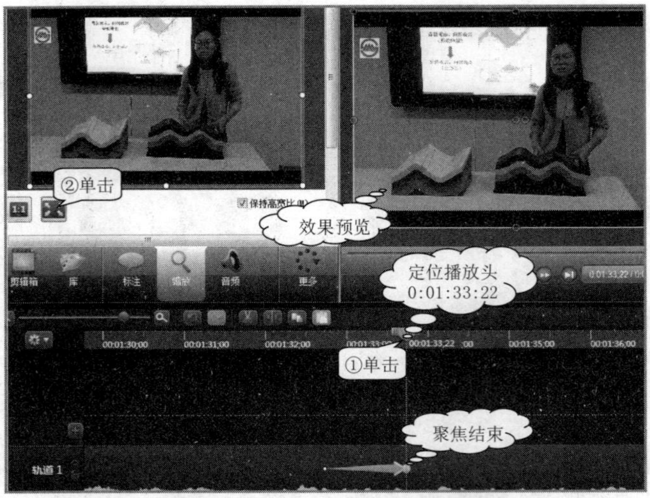

图 4-43　结束聚焦放大效果

知识库

1. 调整聚焦开始时间

在对微课视频中部分画面进行聚焦放大效果设置前，心中就要明确从何时(具体到帧)开始放大，何时结束放大。确定起止时间后，把播放头定位到放大开始帧，然后调整需要显示的区域，完成后会发现动画提前实行了，如图 4-40“调整位置前”所示，这时需要把添加的聚焦放大动画向后拖动调整，把缩放的开始与播放头对齐，这样就会从需要的位置开始放大，效果如图 4-44“调整位置后”所示。

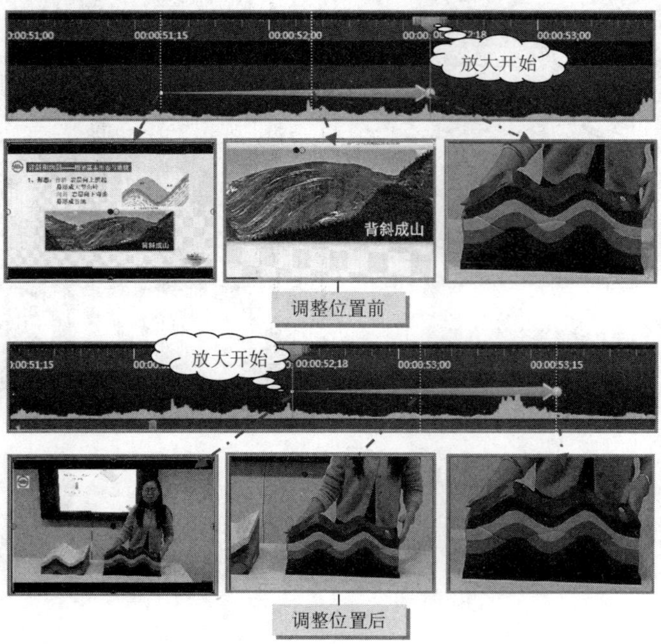

图 4-44　调整聚焦开始时间

2. 调整动画缩放快慢

在添加聚焦缩放时，可根据场景时长来调整缩放速度，如果要放大的画面时间长，聚焦放大变化可以采用系统默认时间“1 秒钟”，如果感觉变化太快，可以向右拖动动画终点增加时长，时间加长了，动画变化就会慢些。操作方法如图 4-45 所示。

图 4-45　调整动画缩放快慢

4.4.4　设置视频转场特效

微课中视频由不同场景组成，在各场景之间的过渡中添加一些转场效果，可使微课画面流畅自然，避免给人以生硬的感觉，好的过渡效果能使两个不同场景连接得天衣无缝，甚至说给人以美的享受也不为过。

实例 14　上传空间照片

“上传空间照片”是安徽省信息技术初中二年级教材中的内容。本实例运用 Camtasia Studio 设置不同场景之间的转场效果，效果如图 4-46 所示。

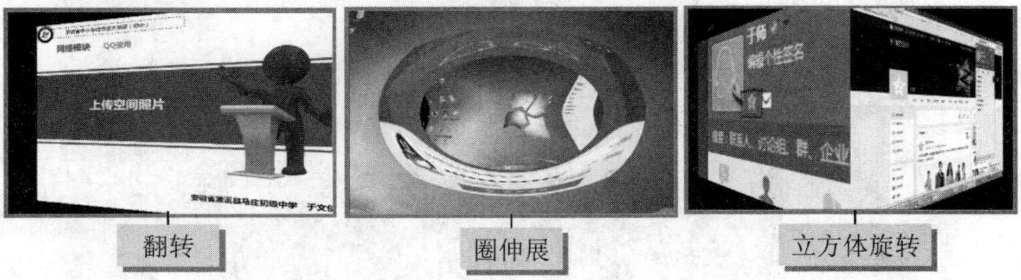

图 4-46　微课“上传空间照片”转场

跟我学

1. 导入项目文件　运行 Camtasia Studio 软件，打开“上传空间照片.camproj”项目文件。

2. 添加转场　按图 4-47 所示操作，添加“翻转”转场效果。

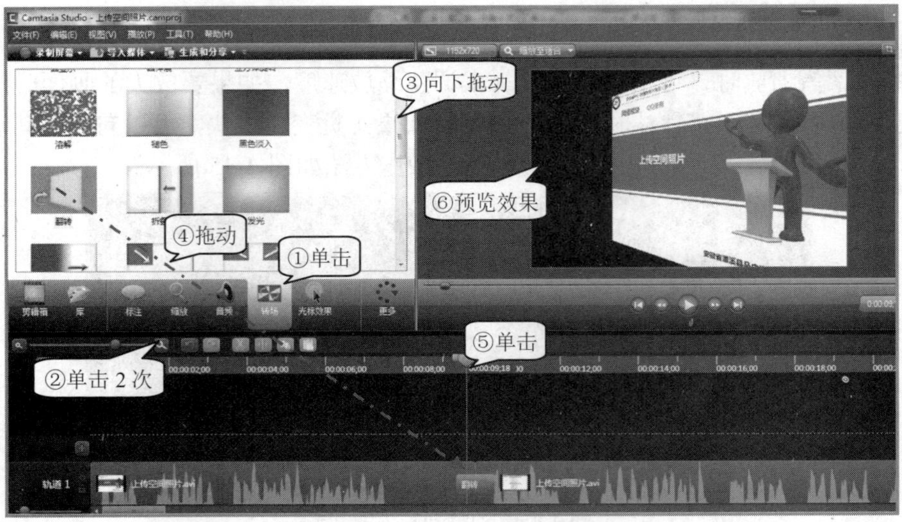

图 4-47　添加“翻转”转场效果

3. **继续添加转场效果**　按图 4-48 所示操作，完成后面 3 个场景之间的“圈伸展”和“立方体旋转”转场效果。

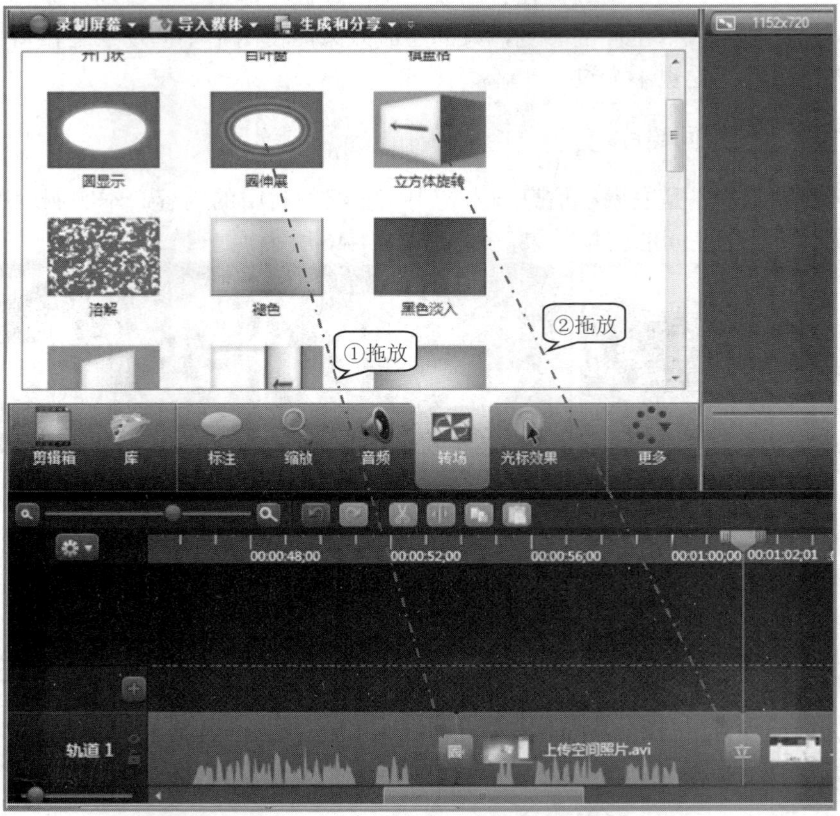

图 4-48　继续添加转场效果

4. **播放预览**　转场效果设置好后，视频转场截图如图 4-46 所示。

知识库

1. 设置转场效果

- 快速添加所有转场：把所有视频之间的转场设置为相同，可以按图 4-49 所示操作。

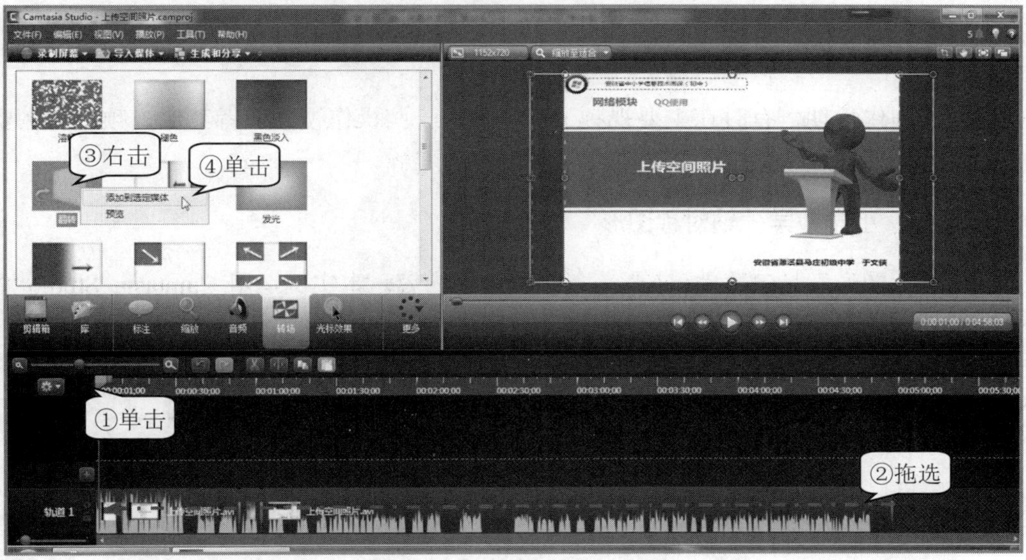

图 4-49 一次添加多个视频转场

- 转场效果删除：如果不想要已经添加的转场效果，可以在视频转场上单击，直接按 Delete 键，或者右击转场，在弹出的菜单中选择“删除”命令。
- 转场效果替换：当添加的转场效果不满意时，可直接把想用的转场拖放到以前的转场上，就可以替换掉原来的转场。
- 调整转场时长：如果感觉转场效果太快，可以通过延长转场效果时间，来让转场进行得慢些，如图 4-50 所示。

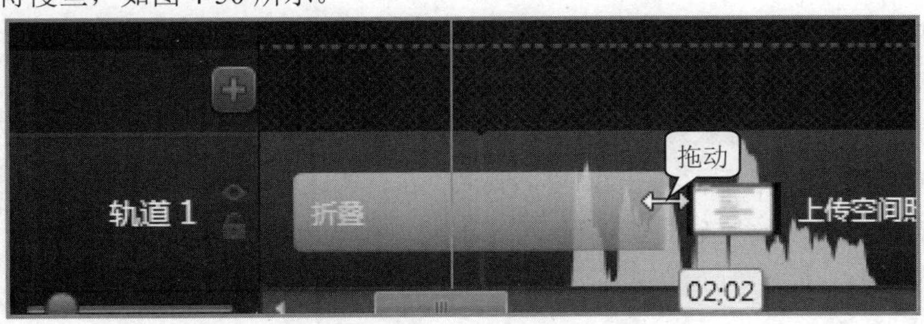

图 4-50 调整转场时长

2. 多画面同时转场

有时微课中不仅有视频，还会有视频(如画中画)、添加字幕、修饰边框等，这时在设置转场效果时，需要把每个视频都设置相同的转场，否则会出现场不同步现象。特别是添加“立方体旋转”转场效果，如果多个视频不同时添加，则会出现主要视频画面变成立方体转走了，字幕和其他视频没有相关的变化。这时需要对没有转场的字幕和视频进行同样的转场设置。

制作微课中的转场效果时要仔细操作，细心观察，添加效果后一定要多播放几次，查看效果，特别是带有字幕的转场，字幕不参与转场是大家容易忽视的。

4.4.5 设置画中画效果

在微课制作后期，有时在主要视频上面再加入一些操作视频或者其他视频，对主要学习内容起到补充作用，更利于学习者对学习内容的理解。

实例 15 小学数学“轴对称图形”

“轴对称图形”是(苏教版)小学三年级数学的内容。本实例运用 Camtasia Studio 添加画中画，效果如图 4-51 所示。

图 4-51 微课“轴对称图形”画中画效果

跟我学

1. **打开项目** 运行 Camtasia Studio 软件，打开“小学数学‘轴对称图形’.camproj”项目文件。
2. **复制动画** 复制 1 分 23 秒到 2 分 33 秒的动画。
3. **剪裁视频** 把视频中动画以外的无用信息剪裁掉。
4. **设置画中画** 把剪裁好的视频移动到微课开始处，移动到右上角，调整大小。
5. **复制视频** 复制刚才做好的画中画视频，在新轨道里粘贴，稍微向后推迟几秒，把它放到左上角，效果如图 4-51 所示。

第 5 章

美化微课

一个优质的微课作品，不仅要求教学目标清晰、主题突出、内容完整，还需要有一定的艺术性。对微课的美化，一方面体现在微课课件的设计和制作上，在制作常用的PowerPoint 课件时，要设计、确定统一的版式和风格，要应用 PowerPoint 特有的功能带来的视觉效果，如自定义母版，颜色、字体搭配，等等。另一方面可以通过 Camtasia Studio 软件进行后期处理，进一步美化微课，如添加背景音乐、适度运用特效等。

本章通过实例，讲解如何使用常用的软件对微课进行美化。

本章内容：

- 设计微课版式
- 美化微课元素
- 适度运用特效

5.1　设计微课版式

通常在微课制作前课件的版式要有统一的设计和规划，具体体现在微课课件的制作环节。包括整个课件幻灯片的页面设置和每张幻灯片版面设计与内容的布局，应该在添加课件内容前初步确定，以免后期不满意造成大量的重复调整。

实例 1　小学数学“1～5 的认识”

“1～5 的认识”是(人教版)小学数学一年级上册第三单元第 1 课的内容。本实例运用 PowerPoint 软件添加片头、片尾，设置统一的页面版式，统一微课的布局、风格。效果如图 5-1 所示。

图 5-1　“1～5 的认识”微课课件

5.1.1　制作动感片头

微课的片头通常包括微课标题、教材版本信息、作者及学校信息。如图 5-2 所示，为了达到好的艺术效果，通常会配有与微课内容相关的图片、动画和视频等。

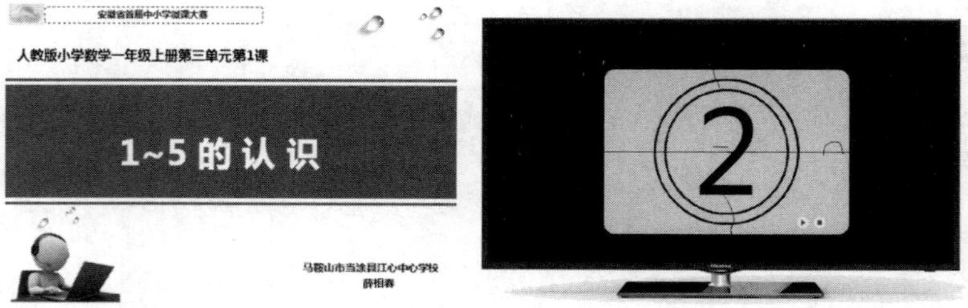

图 5-2　“1～5 的认识”微课片头

跟我学

制作课件封面

微课封面包括课题名称、教材版本信息和作者信息等，通常为静态的文字和与课题相关的装饰图片组成。

1. **新建幻灯片**　运行 PowerPoint 2010 软件，打开课件“1～5 的认识微课课件(初)”，单击第 1 张幻灯片，按图 5-3 所示操作，新建一张空白幻灯片，并将该幻灯片移到第 1 张位置。

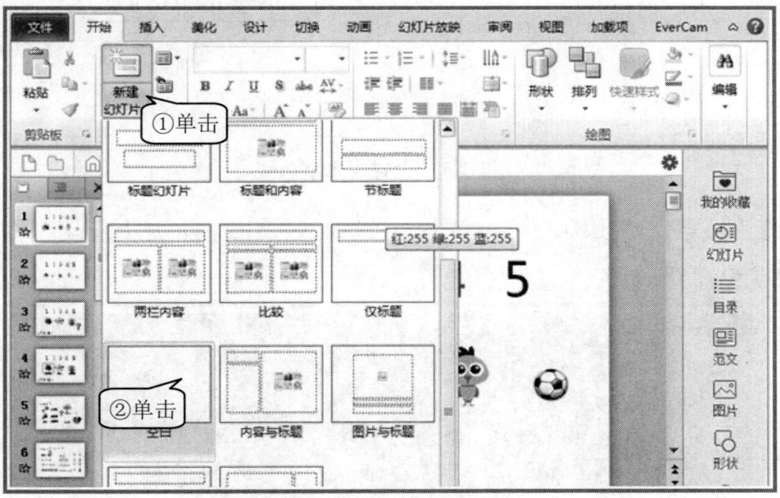

图 5-3　新建幻灯片

2. **绘制矩形图形**　按图 5-4 所示操作，选择“矩形”工具，在幻灯片上绘制一个矩形。

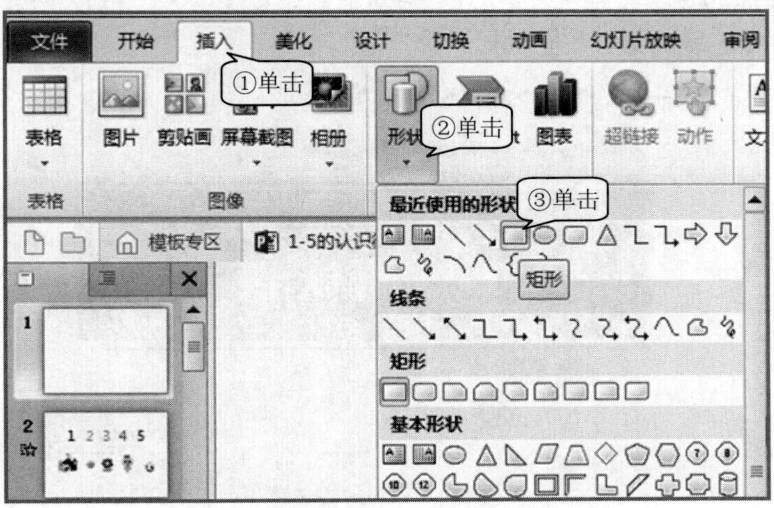

图 5-4　绘制矩形图形

3．**设置矩形属性**　选择“绘图工具格式”选项卡，设置“图形填充”为“蓝色”，“图形轮廓”为“无填充”；设置矩形高度为“6.9 厘米”，宽度为“28 厘米”，并将图形移到如图 5-5 所示的位置。

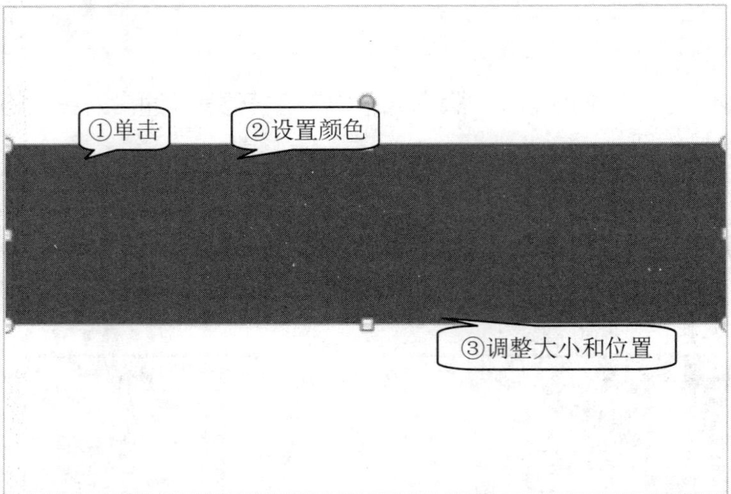

图 5-5　设置矩形属性

4．**添加修饰线条**　用上面相同的方法，在矩形背景上下增加两条蓝色的修饰线条，效果如图 5-6 所示。

图 5-6　添加修饰线条

5．**添加片头文字**　执行“插入”选项卡中的“文本框”命令，插入幻灯片中的标题和文字内容。效果如图 5-7 所示。

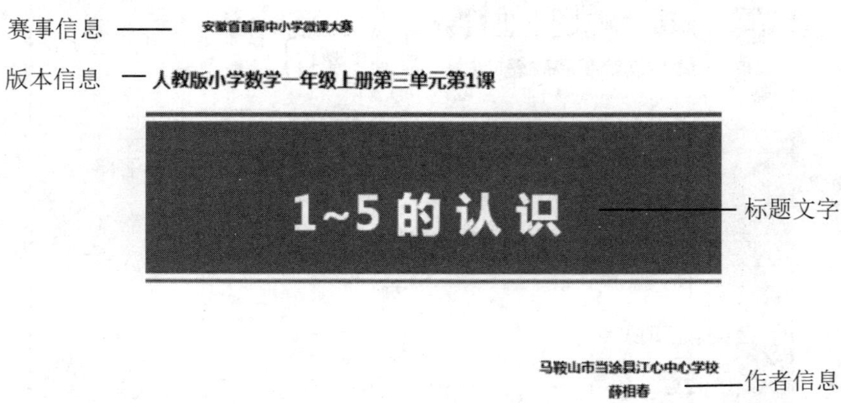

图 5-7　添加片头文字

6. **设置文字属性**　分别选中文本框，按表 5-1 所示，设置“标题文字”“赛事信息”“版本信息”和“作者信息”的字体属性。

表 5-1　文字属性信息表

项目	字体	字号	颜色	加粗	阴影
标题文字	微软雅黑	60 磅	白色	√	√
赛事信息	黑体	26 磅	黑色	√	
版本信息	黑体	16 磅	黑色	√	
作者信息	黑体	18 磅	黑色	√	

7. **插入装饰图片**　执行“插入”选项卡中的“插入来自文件的图片”命令，按图 5-8 所示操作，插入封面幻灯片中的所有图片。

图 5-8　插入装饰图片

8. **调整装饰图片**　分别选中每个图片，调整大小和位置，效果如图 5-9 所示。

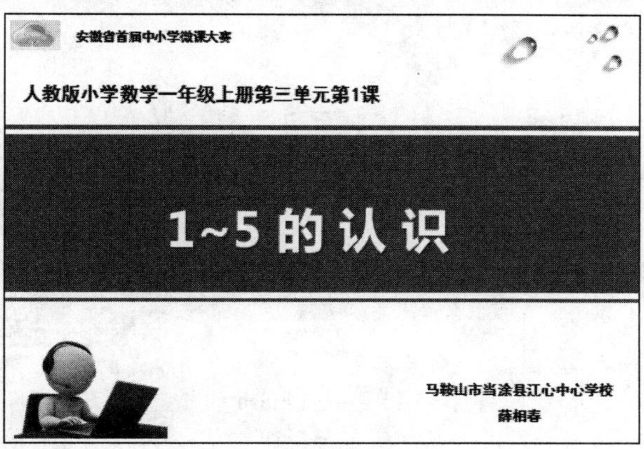

图 5-9　调整装饰图片

9. **复制装饰图片** 按图 5-10 所示操作，复制装饰的图片。

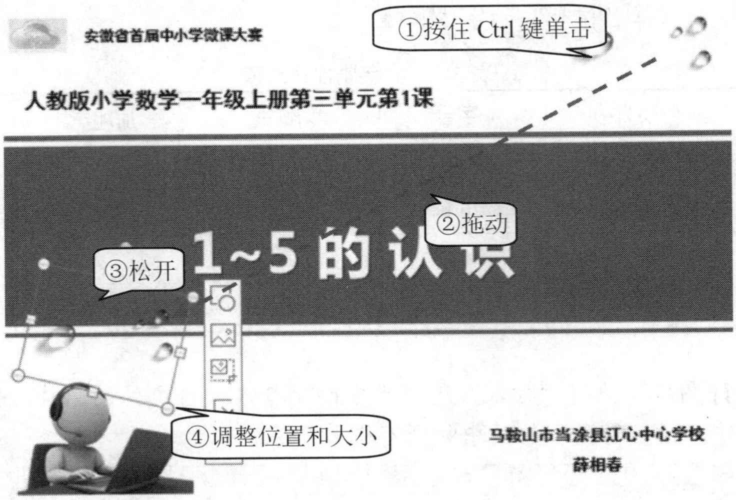

图 5-10 复制装饰图片

添加动感片头

制作动态的微课片头，可以直接在幻灯片中插入视频或 Flash 动画，为了达到好的视觉效果，可以为 Flash 动画添加背景。

1. **新建幻灯片** 将光标定位到 1、2 幻灯片中间，执行“文件”→“新建幻灯片”命令，新建一张空白幻灯片。
2. **添加 Flash 动画** 运用添加视频的方法，单击“插入”选项，按图 5-11 所示操作，添加 Flash 动画，调整动画播放窗口的大小和位置。

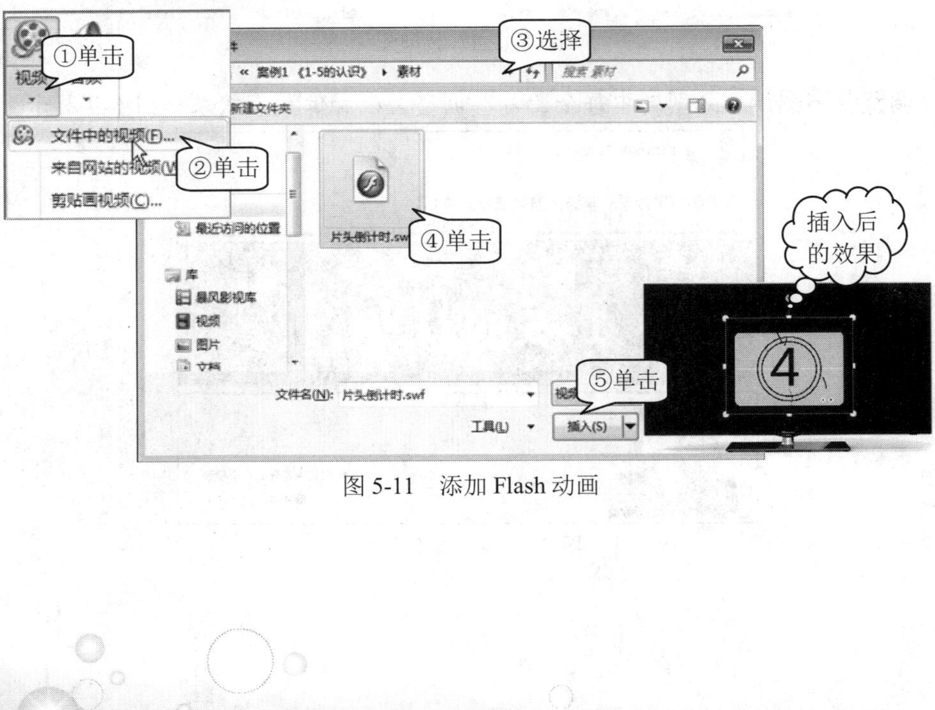

图 5-11 添加 Flash 动画

将课件复制到其他电脑上时，其中用到的 Flash 动画素材也需要一同复制，因此，为便于管理，可以先将动画文件复制到“课件\视频素材”文件夹中。

3．**控制动画播放**　按图 5-12 所示操作，控制动画播放。

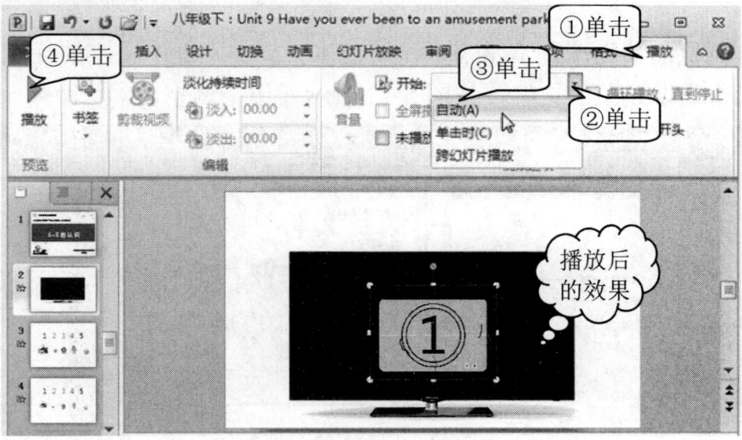

图 5-12　控制动画播放

Flash 动画插入后，在幻灯片上显示“黑色”窗口，单击“视频工具”下的“播放”选项中的“播放”命令，或放映幻灯片时，窗口才会显示画面。

4．**保存微课课件**　调整 Flash 动画的位置和大小，单击“快速访问”工具栏上的“保存”图标，保存课件。

知识库

1. 调整形状样式和艺术字样式

当选中了课件中的艺术字或文本框后，可在“格式”选项卡中设置“形状样式”和“艺术字样式”，如图 5-13 所示。形状样式是调整艺术字或文本框的外边框样式的，而艺术字样式则是调整文字的填充色、轮廓和效果等。

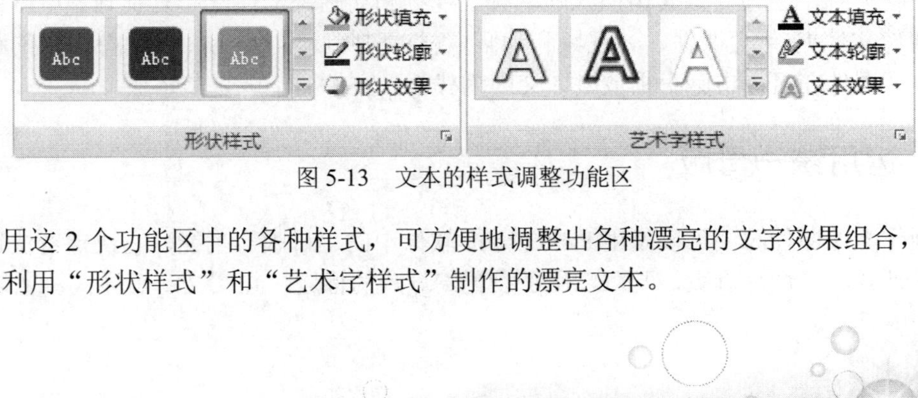

图 5-13　文本的样式调整功能区

利用这 2 个功能区中的各种样式，可方便地调整出各种漂亮的文字效果组合，图 5-14 所示是利用“形状样式”和“艺术字样式”制作的漂亮文本。

图 5-14　各种漂亮的文字效果

2. 调整行距

为了美观和浏览的清晰度，常常需要调整艺术字或文本框中文字的行距，为了实现这个功能，可先选中需要调整的文字，按图 5-15 所示操作，调整文本行距。

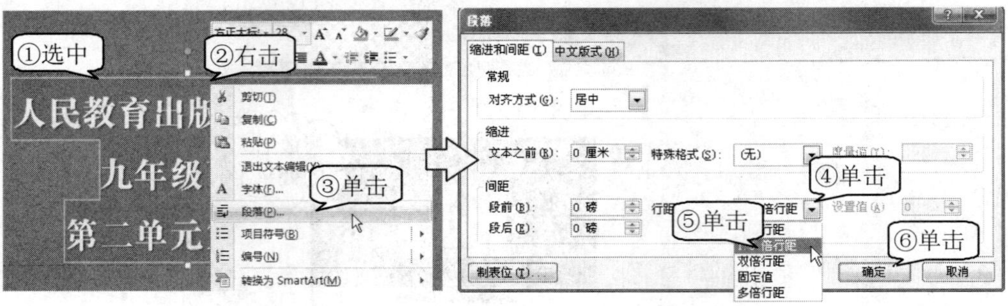

图 5-15　调整文本行距

3. 利用“图片样式”修饰图片

插入外部图片后，双击图片，切换到“格式”选项卡，其中提供了一个“图片样式”功能区，利用左边的默认样式，可方便快速地修饰图片，图 5-16 所示的是图片修饰的效果。而“图片样式”功能区右边的几个功能按钮可自由定义修饰图片，“图片形状”可将图片套到 PowerPoint 形状中去；“图片效果”可设置三维、阴影等效果。

图 5-16　“图片样式”功能修饰的图片示例

4. 在其他电脑播放课件

在多媒体课件中，添加的音频、视频和动画等对象是独立于课件之外的，在复制课件到其他电脑上时，必须要将其中插入的音频、视频和动画等文件一起复制到该电脑中，最好是将课件文件夹(包含课件、音视频和动画素材)复制到该电脑上，以保持原来的路径关系，否则，课件在目标电脑上播放时，会因为找不到文件而不能正常播放。

5.1.2　运用统一母版

在制作微课课件时，可以使用 PowerPoint 软件中的“母版”功能，它决定着快速微课幻灯片的外观。幻灯片母版，既可以用于设置幻灯片的标题、正文文字等样式，也可以用于设置幻灯片的背景、页眉页脚等。如图 5-17 所示，灵活运用母版可以提高微课课件的制作效率，形成统一的风格。

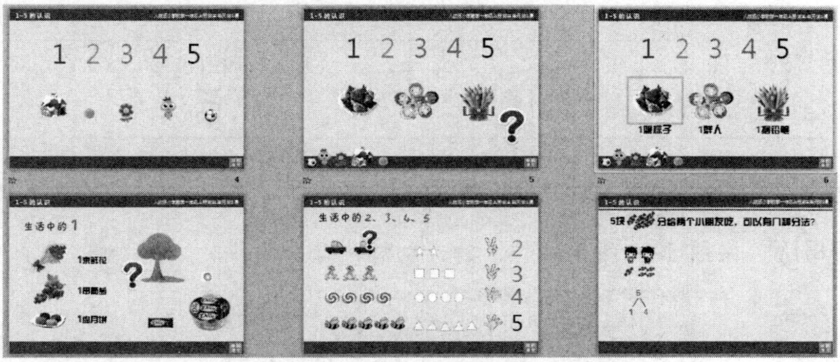

图 5-17　统一的微课版式

跟我学

制作自定义母版

确定了幻灯片模板的共有元素，可以将原先制作好的幻灯片中的共有元素复制到母版幻灯片中，提高制作的效率。

1．**观察幻灯片版式**　如图 5-18 所示，观察左右两张幻灯片，看哪些元素是可以公用的。

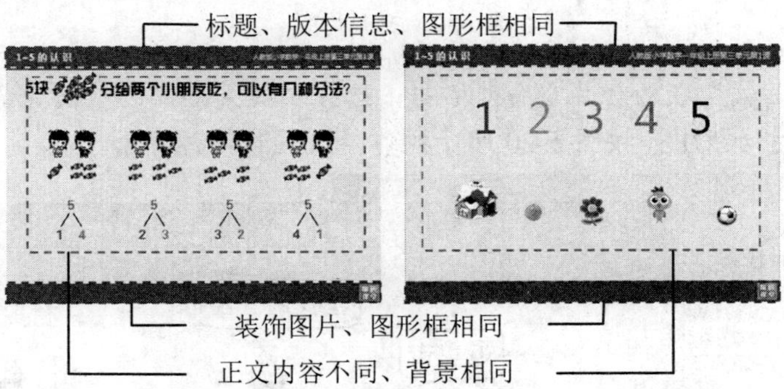

图 5-18　两张幻灯片版式内容对比图

2．**确定母版元素**　如表 5-2 所示，确定了两张幻灯片中的公共内容元素，这些元素就是母版需要设计的内容，思考这样设计的理由。

表 5-2　幻灯片母版元素统计表

项　目	左、右幻灯片
微课标题	相同
版本信息	相同
下蓝色块	相同

(续表)

项　目	左/右幻灯片
上蓝色块	相同
装饰插图	相同
幻灯片正文	不同
幻灯片背景	相同

3. **打开母版**　按图 5-19 所示操作，打开幻灯片母版。

图 5-19　打开母版

4. **制作母版背景**　在幻灯片空白处右击，选择快捷菜单中的“设置背景格式”命令，在弹出的对话框中，按图 5-20 所示操作，设置幻灯片背景。

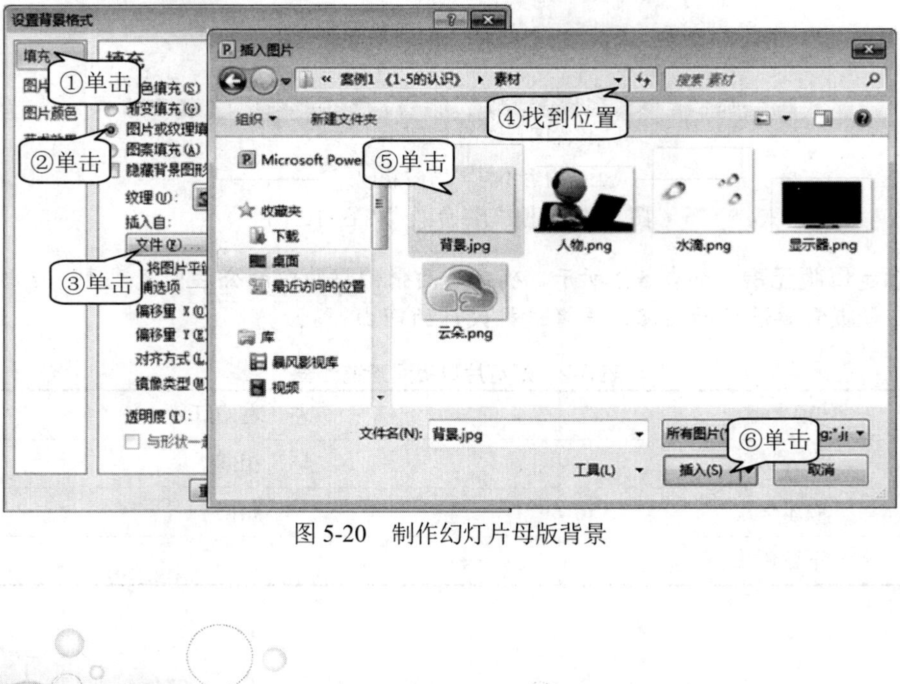

图 5-20　制作幻灯片母版背景

5．**制作母版内容**　在幻灯片空白处右击，选择“粘贴”命令，将从“1～5 的认识”幻灯片中复制的元素粘贴到幻灯片母版中，调整位置，效果如图 5-21 所示。

图 5-21　制作母版内容

6．**关闭自定义母版**　可以根据需要添加母版中的其他内容，制作完后，选择“幻灯片母版”选项卡中的“关闭母版视图”命令，返回普通视图。

使用自定义母版

制作好母版后，可以为当前幻灯片添加定义的母版版式，也可以在插入新幻灯片时，直接使用该母版。

1．**新建选用母版**　按图 5-22 所示操作，新建幻灯片，选择设计好的自定义幻灯片母版。

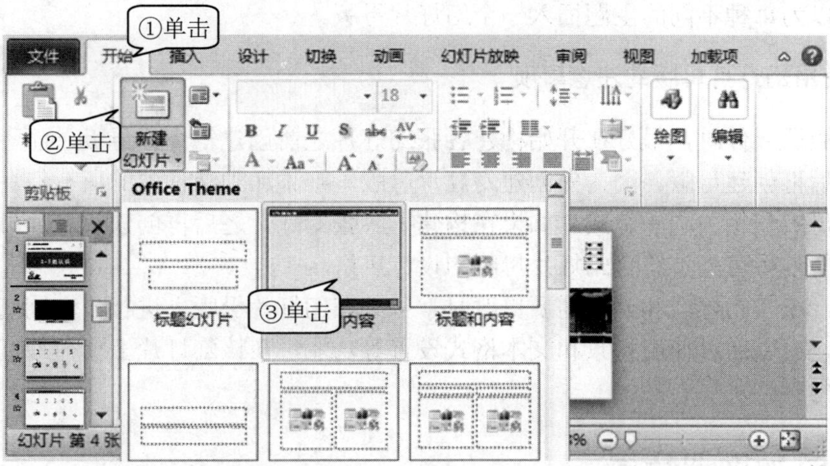

图 5-22　新建选用自定义母版

2．**幻灯片使用母版**　选中现有的幻灯片，按图 5-23 所示操作，选择使用设计好的自定义幻灯片母版。

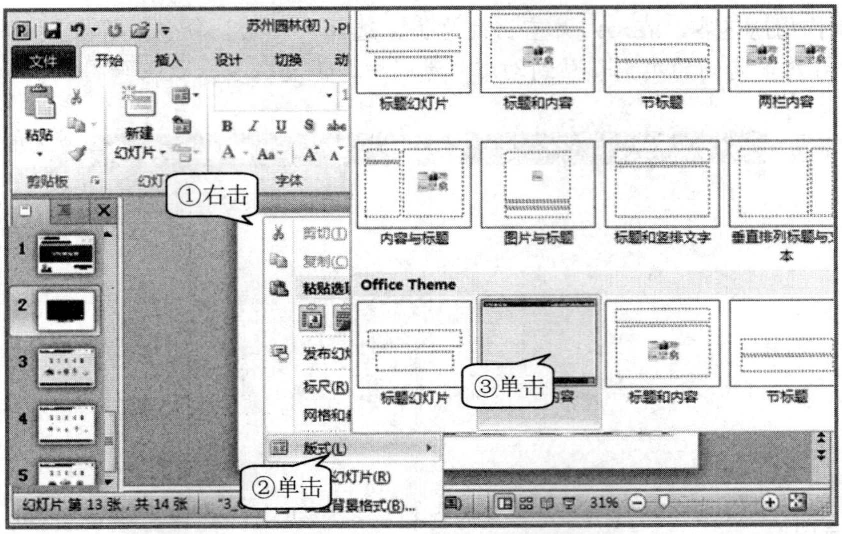

图 5-23　幻灯片使用自定义母版

3. **保存文档**　根据需要将微课课件中的其他幻灯片，设置相同的母版，形成统一的版式风格后，保存微课课件文档。

知识库

1. 幻灯片母版

幻灯片母版是幻灯片层次结构中的顶层幻灯片，用来存储课件的主题和幻灯片版式信息，包括背景、颜色、字体、效果、占位符的大小和位置。应用幻灯片母版可以统一课件的样式和外观，每个课件至少包含一个幻灯片母版，如果课件包含两种以上不同的样式或主题，可以为每种不同的主题插入一个幻灯片母版。

2. 使用幻灯片母版的注意事项

制作微课课件时，最好在开始构建各张幻灯片之前创建幻灯片母版，而不要在构建了幻灯片之后再创建母版。因为先创建幻灯片母版，则添加到课件中的所有幻灯片都会基于该幻灯片母版和相关联的版式。如果在构建了各张幻灯片之后再创建幻灯片母版，则幻灯片上的某些项目可能不符合幻灯片母版的设计风格。

此外，统一的样式和外观需要更改时，务必在幻灯片母版上进行。个别幻灯片的样式需要更改，可以通过使用背景和文本格式设置等功能，在该幻灯片上覆盖幻灯片母版的某些自定义内容。

5.1.3　添加微课片尾

为微课添加片尾，可以很自然地提示微课播放结束信息。如图 5-24 所示的是使用 PPT 美化大师制作的片尾。

图 5-24　添加微课课件片尾

跟我学

下载安装软件

PPT 美化大师软件中提供了大量的资源，包括各种类型的幻灯片模板、图片、图形素材等，使用前须下载、安装软件。

1．**下载软件**　打开 IE 浏览器，在地址栏输入 http://www.meihuappt.com/log.php，按图 5-25 所示操作，下载“PPT 美化大师”软件到本地磁盘。

图 5-25　下载“PPT 美化大师”软件

2．**安装软件**　双击 PPT美化大师安装包V2.0.3.0297.zip 文件，按图 5-26 所示操作，打开安装程序，按照提示逐步完成软件安装。

图 5-26 安装软件

在安装 PPT 美化大师软件前，要退出所有正在运行的 Office 系列软件，否则安装程序将无法正常进行。

3. **查看插件** 运行 PowerPoint 软件，打开课件“1～5 的认识微课课件(初)”，如图 5-27 所示，为 PPT 美化大师插件工具栏。

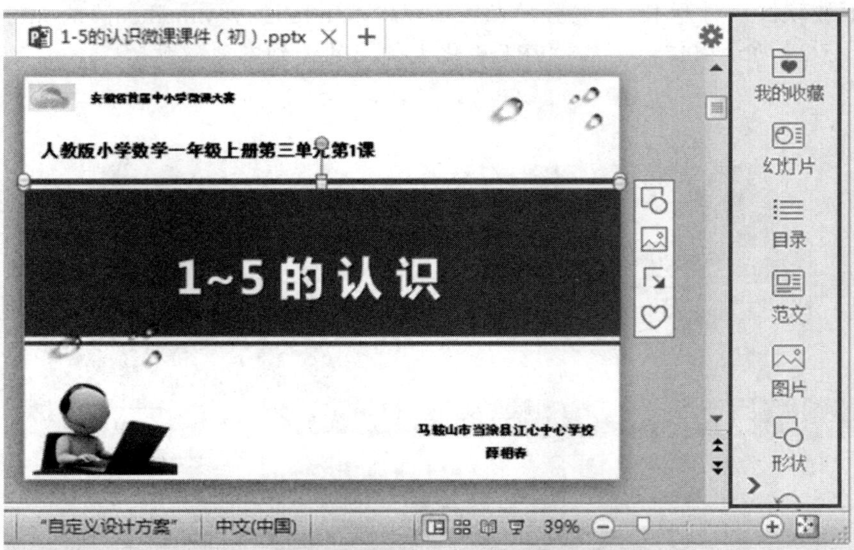

图 5-27 PPT 美化大师插件工具栏

制作微课片尾

使用 PPT 美化大师制作微课片尾时，先插入模板幻灯片，再根据整体风格进行调整、修改和完善。

1. **选择幻灯片** 按图 5-28 所示操作，在“PPT 美化大师”软件资源库中，选择微课片尾幻灯片模板。

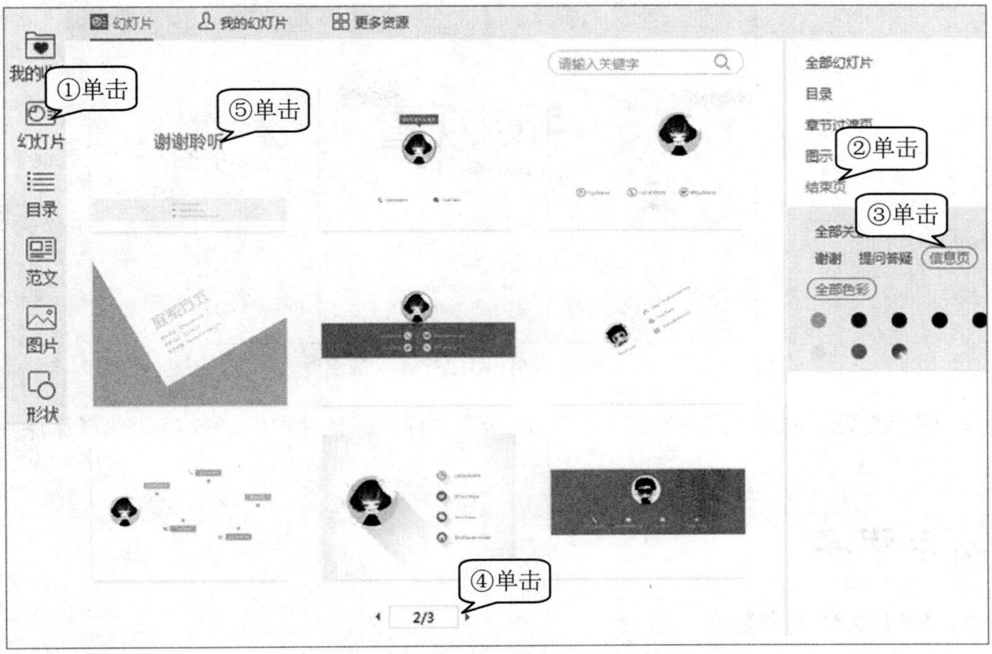

图 5-28　选择幻灯片

2. **插入幻灯片**　在预览窗口中，按图 5-29 所示操作，插入片尾幻灯片到课件中，将插入的幻灯片移到最后位置。

图 5-29　插入片尾幻灯片

> 在插入 PPT 美化大师幻灯片时，选择+按钮，幻灯片可以自动变色；选择按钮，可以保持原来的颜色。

3. **添加片尾内容**　选择片尾幻灯片，添加、修改信息，并进行调整、完善和美化，效果如图 5-30 所示。

图 5-30　制作幻灯片母版背景

4. **保存文档**　执行“文件”→“另存为”命令，将微课课件以“1～5 的认识微课课件(终)”为名进行保存。

知识库

1. PPT 美化大师简介

PPT 美化大师是 PowerPoint 软件的美化插件，提供了丰富的 PowerPoint 模板，具有一键美化的特色，是微课课件制作较好的辅助工具。PPT 美化大师主要的功能及操作如下。

- 海量在线模板素材：包括专业模板、精美图示、创意画册、实用形状等，细致分类，并能持续更新。
- 一键全自动智能美化：PowerPoint 幻灯片可在瞬间自动变化为另外一种主题和风格。
- 一键输出只读 PowerPoint：无须再存为 PDF，一键转为只读模式，不可更改，不可复制，更好地体现了安全性。

2. PPT 美化大师工具

美化大师软件在美化 PowerPoint 方面，都有直观、简洁的特点，使用者只需要通过简单的操作即可制作出精美的课件。一般情况下，为了方便使用，可以利用右侧的快捷工具栏进行操作。如图 5-31 所示，美化大师右侧一共有 8 个选项。

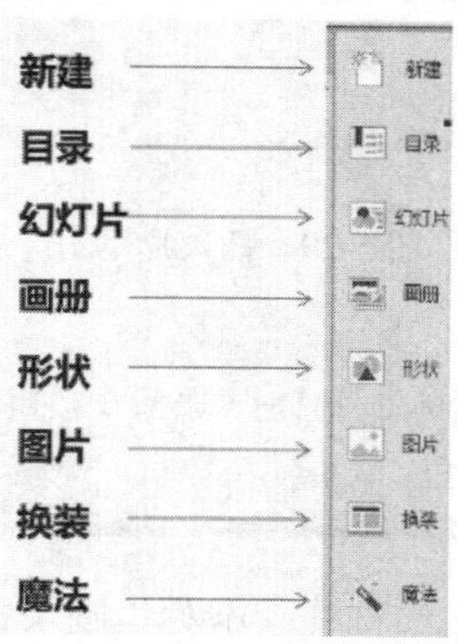

图 5-31　PPT 美化大师工具栏

各选项介绍如下。

- 新建：单击“新建”选项，会打开“PowerPoint 模板”选项界面，选择其中一款页面，并选择 PowerPoint 画面比例，单击下方的“新建空白项”按钮，即可按选择的模板新建一个 PowerPoint 文档。
- 目录：单击“目录”选项，会打开“PowerPoint 目录”编辑界面，选择其中的一款目录版式，在右侧填充栏内填写目录内容条目，即可按选择的模板新建一个 PowerPoint 目录页面。
- 幻灯片：单击“幻灯片”选项，会打开“幻灯片”选择界面，根据需要选择类型、项目数量、项目关系、颜色等，单击“插入”按钮，即可应用到 PowerPoint 文档中，然后根据自己制作的内容，更改其中的文字。
- 画册：单击“画册”选项，会打开“画册”模板界面，根据需要选择类型，单击“插入”按钮，会生成一个 PowerPoint 画册文档，该功能适合制作简单的 PowerPoint 电子相册。
- 形状：单击“形状”选项，会打开“形状”素材界面，根据需要选择并确定，可将图标插入 PowerPoint 文档中，可自由更换大小和颜色。
- 图片：单击“图片”选项，会打开“图片”素材界面。根据需要选择类型，找到需要的图片并确定，可将图片插入 PowerPoint 文档中。
- 换装：单击“换装”选项，可选择相应的模板，可更换目前使用的模板，像给 PowerPoint“换衣服”。
- 魔法：单击“魔法”选项，PPT 美化大师将自动配置模板，静待奇迹出现。

5.2　美化微课元素

根据教学内容和微课整体风格的要求，合理地添加和修饰微课中的元素，可以增强微课的艺术效果，起到“画龙点睛”的作用。下面从美化微课课件、添加动态字幕、设置画外画和添加背景音乐方面，来讲解微课元素美化的方法和技巧。

5.2.1　美化微课课件

微课的美化首先要从微课课件着手，微课课件的美化元素主要包括文字、图形、图像、色彩、布局等方面。

实例 2　初中语文“苏州园林”

“苏州园林”是(人教版)八年级语文上册第三单元第 11 课的内容，本节实例是该课件的其中一张幻灯片，通过此实例的讲解来介绍课件幻灯片的美化的方法和思路，如图 5-32 所示。

图 5-32　美化课件元素效果图

跟我学

绘制装饰图形

通过插入矩形、线条，配合合理的颜色设置，可以让课件幻灯片的版式、布局更加清晰，更有层次感。

1. **绘制矩形边框**　运行 PowerPoint 软件，打开“苏州园林(初).pptx”文件，选择第 3 张幻灯片，按图 5-33 所示操作，拖动鼠标，在幻灯片中绘制图形。

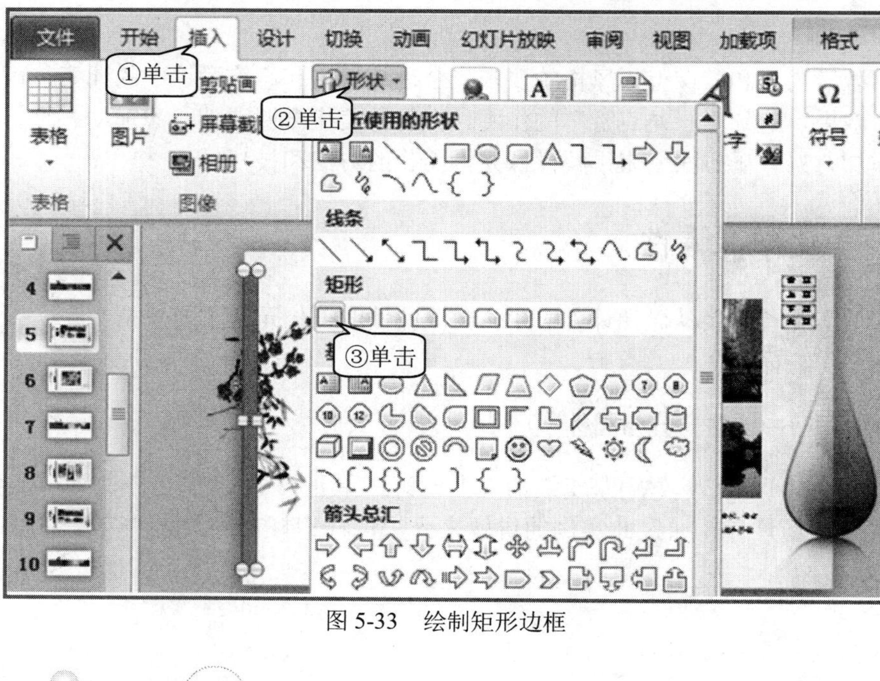

图 5-33　绘制矩形边框

2. **设置矩形图形属性**　按图 5-34 所示操作，设置矩形图形的“形状填充”为“红色”，再用相同的方法，设置“形状轮廓”为“无轮廓”，移动矩形图形到适当位置。

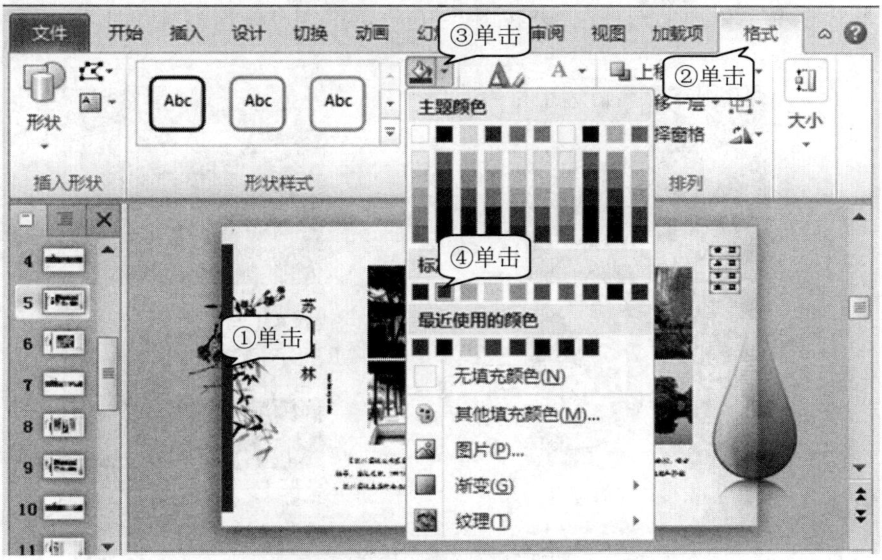

图 5-34　设置矩形图形属性

运用图形进行幻灯片装饰时，根据需要可以改变图形的透明度，还可以调整图形与主体内容之间的叠放层次，达到最佳的视觉效果。

3. **制作其他图形、线条**　用相同的方法，绘制其他矩形图形和线条，设置属性，调整位置，效果如图 5-35 所示。

图 5-35　制作好的图形、线条元素效果

使用“形状”命令中的“直线”工具装饰幻灯片时，还可以更改“线条”形状的“粗细”“虚线”等属性。

4. **制作图片衬图** 按步骤 1 的方法绘制矩形，在“绘图工具格式”选项卡中设置图形的“宽度”为“21.65 厘米”、“高度”为“12.72 厘米”，“形状填充颜色”为“灰色”，“形状轮廓”为“无轮廓”，并按图 5-36 所示操作，将图形置于底层。

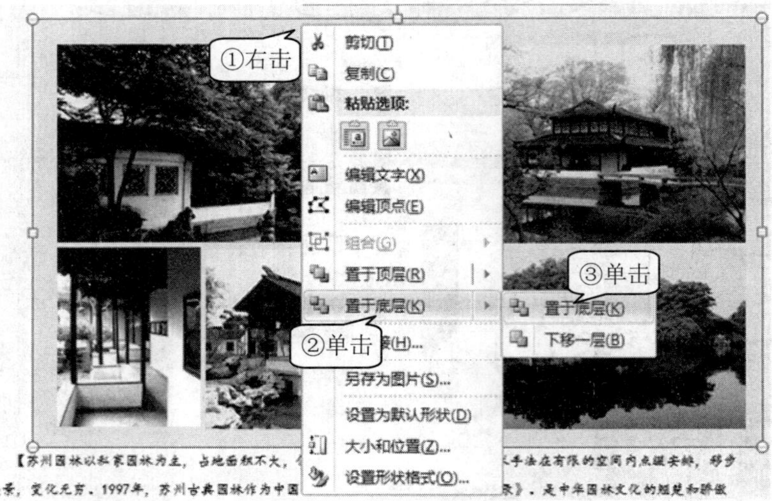

图 5-36 制作图片衬图

添加装饰图片

装饰图片可以有效地填补幻灯片的空缺，让整个版面看起来更丰富，装饰图片不宜过多、过于花哨，位置和大小要适中。

1. **插入装饰图片** 选择“插入”选项卡中的“插入来自文件的图片”命令，按图 5-37 所示操作，插入装饰图片。

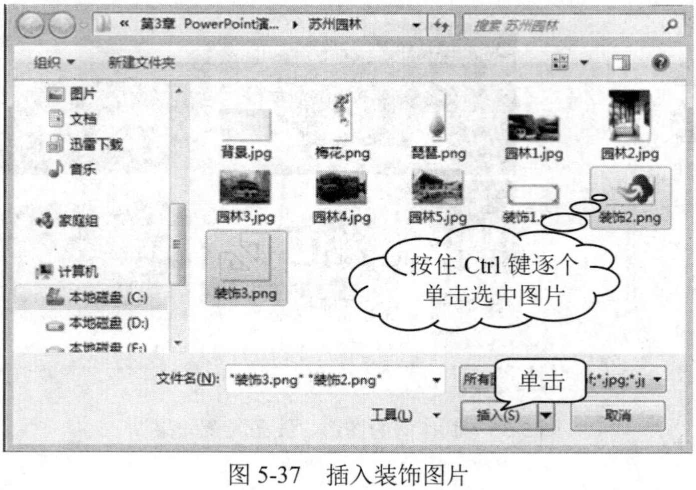

图 5-37 插入装饰图片

2. **调整图片位置** 将插入的装饰图片调整大小后移到适当的位置。

3. **复制、旋转图片** 将插入的“装饰 3”图片选中，选择“开始”选项卡中的“复制”

“粘贴”命令。选中复制后的图片，按图 5-38 所示操作，“垂直旋转”图片，并将图片移到“衬图”的右上角位置。

图 5-38　复制、旋转装饰图片

4. **制作其他图片**　用相同的方法，完成其他装饰图片的制作，并保存课件，效果如图 5-39 所示。

图 5-39　图片衬图装饰图片效果

改变字体属性

幻灯片标题和正文中的文字，可以通过突出显示、更改字体颜色、字形等方式，突出重点，让文本富有变化。

1. **设置正文字体属性**　选择正文中“【苏”文本，在“字体”选项卡中，将文本的字号设置为“20 磅”，字体为“方正硬笔行书简体”，“红色”“加粗”；用相同的方法，设置“】”文本格式。
2. **设置标题字体属性**　选择标题中“园”文本，在“字体”选项卡中，将文本的字体设置为“方正卡通简体”，“红色”“加粗”。
3. **设置导航字体属性**　用相同的方法设置“首页”导航文字颜色为“红色”，按图 5-40 所示操作，使用“格式刷”工具批量设置其他导航文本属性。

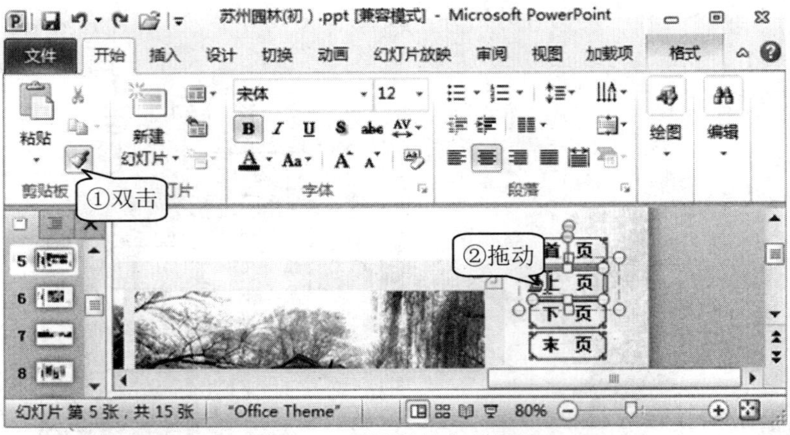

图 5-40　设置导航字体属性

4. **调整保存**　将幻灯片中所有对象的位置进行微调，效果如图 5-41 所示，将文件另存为“苏州林园(终).pptx”。

图 5-41　课件放映效果

5.2.2　增加动态字幕

在微课讲解的关键操作时加上字幕，可以加强学习者对学习内容的记忆，也可以让课程脉络更加清楚。微课中的文字不仅可以静态显示，也可以加入动态文字效果。

实例 3　高中化学“复习萃取-分液与蒸馏”

“复习萃取-分液与蒸馏”是(人教版)化学高中一年级教材中的内容。本实例运用 Camtasia Studio 在片尾添加动态文字，效果如图 5-42 所示。

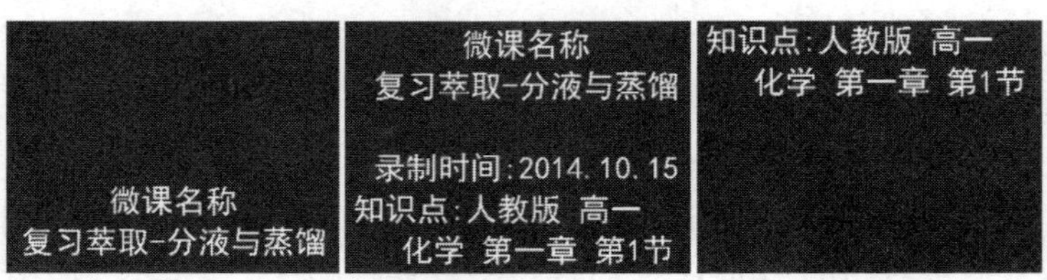

字幕开始进入　　字幕完全显示　　字幕逐渐退出

图 5-42　微课“复习萃取-分液与蒸馏”片尾

跟我学

1．**导入视频**　运行 Camtasia Studio 软件，按图 5-43 所示操作，导入视频到剪辑箱。

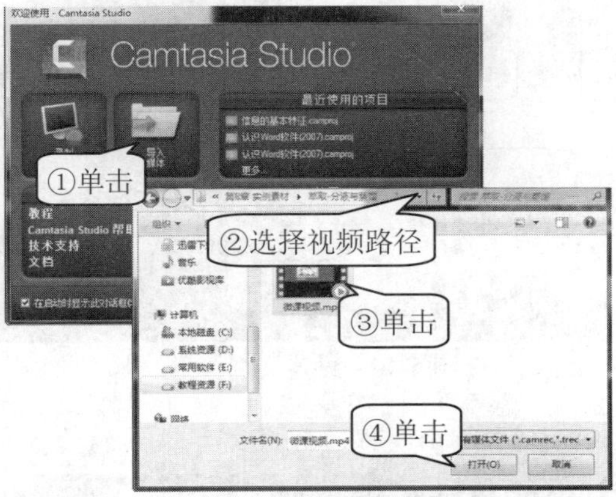

图 5-43　导入视频

2．**添加字幕**　把剪辑箱中的“微课视频.mp4”添加到“轨道 1”中，按图 5-44 所示操作，完成字幕的添加。

图 5-44　添加字幕

3．**设置文本框**　按图 5-45 所示操作，完成文本框的设置。

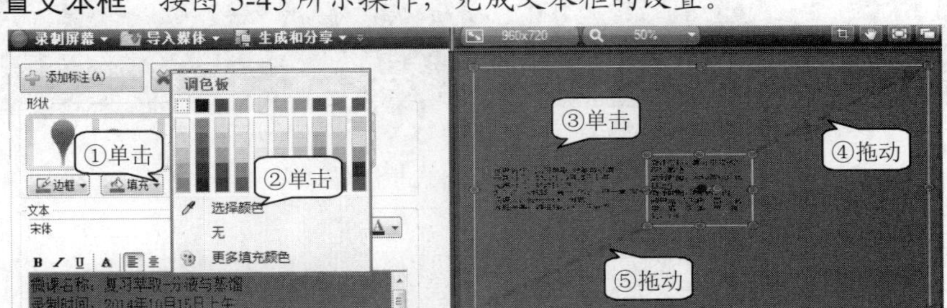

图 5-45　设置文本框

4．**设置文字格式**　按图 5-46 所示操作，完成文字格式的设置。

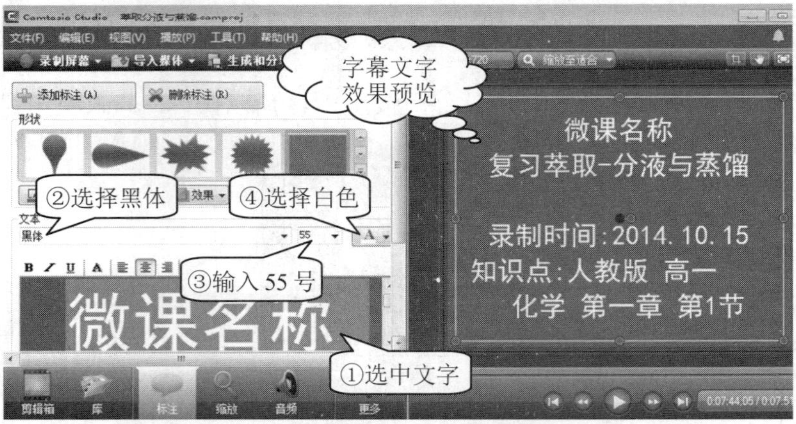

图 5-46　设置文字格式

5．**设置文字运动**　按图 5-47 所示操作，完成文字格式的设置和位置的调整。

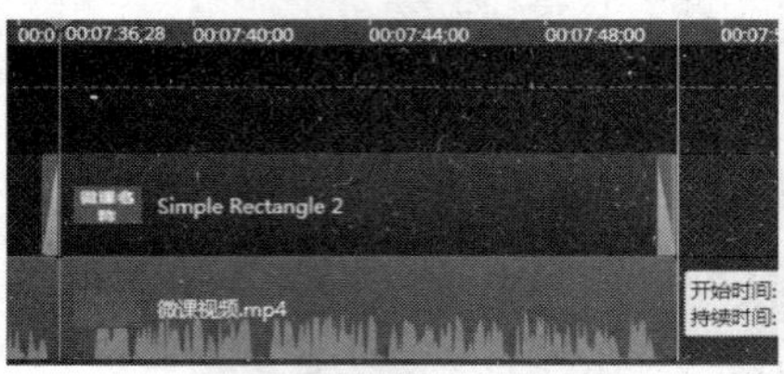

调整文字显示时长

添加动画默认位置

添加运动效果

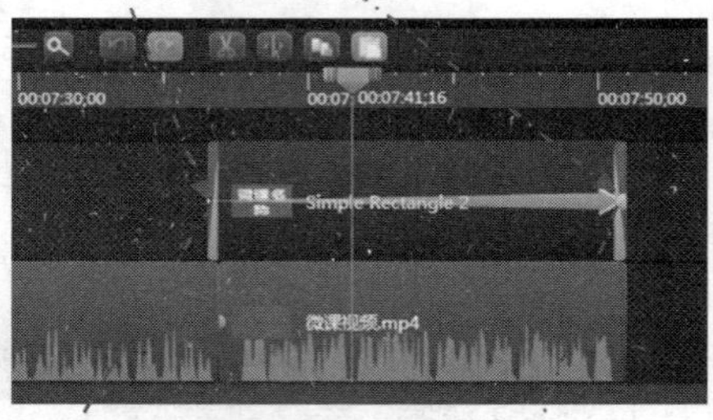

调整位置、改变时长

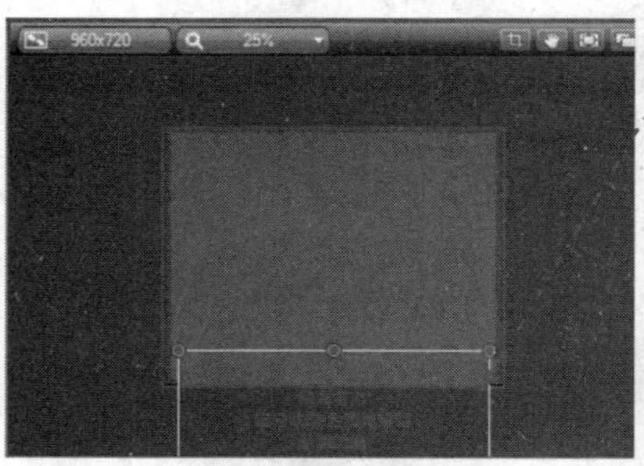

文字运动开始前放在屏幕下方

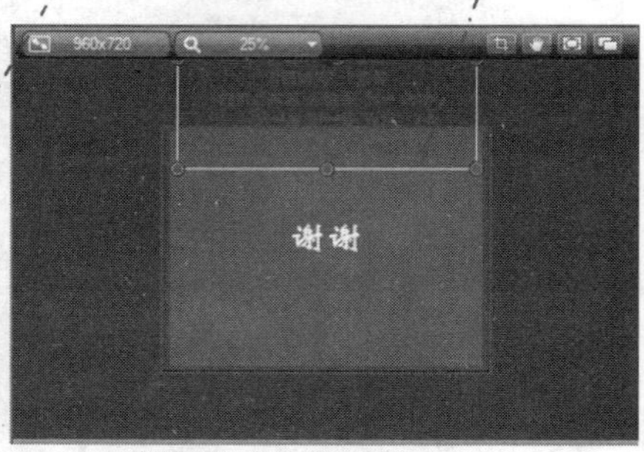

文字运动结束时放在屏幕上方

图 5-47　设置文字格式和位置调整

6．**保存文件**　按“Ctrl+S”组合键，保存文件。

知识库

1. 播放头定位

在微课编辑过程中，有时需要快速移动播放头，这就要把时间线中的视频缩小显示。有时需要精确定位播放头，在寻找两个不同场景之间的时间点时，需要精确到 0.01 秒，在确定大致位置后，再把时间线中的视频尽量放大。以方便高效的操作为原则，掌握一定的操作技巧，可以提高工作效率。有关的操作方法如图 5-48 所示。

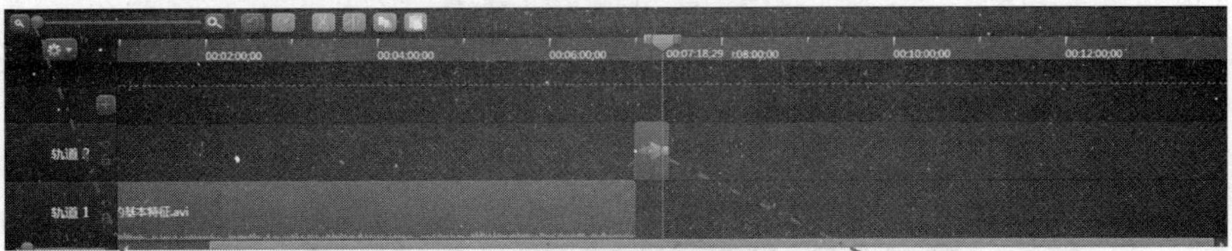

需要快速移动播放头时要缩小显示

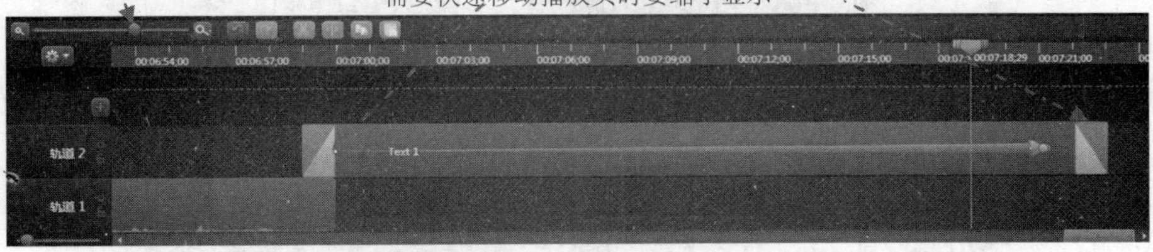

需要精确定位播放头时要放大显示

时间线缩放按钮

播放头定位按钮

图 5-48　播放头定位操作技巧

2. 字幕出屏定位

在制作字幕动画时，往往需要把字幕移出屏幕以外，在移动时，可以在预览区把屏幕显示缩小到 25%，就可以很方便地把字幕移到屏幕外边，操作方法如图 5-49 所示。

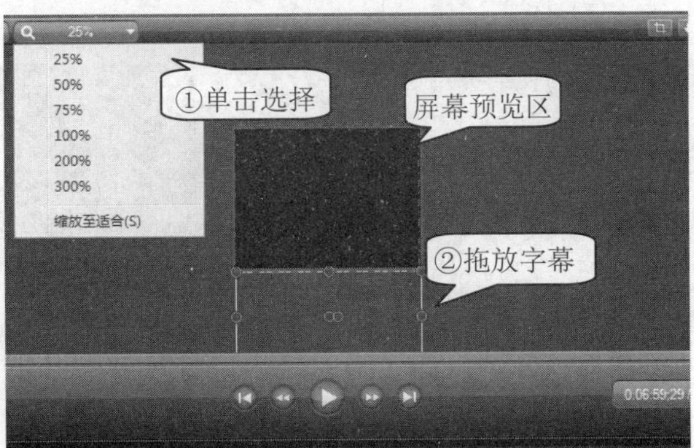

图 5-49　字幕拖放屏幕外操作技巧

5.2.3 设置画外画效果

在微课制片尾处，利用画外画技术进行结尾也会收到很好的效果。一边显示制作信息一边显示本节课学习要点，也对学习的知识进行了回顾。

实例 4 小学数学“认识分数”

“认识分数”是(人教版)小学数学三年级“分数的初步认识”中的内容。本实例运用 Camtasia Studio 在微课结尾添加画外画，效果如图 5-50 所示。

图 5-50 微课“认识分数”画外画效果

跟我学

1. **打开项目** 运行 Camtasia Studio 软件，打开“认识分数.camproj”项目文件。
2. **导入素材** 把视频“知识回顾.wmv”导入到剪辑箱里。
3. **添加视频到轨道** 按图 5-51 所示操作，将视频“知识回顾.wmv”拖入“轨道 2”中，并调整位置。

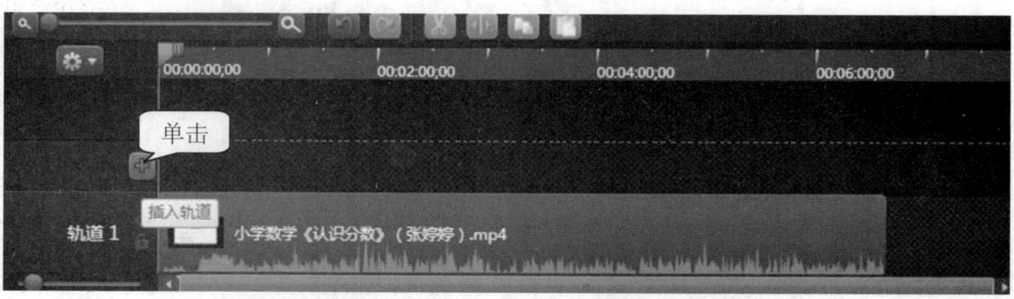

图 5-51 添加视频到轨道

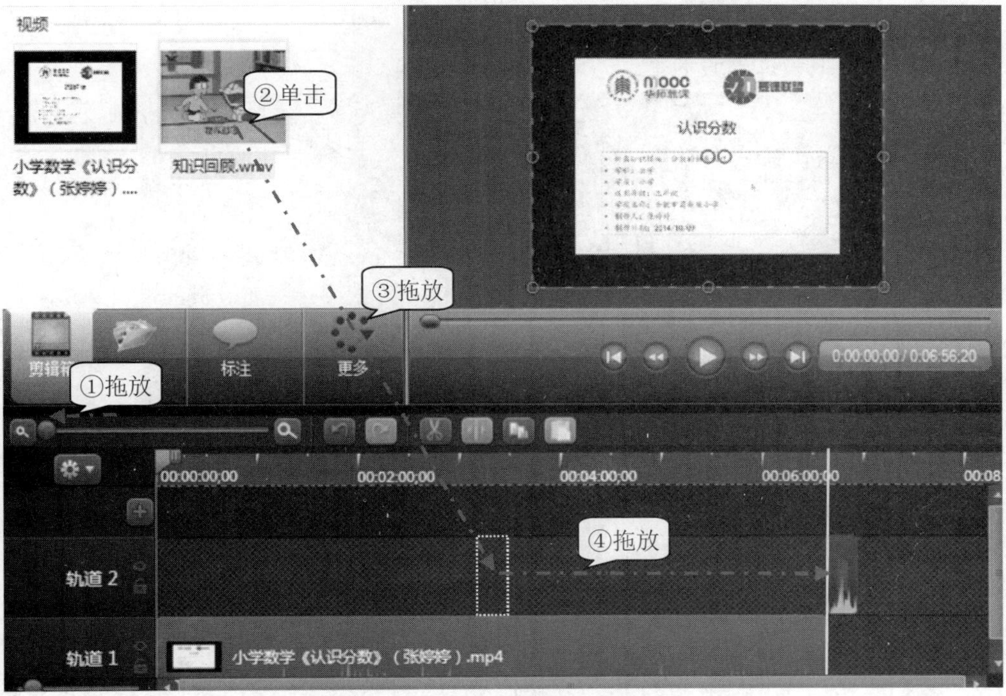

图 5-51　(续)

4. **添加片尾动画**　按图 5-52 所示操作，在“轨道 1”中的视频结束处添加动画，并调整位置。

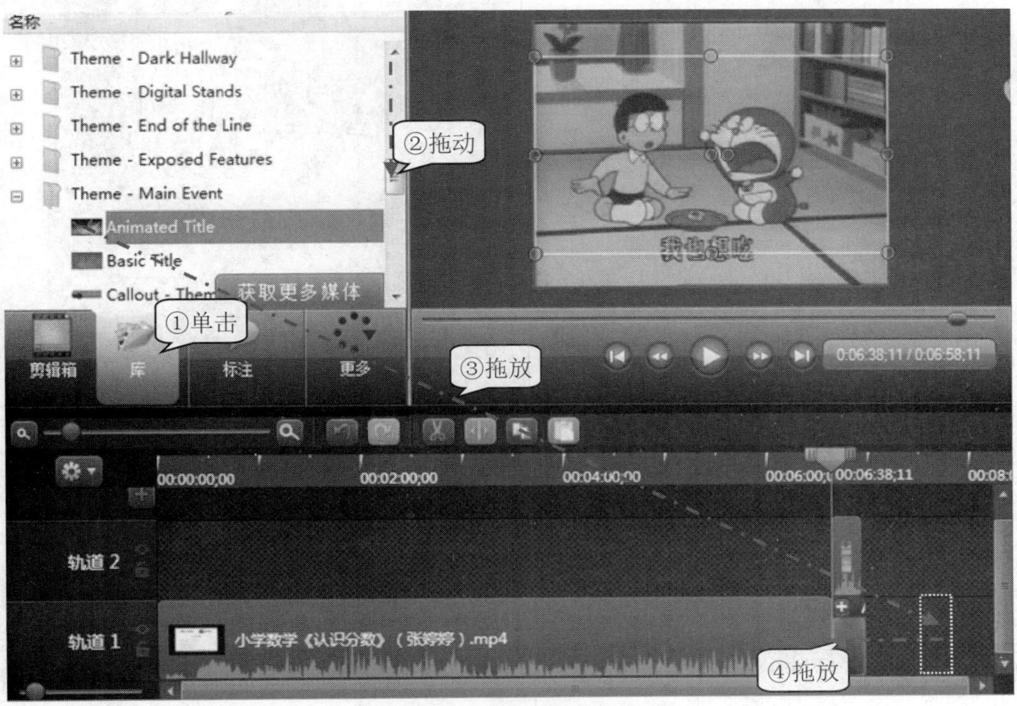

图 5-52　添加片尾动画

5. 调整视频大小和位置 按图 5-53 所示操作，完成“轨道 1”片尾动画和“知识回顾.wmv”视频的大小和位置的调整。

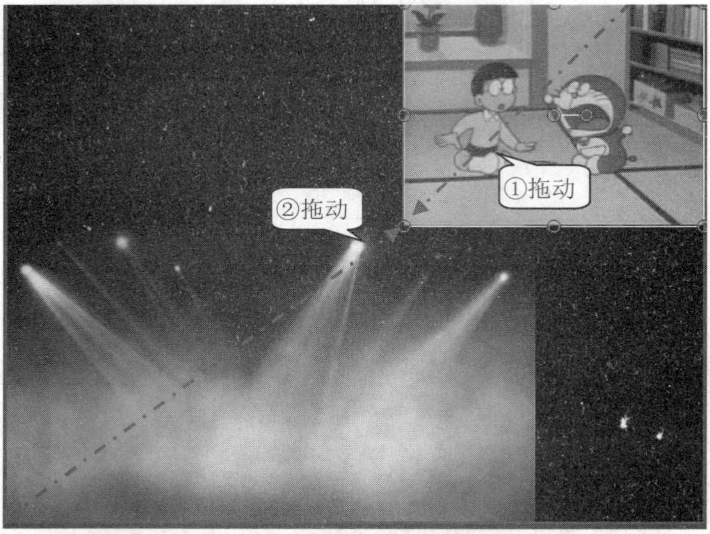

图 5-53 调整视频大小和位置

6. 添加箭头标注 按图 5-54 所示操作，完成标注文字“知识回顾”的添加与设置。

图 5-54 添加设置“知识回顾”标注

7. 添加矩形标注 按图 5-55 所示操作，完成标注文字“制作信息”的添加与设置。

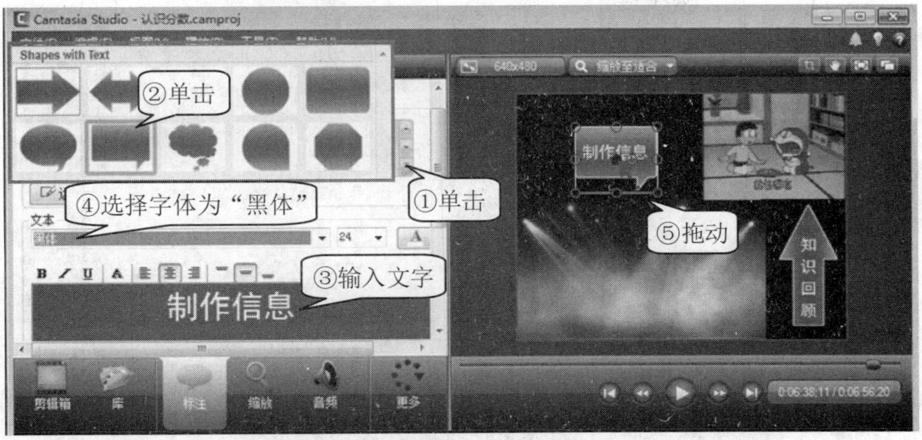

图 5-55　添加设置“制作信息”标注

8．**添加制作信息字幕**　按图 5-56 所示操作，完成“制作信息”字幕的添加与设置。

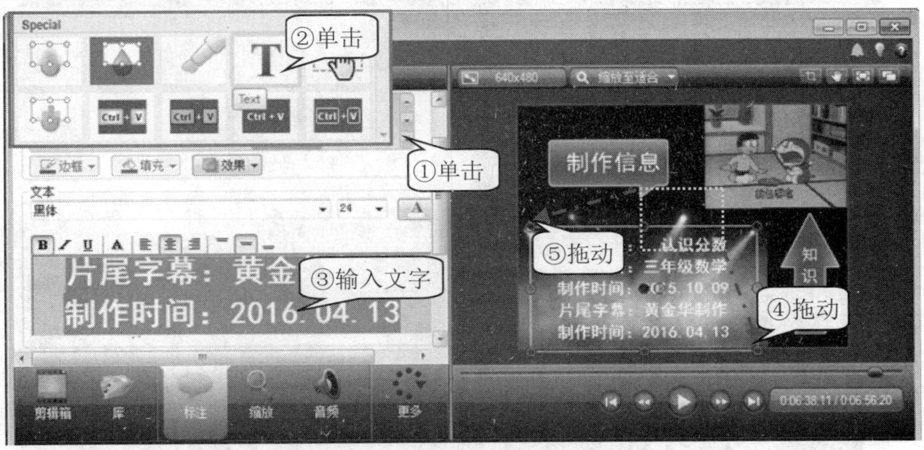

图 5-56　添加设置“制作信息”字幕

9．**设置标注时长出入**　按图 5-57 所示操作，调整字幕和标注显示时长与片尾动画，添加淡入淡出效果。

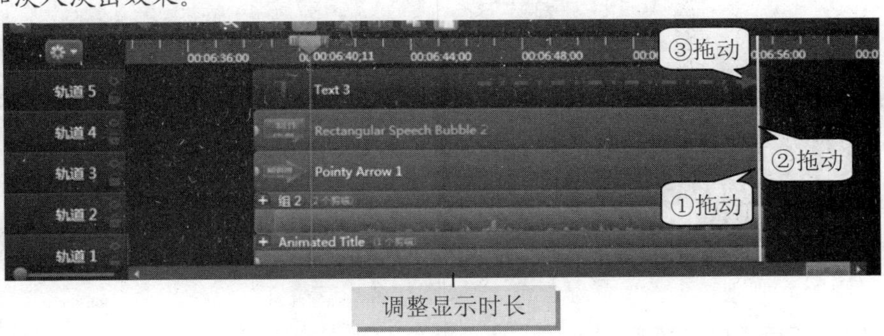

图 5-57　设置标注时长出入

图 5-57 (续)

10．**添加字幕动画** 按图 5-58 所示操作，添加字幕动画效果。

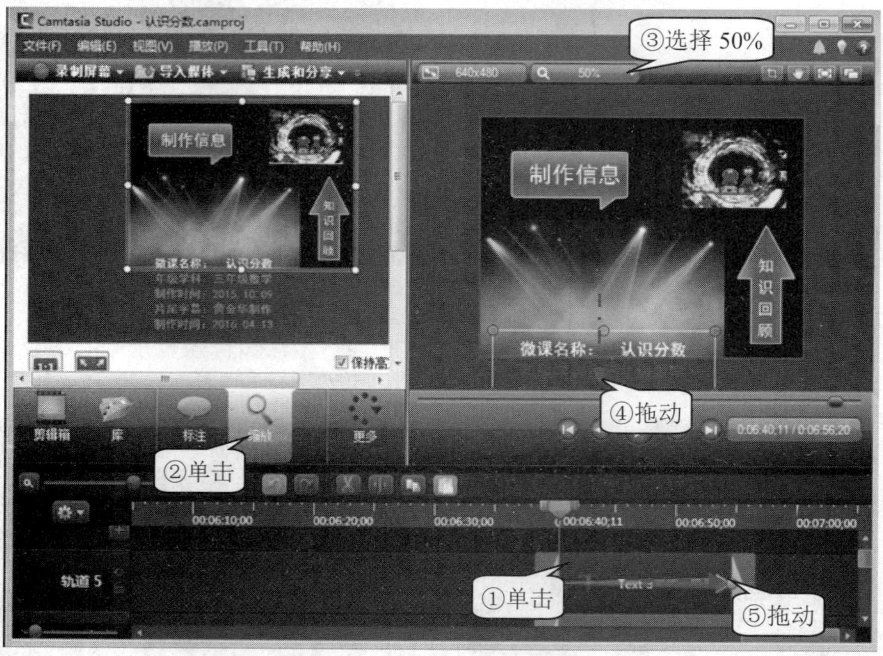

图 5-58 添加字幕动画

11．**保存项目** 保存项目后，可生成视频查看视频效果。

5.2.4　添加背景音乐

在微课的片头和片尾，只是干巴巴地讲解，是不是有些单调呢，如果加上轻快婉转的背景音乐，会让微课的档次上一个台阶。

实例 5　幼儿园“水染花纹纸”

“水染花纹纸”是幼儿园大班美术内容。本实例运用 Camtasia Studio 为“水染花纹纸”微课添加“安妮的仙境.mp3”为背景音乐，效果如图 5-59 所示。

图 5-59　“水染花纹纸”微课效果图

跟我学

1．**导入音乐**　运行 Camtasia Studio 软件，执行“文件”→“导入媒体”命令，把微课“水染花纹纸.mp4”和音频“安妮的仙境.mp3”文件导入“媒体库”中。

2．**添加媒体到轨道**　新建一轨道，把“水染花纹纸.mp4”拖放到“轨道 1”中，把“安妮的仙境.mp3”拖放到“轨道 2”中。

3．**设置背景音乐**　背景音乐的声音不能太大，其主要是为视频中的讲解声音做陪衬，填补讲解空白，营造一个轻松舒适的学习环境。按图 5-60 所示操作，对插入音乐的音量进行调整，以便达到较好的效果。

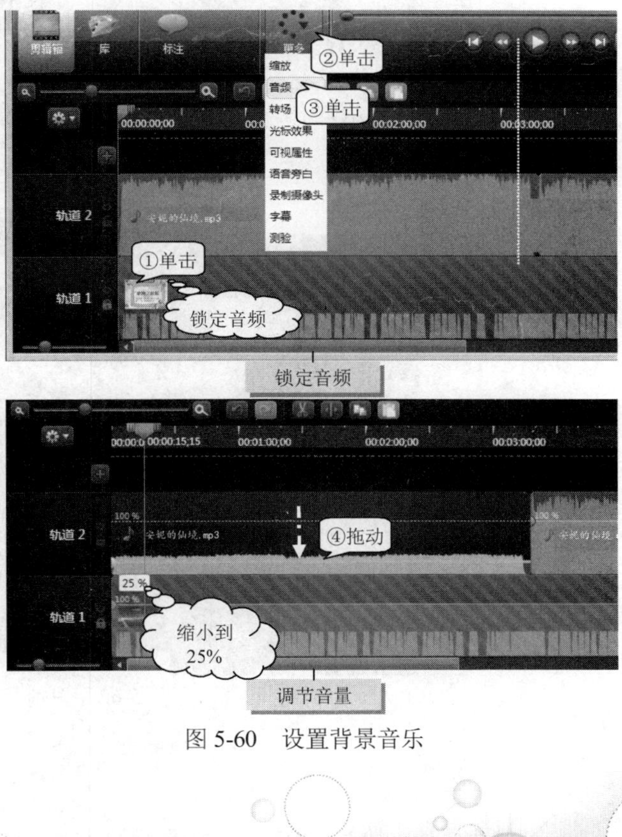

图 5-60　设置背景音乐

4. **保存项目** 保存项目后，可在生成的视频文件里查听声音。

知识库

1. 微信获取音乐

微信 4.2 以上版本提供了“摇音乐”功能，听到好听的音乐，只要连上无线网络或打开手机流量，进入微信，使用“摇音乐”功能，手机会自动识别听到的音乐，并从网络中搜索到与之匹配的音乐。

(1) 打开连入无线网络或者手机流量，保证手机处于联网状态。

(2) 在手机中运行“微信”软件，按图 5-61 所示操作，进入“摇一摇”界面。

图 5-61 进入“摇一摇”界面

(3) 按图 5-62 所示操作，听到音乐后，摇一摇手机，即可识别出听到的歌曲信息并播放。

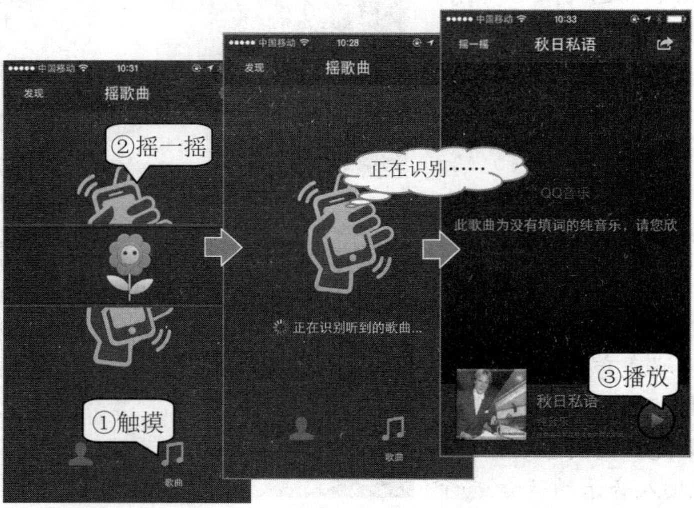

图 5-62 识别音乐

(4) 歌曲识别后，可以通过不同的方式分享、收藏歌曲，也可以通过提供的歌曲名称，在电脑中搜索、下载歌曲。

2. 设置音乐渐入渐出

在给微课添加背景音乐时，常常会出现音乐长度与视频长度不一致的情况，这就需要对背景音乐进行剪裁，把多余的音乐删除掉，而这样就会出现声音戛然而止的现象，这时可以对音乐进行渐出处理。有时只要某首音乐的其中一段或者几句，且不想让音乐进入太突兀，这就要用到音乐的渐入处理。关于音乐的渐入和渐出的操作方法见图 5-63。

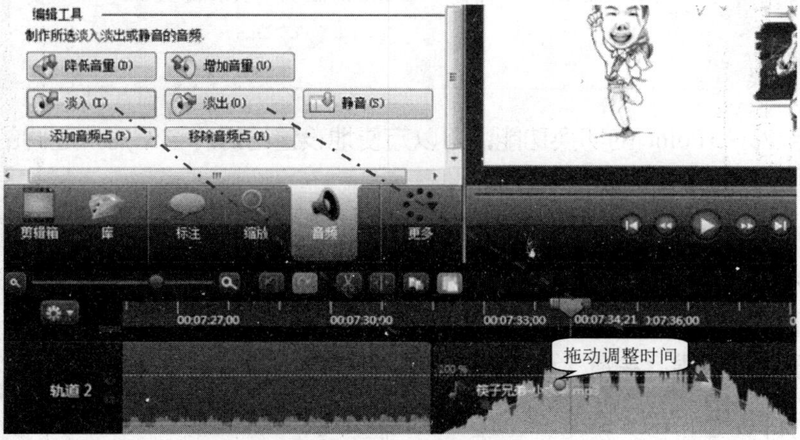

图 5-63　设置声音渐入渐出

5.3　适度运用特效

适度的特效可以使微课更具有观赏性。如为视频添加转场效果，能有效避免场景之间过渡生硬；运用鼠标特效和标记提示可以对重要知识点进行强调；添加聚焦方法可以引起注意等。

5.3.1　使用转场效果

在微课讲解中，常用课件来显示重要的内容。在课件中设置好转场效果，可以省去在微课编辑中再添加转场效果的麻烦。在 PowerPoint 2010 中有很多专业的转场效果，在课件里使用很方便。

实例 6　小学数学“三角形的面积”

本例的教学内容是小学数学中关于三角形面积计算的部分，其中部分幻灯片的效果如图 5-64 所示。本例除了介绍如何设置幻灯片之间的切换效果之外，还将介绍幻灯片放映时的一些播放控制技巧。

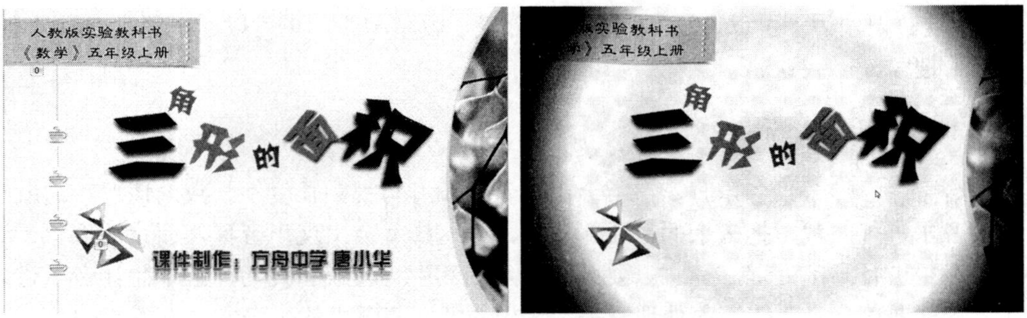

图 5-64　课件“三角形的面积”效果图

设置切换效果

利用 PowerPoint 的切换功能，可以方便地设置幻灯片与幻灯片之间的转场切换效果，还可以通过设置控制切换的时间。

1. **打开课件**　运行 PowerPoint 软件，单击“打开”按钮，弹出“打开”对话框，打开配套光盘上的课件“三角形的面积计算(初).pptx”。
2. **设置切换效果**　按图 5-65 所示操作，设置所有幻灯片的切换效果为“溶解”效果。

图 5-65　设置所有幻灯片之间的切换效果

3. **设置封面切换效果**　切换到第 1 张幻灯片，按图 5-66 所示操作，设置封面幻灯片的切换效果为“涟漪”。

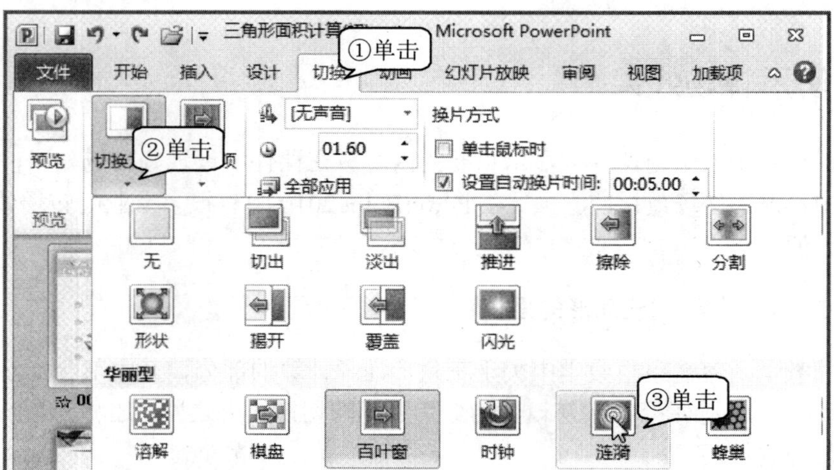

图 5-66　设置“涟漪”切换效果

设置不同的切换效果时要注意次序，先用“全部应用”功能设置好多数幻灯片的切换效果，然后再单独设置一些不同的幻灯片之间的切换效果。

4. **保存课件**　将设置好的课件以“三角形的面积计算(终)”为名保存。

知识库

1. 设置幻灯片之间的切换效果

在图 5-65 所示的操作中，如果第③步不是单击“全部应用”按钮，则设置的切换效果仅仅是应用于当前幻灯片，也就是从上一张幻灯片切换到当前幻灯片时使用该效果。

2. 制作自动演示课件

有时，需要制作整个能够从头至尾自动演示的课件，并且有反复循环的效果，这种课件的制作要注意以下 3 个方面的设置。

- 对片内的每个自定义动画，为了使其能自动播放，需要在其“计时”选项中选择“上一动画之后”选项，并适当延时，如图 5-67 所示。这样每个自定义动画就能在前一动画之后自动播放，并稍作延时，以便能观看清楚。
- 对于片间动画，要使其能自动换片，应在“幻灯片切换”窗格的“换片方式”位置，按图 5-68 所示操作，就能使课件每隔 10 秒自动切换幻灯片。

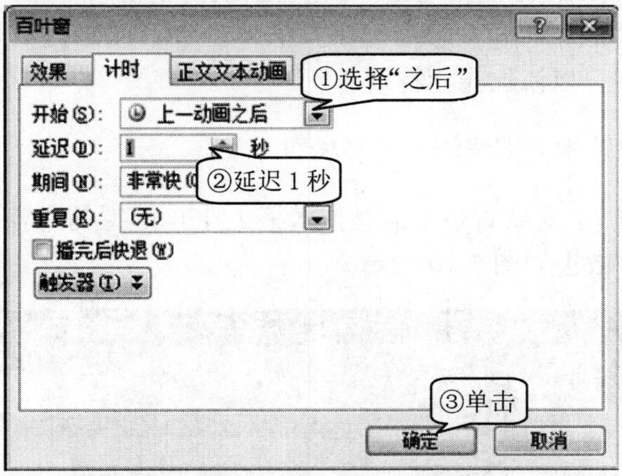

图 5-67　自定义动画的“计时”选项卡

图 5-68　设置“换片方式”

- 执行“幻灯片放映”→“设置幻灯片放映”命令，弹出“设置放映方式”对话框，按图 5-69 所示操作，即可使播放结束后，再回到开头重复播放。

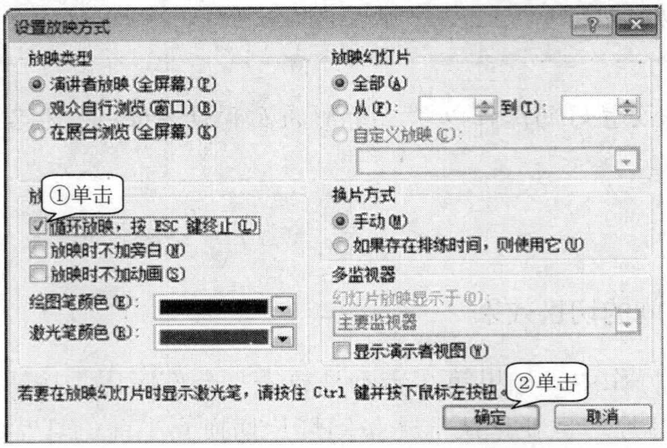

图 5-69 设置“循环放映”放映方式

3. 设置切换时需注意的问题

在给课件设置切换效果或自定义动画时，切忌设置得太纷繁复杂、华而不实。动画的设置应结合课件所表现的教学内容，为教学服务，太花哨的动画效果和伴音有可能适得其反，反而分散学生的注意力，影响课件的使用效果。

5.3.2 增加鼠标特效

有时微课中鼠标的操作很重要，为了让学习者能清楚地知道光标所在的位置及相关动作，可以给鼠标光标添加高亮背景提示，击键时加以声音和动画提示，使用 Camtasia Studio 录制好微课后的编辑中可以添加光标特效。

实例 7 小学信息技术“网络学习好轻松”

“网络学习好轻松”是安徽省小学信息技术第 2 册第 13 课的内容。本实例运用 Camtasia Studio 添加光标特效，效果如图 5-70 所示。

图 5-70 微课“网络学习好轻松”光标特效

跟我学

1. **打开项目** 运行 Camtasia Studio 软件，打开“网络学习好轻松.camproj”项目文件。

2．**定位播放头**　在时间轴里拖放“播放头”到“0:01:52:18”的位置。

3．**添加光标特效**　按图 5-71 所示操作，完成给视频添加的光标效果。

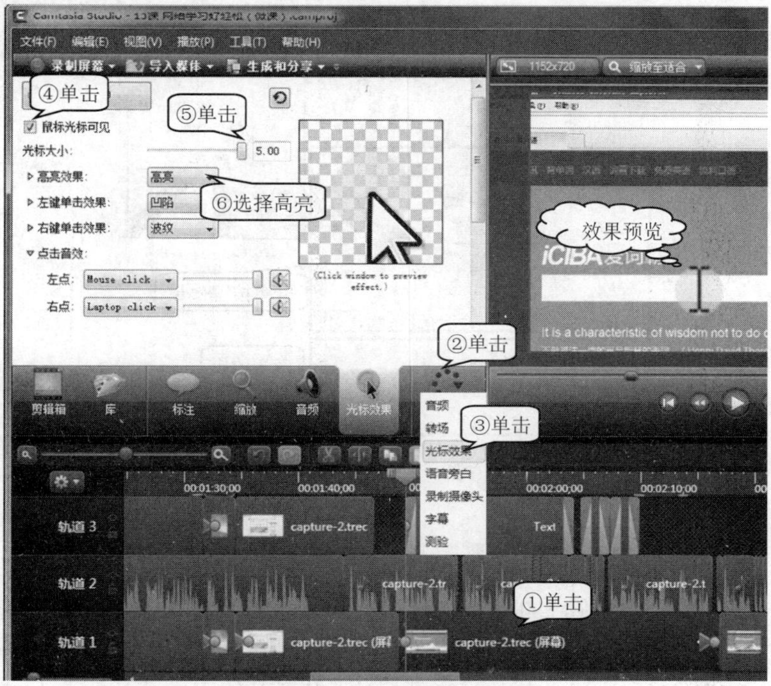

图 5-71　添加光标特效

4．**保存查看效果**　保存编辑好的文件，生成视频文件即可查看最终效果。

知识库

1．光标高亮颜色设置

给微课中添加鼠标特效时，还可以根据不同底色来定义光标高亮显示的颜色，设置方法如图 5-72 所示。

图 5-72　光标高亮颜色设置

2. 鼠标按键特效设置

在鼠标特效里还可以为鼠标的单击、双击添加声音、动画和时长，设置方法如图 5-73 所示。

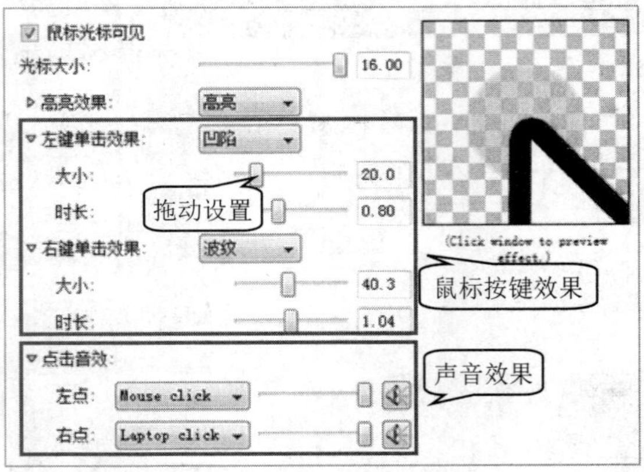

图 5-73　鼠标按键特效设置

5.3.3　添加标记提示

微课一般在开始时要有醒目的标题，在关键操作时要有文字提示。使用 Camtasia Studio 对微课进行编辑，可以很方便地插入文字，即使为每一句话进行同步文字显示，也很方便。用 Camtasia Studio 为微课插入文字可以使用标注，也可以使用字幕让文字与声音同步显示。

实例 8　小学数学“1～5 的认识”

“1～5 的认识”是(人教版)小学数学一年级上册第三单元第 1 课的内容。本实例运用 Camtasia Studio 软件添加标记提示，让微课内容变得清晰明了。

跟我学

1. **导入视频**　运行 Camtasia Studio 软件，按图 5-74 所示操作，导入视频到剪辑箱。

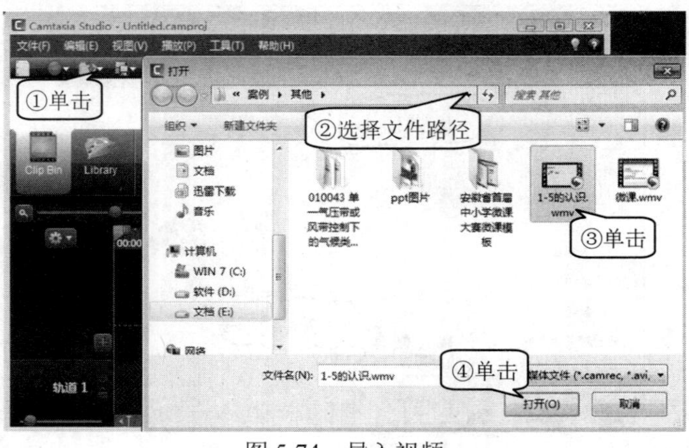

图 5-74　导入视频

2．**添加视频到轨道**　按图 5-75 所示操作，将视频添加到轨道，拖动“播放头”预览视频效果。

图 5-75　添加视频到轨道

3．**添加字幕**　将“播放头”拖到“一座房子”出现的位置，按图 5-76 所示操作，添加标记提示文字。

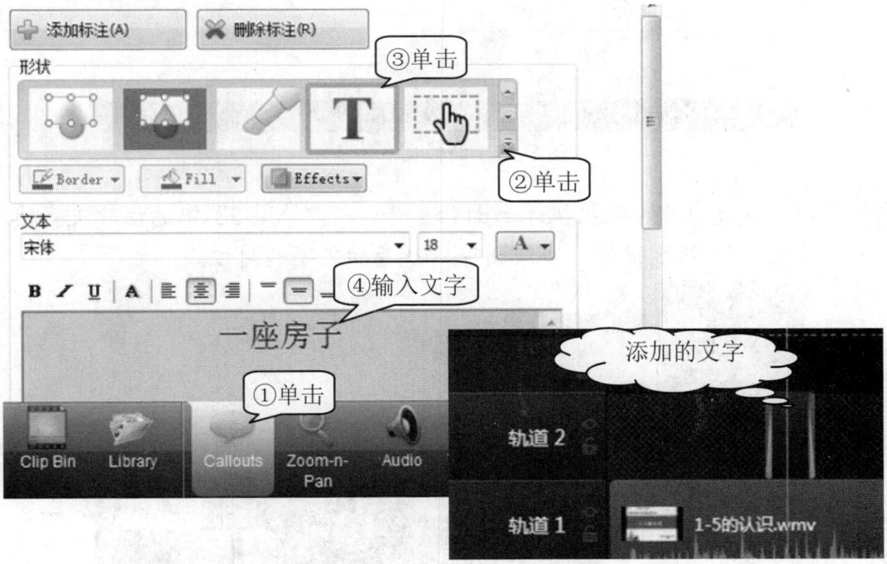

图 5-76　添加标记提示文字

4．**设置文字格式**　按图 5-77 所示操作，完成文字格式的设置。

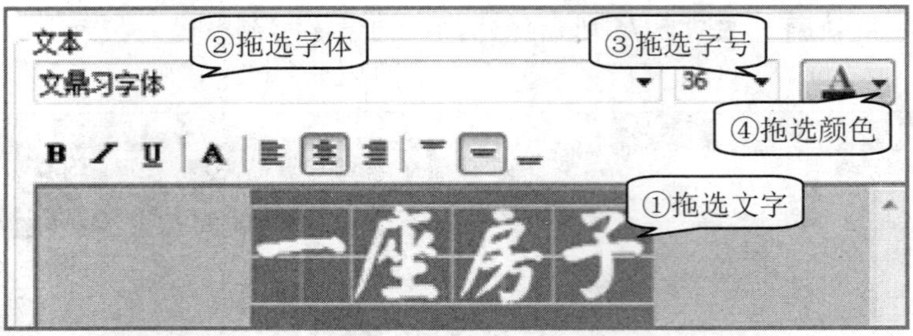

图 5-77 设置文字格式

5. **调整文字位置** 选中预览窗口中的文字，将其移到房子图像的正下方，效果如图 5-78 所示。

图 5-78 调整文字位置

6. **同步显示** 反复预览，根据微课画面和声音，将“轨道 2”中的注释文字拖到适当的位置，按图 5-79 所示操作，实现图像、声音和文字的同步。

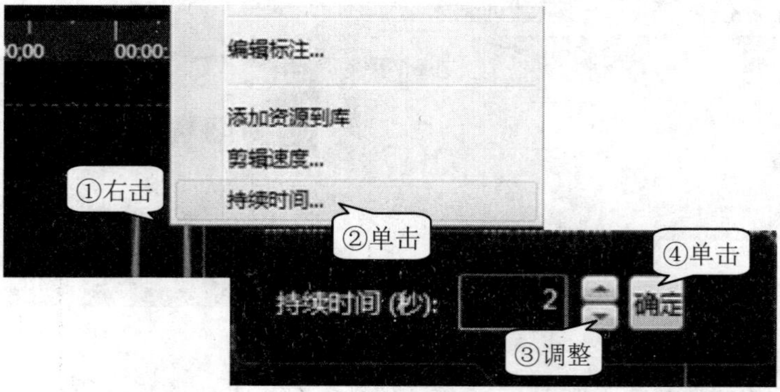

图 5-79 同步现实注释文字

7. **预览效果** 单击“播放”按钮，预览效果，直到调整到满意为止。再用相同的方法完成其他图片文字的标注。

8. **保存文件** 执行“文件”→“保存项目”命令，保存编辑好的文件。

5.3.4　添加聚焦放大效果

有时在录制微课时需要强调的知识点，可以添加聚焦放大效果，引起学习者的注意，让演示的步骤更清晰，知识的呈现更加突出。

实例 9　小学数学“1～5 的认识”

“1～5 的认识”是(人教版)小学数学一年级上册第三单元第 1 课的内容。本实例运用 Camtasia Studio 软件添加聚焦放大效果，让教学中的重难点更加突出，效果如图 5-80 所示。

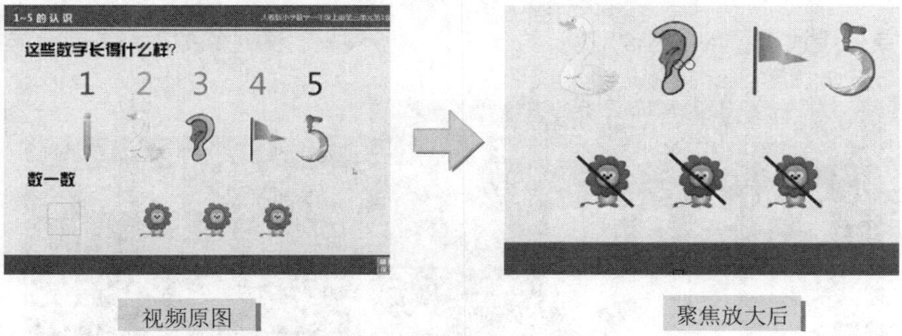

图 5-80　微课“1～5 的认识”聚焦放大效果

跟我学

1. **打开项目**　运行 Camtasia Studio 软件，打开“1～5 的认识.camproj”项目文件。
2. **添加聚焦放大的效果**　在时间轴里将“播放头”拖到 0:00:52:18 的位置，按图 5-81 所示操作，添加聚焦放大效果。

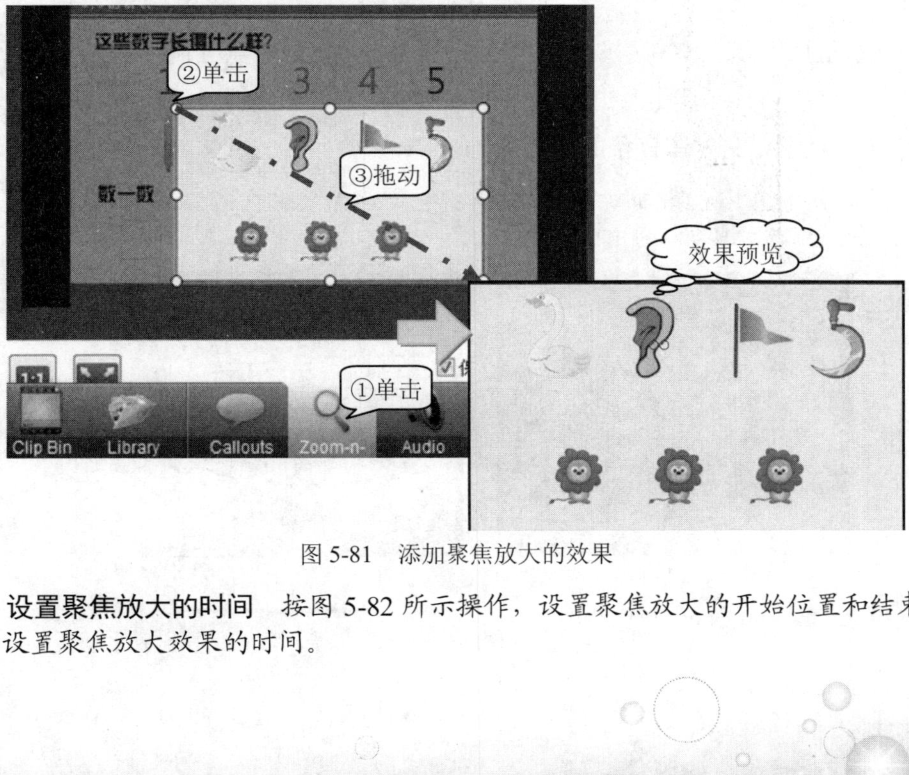

图 5-81　添加聚焦放大的效果

3. **设置聚焦放大的时间**　按图 5-82 所示操作，设置聚焦放大的开始位置和结束位置，设置聚焦放大效果的时间。

图 5-82　设置聚焦放大的时间

4. **结束聚焦放大**　按图 5-83 所示操作，将“播放头”拖到 0:03:19:13 的位置，使视频画面显示正常，结束聚焦放大效果。

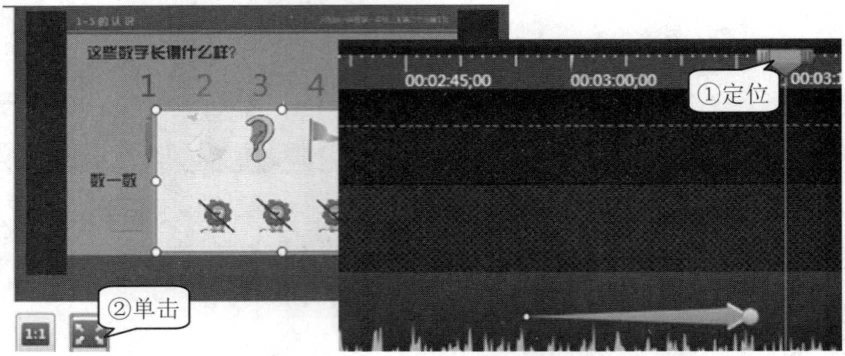

图 5-83　结束聚焦放大

5. **保存查看效果**　保存编辑好的文件，生成视频文件即可查看最终效果。

5.3.5　添加屏幕画特效

在微课讲解中可以在特别重要的内容上做些标记，以便重点强调，能让学习者加深记忆。这可以在播放视频时使用 Camtasia Studio 软件的“屏幕绘制”功能来实现。

实例 10　小学语文“留言条的写法”

“留言条的写法”是(北师大版)小学语文二年级上册的内容。本实例运用 Camtasia Studio 添加“屏幕画”特效，如图 5-84 所示。

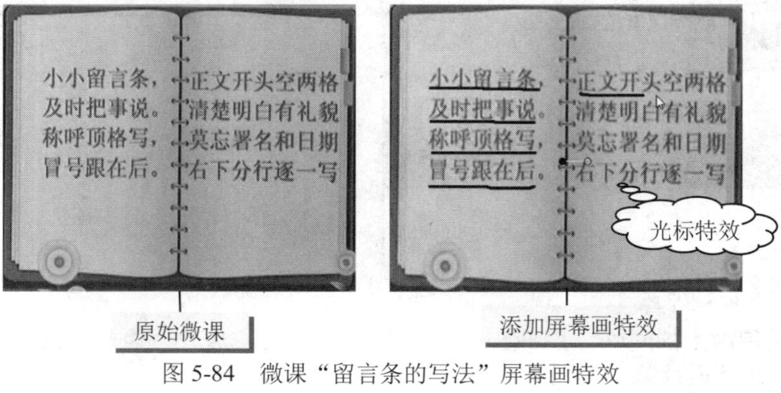

图 5-84　微课“留言条的写法”屏幕画特效

跟我学

1. **设置“屏幕绘制”组合键**　运行 Camtasia Studio 软件，按图 5-85 所示操作，设置“屏幕绘制”工具的组合键是“Ctrl+Shift+D”。

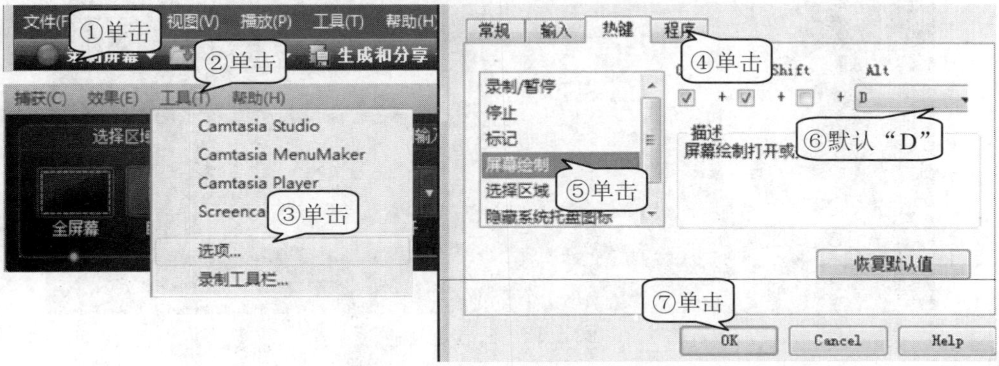

图 5-85　设置“屏幕绘制”组合键

2. **录制视频**　打开“留言条的写法”文件夹中的“留言条的写法.flv”文件，按图 5-86 所示操作，调整录制画面并开始录制。

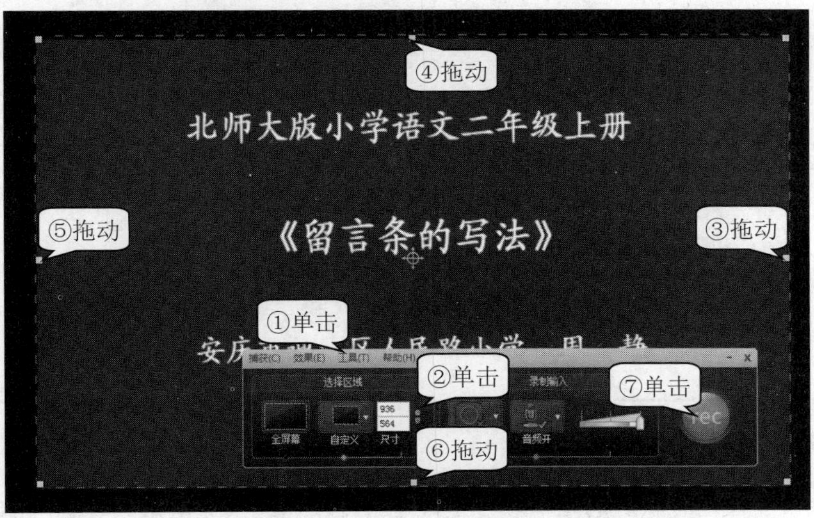

图 5-86　调整录屏区域

3. **打开“屏幕画”**　在视频播放时，按“Ctrl+Shift+D”组合键，打开“屏幕绘制”工具，在播放到需要绘画的时间段与语音同步画线，如图 5-87 所示(按 Esc 键退出)。

4. **保存查看效果**　视频播放完后，按 F10 键停止录制，对录制的文件进行适当编辑，最后保存编辑好的文件，生成视频文件即可查看最终效果。

图 5-87　绘制屏幕画

知识库

1. 使用屏幕绘制工具

在使用屏幕画时，默认的工具是直线工具，其他工具都是用快捷键来选择，表 5-3 列出了一些常用工具和其对应的快捷键。

表 5-3　屏幕绘制工具表

序号	工具名称	对应快捷键
1	直线	L
2	自由曲线	P
3	椭圆	E
4	矩形	F
5	选区	H

2. 屏幕绘制画笔颜色设置

在使用屏幕画时，默认的画笔颜色是红色，可以通过快捷键来改变画笔的颜色，表 5-4 列出了常用画笔颜色和其对应的快捷键。

表 5-4　屏幕绘制画笔颜色表

序号	五笔颜色	对应快捷键
1	红色	R
2	绿色	G
3	蓝色	B
4	白色	W

第 6 章

制作讲授型微课

微课的分类方式很多，按知识点内容的传授方式可以分为讲授型、解题型、答疑型、实验型和其他类型。其中讲授型微课主要借助教师的口头语言表达，辅以课件、黑板、数位板等教具来呈现、阐明、分析知识，选择的范围多以学科知识点及重点、难点考点为主，授课的形式多种多样，不局限于课堂，是现阶段教师制作最多的一种微课。

由于篇幅限制，部分微课仅介绍关键画面和步骤，其他部分可参考光盘中的实例学习。

本章内容：

- 规划设计微课
- 录制微课视频
- 编辑完善微课
- 制作微课练习

6.1 规划设计微课

制作讲授型微课与制作其他微课一样，首先需要规划设计，其次要了解讲授型微课的特点与制作原则，掌握讲授型微课的制作方法与制作过程，进行录制准备，最后再录制、编辑生成微课。

6.1.1 讲授型微课特点分析

适合教师采用讲授法的微课，往往是难以理解的经典案例和概念性的知识，这些知识靠学生自学难以完成。教师在短短几分钟时间要将知识讲解清楚需要借助各种教具或媒体，它除具有一般微课“短小精悍”的特点外，还具有下列特点。

1．以学科知识的讲授为主

知识点的选择一般是考点、难点等，如图 6-1 所示的高中英语“It 强调句型基本用法”是高考中的一个非常重要的考点，而高中化学“焰色反应”选择的则是教材中的难点。

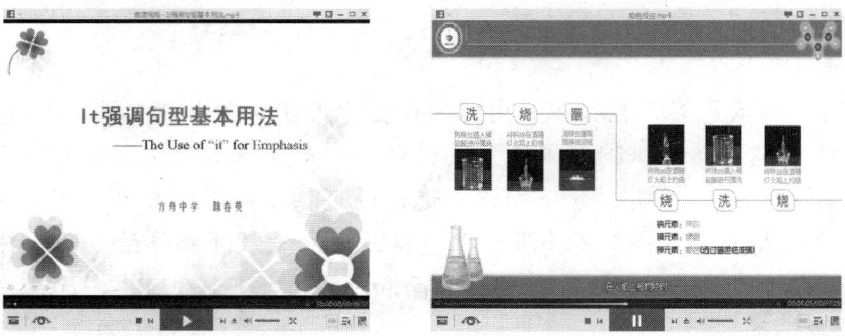

图 6-1　讲授型微课突出知识讲授

2．授课形式多样

讲授型的微课，可以采取各种授课形式，如美术、体育学科的微课，可以边进行示范演示边讲解，数学学科的微课可以在纸上边演算边讲解，如图 6-2 所示的“徒手画树”及可汗法讲授“乘法”等。

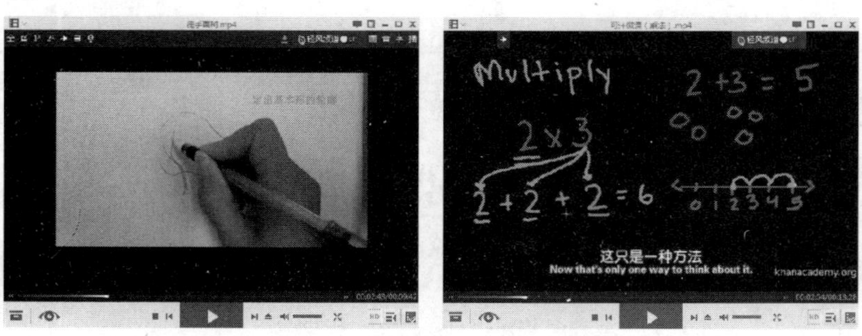

图 6-2　讲授型微课的多种授课形式

3. 不局限在课堂讲授

讲授型的微课可以在课堂上录制，也可以在办公室、教室、家中、实验室或实践基地等地方录制，如图 6-3 所示是所有类型的微课中最为方便、操作最简单的一种。

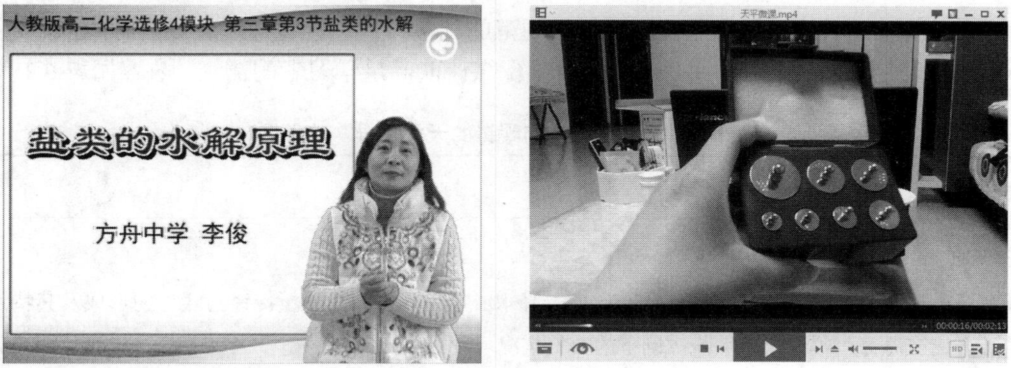

图 6-3 讲授型微课的制作场所

6.1.2 讲授型微课制作过程

讲授型微课一般要经过选定课题，撰写教案，准备素材，制作课件，撰写脚本进行拍摄(录制)准备，进行拍摄(录制)，后期编辑、处理，发布微课等过程，下面以高中地理微课“冷锋与暖锋的天气差异”为例介绍讲授型微课的制作过程。微课效果如图 6-4 所示。

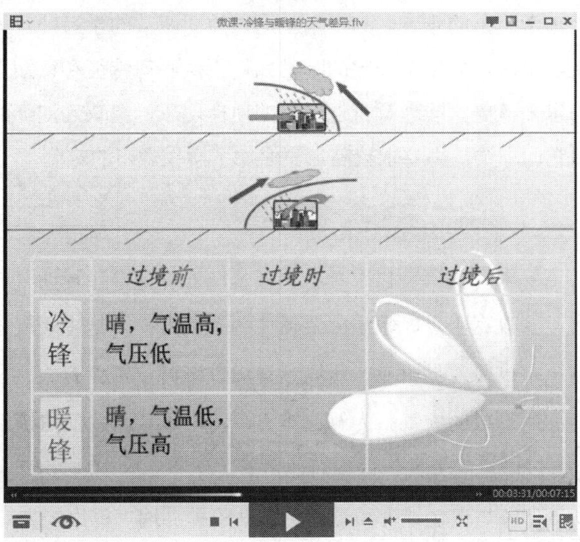

图 6-4 微课“冷锋与暖锋的天气差异”

1. 选择微课课题

冷锋与暖锋是天气系统中的重点与难点，学生理解比较困难，必须通过教师讲解才能更好地理解此部分内容。为讲解通俗易懂，讲解时配以课件，让同学们区分并理解冷锋与暖锋的天气差异可以很好地帮助学生攻克锋面系统这一重难点，进而有助于更为深刻的认识锋面气旋等天气系统，加深对各种天气现象的分析能力，指导我们更好地生活。

2．撰写教学设计

微课虽然时间短，但也需要进行科学规范的教学设计，让教师在较短的时间内，选用最恰当的教学方法和策略讲清讲透知识点，确保微课能满足学习者的需求，内容如表 6-1 所示。

表 6-1　微课"冷锋与暖锋的天气差异"教学设计

【教学目标分析】
1．知识与技能 理解锋的概念与分类；从气温、气压、湿度、降水、风等几个方面分析冷锋与暖锋的形成及其特点，并综合出在冷锋与暖锋天气系统控制下的天气状况。 2．过程与方法 通过与学生一起阅读和分析冷锋与暖锋形成示意图，解释天气变化现象，加深学生的理解和独立思考分析问题的能力。 3．情感、态度与价值观 激发学生探究科学的兴趣和动机；培养学生唯物主义的认知观，培养求真、求实的科学态度
【学习者分析】
锋面系统是高中学生地理学习中的难点。高一学生通过前面两节的学习，对大气运动的形式、大气运动所引起的自然现象有所了解，储备了一定的基础知识。从心理特征和认知水平上看，他们对未知事物充满强烈的好奇心与求知欲望，能理解身边简单的地理现象，但缺乏演绎的思维。锋面等天气系统的这一部分内容对抽象空间思维能力要求较高，也增加了学生学习的难度
【内容需求分析】
锋面系统是影响我国的主要天气系统。我国降水和灾害性天气大都与锋面有联系。冷锋、暖锋与天气的关系是本课教学难点，要攻克难点，教学中要抓住两个关键：一是冷暖气团哪个为主动；二是锋面两侧的温度、湿度、气压、风等差异明显，所以当锋面过境时，常伴有大风、雨雪等天气，学生明白了这两点就不难理解锋面所形成的天气。为解决难点，将冷锋和暖锋的气流运行方向、锋面形成过程及锋面过境前、过境时、过境后的天气等进行对比讲解，便于学生观察理解；用列表比较法来区分冷、暖锋的异同，不仅有助于理解与记忆地理知识，更有助于提高地理思维能力
【教学媒体选择】　课件

(续表)

【教学过程】	
导入	回顾一下“锋的形成”，进而过渡到锋面的两种基本类型——冷锋与暖锋
【教学过程】	
讲解	冷锋，它是冷气团主动向暖气团方向移动的锋。然后动画演示并讲解冷锋的运动状况及其带来的天气。 暖锋，是暖气团主动向冷气团方向移动的锋。然后动画演示并讲解暖锋的运动状况及其带来的天气。 通过动画演示对比分析总结“冷锋与暖锋的天气差异”，从过境前、过境时、过境后分别对比
检测	能力提升：如何区分冷锋与暖锋？ (1) 冷锋、暖锋中的冷暖气团势力强弱不同，决定了锋面类型和锋面前进方向。 (2) 锋面坡度不同，锋面坡度即锋面与地面的夹角。 (3) 冷暖锋过境时和过境后的天气变化不同。 (4) 冷暖锋的雨区范围不同。 (5) 冷暖锋过境，产生了不同的降水特点。 (6) 锋面符号不同
小结	冷锋与暖锋的天气差异

3. 制作微课课件

课件是由文字、图形、图像、动画、视频等视觉元素构成的，不同元素之间的安排构成了不同的画面形式，微课的课件要主题突出，目标明确、醒目，让学习者第一时间注意主题，并对其进行理解与识记。

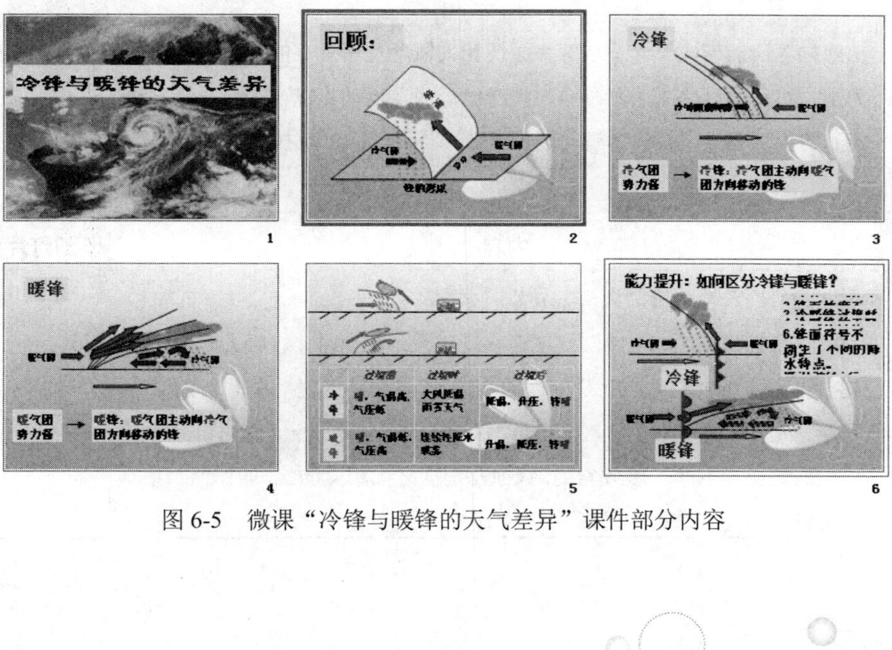

图 6-5　微课“冷锋与暖锋的天气差异”课件部分内容

4. 编写微课脚本

讲授型微课的脚本就是按照教学过程，用课件、教具等呈现教学内容，再根据内容确定讲解方法。编写脚本时，应根据教学内容的需要，按照教学内容的相互联系和教育对象的学习规律，合理地进行安排和组织，以便完善教学内容，本案例使用的是 PPT 课件，如表 6-2 所示。

表 6-2 微课“冷锋与暖锋的天气差异”脚本

录制时间：2016 年 9 月 6 日　　微课时间：7 分钟左右

本微课名称	冷锋与暖锋的天气差异
知识点描述	冷锋与暖锋均为锋面系统的两种基本类型，是常见的天气系统。冷暖气团的交界面叫锋面。由于冷空气密度大，暖空气密度小，一般冷暖气团相遇时，冷气团在锋面下，暖气团在锋面上。因为锋面两侧的温度、湿度、气压、风等都有明显的差别，所以在锋面附近常伴有云、雨、大风等天气。冷锋是冷气团主动向暖气团方向移动的锋。暖锋指暖气团主动向冷气团移动的锋。这两种锋面的差异导致它们具有不同的天气状况，影响生产、生活
知识点来源	学科：地理　年级：高一　教材：普通高中课程标准实验教科书(人教版) 章节：必修 1 第二章第三节(“常见天气系统”)　页码：P41
基础知识	听本微课之前需了解的知识：能理解大气的水平运动；了解锋的形成
教学类型	√讲授型 □问答型 √启发型 □讨论型 √演示型 □联系型 □实验型 □表演型 □自主学习型 □合作学习型 □探究学习型 □其他
适用对象	处在初次学习常见天气系统阶段的高一学生；处在复习常见天气系统阶段的高三学生；高中地理普通任课教师
设计思路	从回顾“锋的形成”入手了解锋面及相关概念及其具有的基本特征，从而引出锋面的两种基本类型，然后通过动画演示冷锋与暖锋的形成及运动状况，进而总结出它们过境前、过境时、过境后的天气差异。最后通过问题思考能力提升，教师点拨对比总结

教学过程

	内容	幻灯片	时间
导入	展示课题“冷锋与暖锋的天气差异”。 先回顾“锋的形成”，当冷暖气团在移动过程中相遇时，较轻的暖气团就会爬升至较重的冷气团的上方，这样它们之间就会出现一个倾斜的交界面，这就是“锋面”。由于较轻的暖气团在上，较重的冷气团在下，所以锋面始终是向冷气团一侧倾斜的。锋面与地面之间相交的线，叫作“锋线”，一般把锋面与锋线统称为“锋”	第 1、2 张	1 分 18 秒

(续表)

<table>
<tr><th colspan="4">教学过程</th></tr>
<tr><th></th><th>内容</th><th>幻灯片</th><th>时间</th></tr>
<tr><td rowspan="4">正文讲解</td><td>冷锋是冷气团主动向暖气团方向移动的锋。由于冷气团势力强，较重的冷气团推动较轻的暖气团向前运动，冷气团密度较大，而暖气团密度较小，冷气团主动推动暖气团就会很轻松，所以冷锋移动速度较快，常常带来较强的风</td><td>第 3 张</td><td>46 秒</td></tr>
<tr><td>暖锋是暖气团主动向冷气团方向移动的锋。由于暖气团势力强，较轻的暖气团推动较重的冷气团向前运动，由于暖气团密度小，冷气团密度大，暖气团推动冷气团就会比较困难，在近地面受冷气团的阻碍作用更加明显，而其上方推动起来相对容易，于是使得锋面更加倾斜，锋面坡度减小</td><td>第 4 张</td><td>1 分
1 秒</td></tr>
<tr><td>对比冷锋与暖锋的天气差异。冷锋过境前，受单一暖气团控制，大气比较稳定，天气晴朗，气温较高，气压较低；暖锋过境前，受单一冷气团的控制，大气也比较稳定，天气晴朗，气温较低，气压较高。冷锋过境时，较重的冷气团推动较轻的暖气团，移动速度快，带来大风降温，暖气团被迫较为快速地抬升，往往带来短时间、强度较大的雨雪天气；暖锋过境时，较轻的暖气团推动较重的冷气团，移动速度慢，往往带来连续性降水或雾，降水强度一般较小。冷锋过境后，冷气团取代了原来暖气团的位置，气温降低，气压升高，天气转晴；暖锋过境后，暖气团取代了原来冷气团的位置，气温升高，气压降低，天气转晴</td><td>第 5 张</td><td>1 分
7 秒</td></tr>
<tr><td>提问：通过刚刚的讲解。同学们现在能够区分冷锋与暖锋了吗？能力提升：如何区分冷锋与暖锋？
(1) 冷锋、暖锋中的冷暖气团势力强弱不同，决定了锋面类型和锋面前进方向。
(2) 锋面坡度不同。锋面坡度即锋面与地面的夹角。锋面与地面夹角大，表示锋面坡度大，一般为冷锋。锋面与地面夹角小，表示锋面坡度小，为暖锋。
(3) 冷暖锋过境时和过境后的天气变化不同。冷锋过境时，常出现刮风、阴天、降水、降温等天气现象。暖锋过境时，常出现阴天、降雨等天气现象。
(4) 冷暖锋的雨区范围不同。冷锋降水集中在锋后或附近，雨区范围较窄。暖锋降水全在锋前，雨区范围较宽。
(5) 冷暖锋过境，产生了不同的降水特点。因冷锋移动速度快，降水强度大而历时短。因暖锋移动慢，降水强度小而历时较长，多连续性降水。
(6) 锋面符号不同</td><td>第 6 张</td><td>2 分
56 秒</td></tr>
<tr><td>小结</td><td>冷锋与暖锋的天气差异。同学们，你们学会了吗</td><td>第 7 张</td><td>4 秒</td></tr>
</table>

5．录制微课过程

考虑本节微课讲解部分较多，录制时一气呵成对教师要求较高，因此在录制时，根据教学内容分别录成几个视频，此处选用的录屏软件是 Camtasia Studio。

6．编辑微课视频

录制完微课后，在 Camtasia Studio 软件中，对录制的视频片段进行编辑，如添加片头、片尾，剪辑不需要的视频，添加背景音乐，去除杂音，添加字幕、标注，等等，最后按要求发布视频。

6.1.3 录制讲授型微课注意事项

讲授型微课最常用的制作方法是使用录屏软件配以课件进行讲解录制，在录制时有很多地方需要注意，如录制前的环境、微课脚本、课件的制作、录屏软件的设置、录制后期视频的处理等。

1. 录课前的准备工作

在录制微课前，需要做好一系列的准备工作，如录制的环境、讲解时使用的课件、讲解过程中的过渡语等。

(1) 安静的录制环境

在录制微课时，特别是需要录制大量讲解内容时，选择一个相对安静且不受打扰的环境非常重要，也可以利用中午或晚上的时间进行录制。

(2) 微课的课件设计

在讲授型微课中，课件非常重要，使用教学课件能充分创造出一个图文并茂、有声有色、生动逼真的教学环境，为教师的讲解提供了形象的表达工具，能有效地突破教学重点与难点，激发学生的学习兴趣。

- 课件外观：风格统一、界面美观、重点突出。如图 6-6 所示为二年级数学(人教版)下册“对称”微课，使用了统一的模板，幻灯片上的内容一目了然。

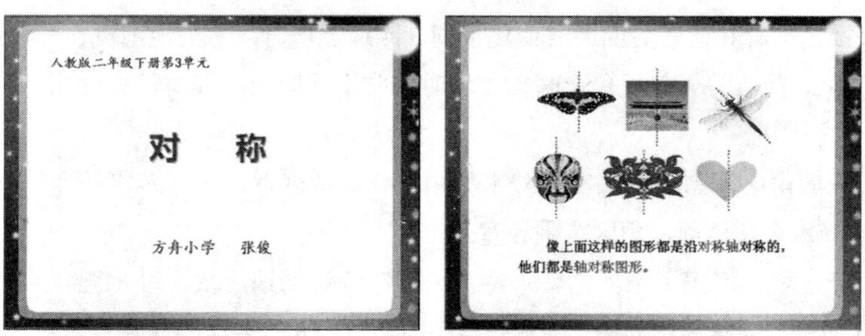

图 6-6 风格统一的课件

- 课件功能：为使讲解方便，最好将讲解时用到的视频、动画等都插入在课件中，这样在讲解时就不需要在各类软件之间进行切换，使讲解更流畅，如图 6-7 所示的课件。

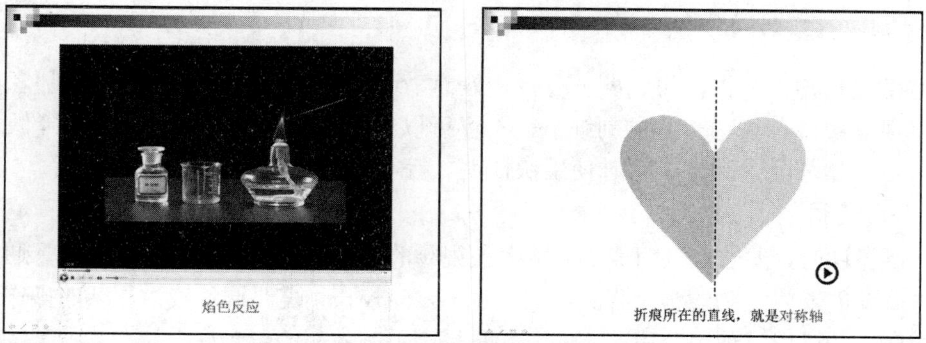

图 6-7　插入动画或视频的幻灯片

(3) 细化微课脚本

在进行微课录制时，虽然已准备了微课脚本，但很多时候，录制者由于既要操作又要解说，再熟悉的内容也可能出现“忘词”的情况，不得不重新开始录制。为避免这种情况的发生，可以在已有微课脚本的基础上，将导入语、过渡语等一并写上，如图 6-8 所示。只有这样才能真正做到有备无患，减少录课时的错误和反复次数，提高录课效率。

微课《加密压缩文件》录制脚本

同学们在学生机上存储的作业或个人文件经常会被其他同学修改，这给我们带来了很多苦恼。那么，在电脑中存储的文件如果不想让别人浏览或修改，我们一般会对该文件进行加密压缩，来确保文件的安全性。　　——导入语

这节课，我们就来学习如何将文件进行加密压缩。　　——过渡语

加密压缩文件一般可分为 5 步：1、选定文件或文件夹 2、添加到压缩文件 3、命名压缩文件 4、设置密码 5、完成压缩。

下面，我们一起来学习，首先，要选定需要加密压缩的文件或文件夹。——过渡语

第二步，右击文件夹，在快捷菜单中选择“添加到压缩文件”命令，打开“压缩文件名和参数”对话框。

第三步，命名压缩文件，可根据需要在“压缩文件名”中修改文件名。这里，我们把文件名修改成“我的日记”。注意，在修改文件名时，不要修改或删除文件的扩展名。如果不需要做其他设置，可以直接进入下一步。

第四步，选择“高级”选项中的“设置密码”，然后添加密码。

最后，单击“确定”按钮，再次单击“确定”按钮，完成压缩。

图 6-8　微课“加密压缩文件”脚本图

(4) 调试录制环境

录制微课可以使用的软件很多，如屏幕录像专家、SnagIt、Camtasia Studio、Adobe Captivate 等，如想录制效果较好的微课，在录制前需要对录制进行测试。

- 录音设备：很多老师用笔记本电脑录制微课，可以为笔记本电脑配上话筒，提高录制的音响效果。
- 光标设置：为让学生在观看微课时集中注意力，可以在讲解时移动鼠标，同时设置鼠标高亮，突出显示。
- 隐藏任务栏：在录制微课前，应该关闭任务栏中的其他任务，或者将任务栏隐藏起来，这样可以避免扰乱学习者的思维，或者起到简化视频画面的作用。

2. 录制时的细节问题

一节微课长则十分钟，短则四五分钟，在这五到十分钟的时间里，要求录制者不出一点错误，很难实现。注意一些录制细节，不仅可以使录制过程更顺畅，而且能降低录制中的出错次数，如分段录制，录制时使用快捷键，等等。

(1) 分段录制

在录制微课时，要想一气呵成地完成大段视频的录制而不出错是很难做到的，通过分段录制的方式就能够将录制的难度降到最低。对于时间较长、需要展示较为复杂的操作过程或讲解内容较多的微课，使用分段录制的方式是提高录制效率的一个好办法。

(2) 录制时多用快捷键

在很多软件中，使用快捷键能够提高速度，在播放课件或录制微课时，也可以借助快捷键，从容录制微课。如在 PowerPoint 中按 F5 键可以播放幻灯片，讲解时，使用快捷键“Ctrl+P”或者使用左下角的工具栏，可以调出在 PowerPoint 中的画笔工具。而在 Camtasia Studio 软件中，按 F9 键为开始录制，按 F10 键为停止录制，等等。

3. 录制后的编辑发布

录制完成后，需要对视频进行编辑处理，制作成符合要求的微课，如选择合适的片头、片尾，对录制的视频进行裁剪，添加字幕与标注，制作进阶练习，发布视频，等等，需要花费大量时间，而掌握了一些技巧后，可以事半功倍。

(1) 库中的片头、片尾

Camtasia Studio 软件的“库”中提供了很多现成的片头、片尾视频模板，使用非常方便。

(2) 批量导入字幕

Camtasia Studio 软件提供了多种添加字幕的方法，可以直接输入，也可以导入“srt”等格式的字幕，甚至可以使用命令制作同步字幕。

6.2 录制微课视频

微课时长一般在 5～10 分钟，老师一气呵成录制完成压力很大，可以采取分段录制的方法，如录制片头、录制导入、录制讲解部分以及录制小结部分等。

6.2.1 录制片头部分

微课片头上应该包括教材的版本、年级、学科、微课的名称和作者的单位与姓名等信息。一个生动活泼的微课片头可以让学生耳目一新，激发学生的学习兴趣，片头部分可以使用 Photoshop 设计的图片，或使用 PowerPoint 制作的幻灯片，也可以使用摄像机拍摄的视频。

实例 1　小学美术微课“色彩的对比”

本例内容是小学美术五年级“色彩的对比”微课。通过该微课感受色彩对比中强烈对比和柔和对比的概念，并能对其中一种对比形式进行运用。微课封面效果如图 6-9 所示。

图 6-9　微课“色彩的对比”效果图

使用 Camtasia Studio 8 内提供的库内视频，可以制作动感十足的微课片头，在选择片头时，要注意与微课的内容相符。

跟我学

1. **运行软件**　双击桌面上的快捷图标，运行 Camtasia Studio 软件。
2. **选择片头视频**　按图 6-10 所示操作，将“库”中的视频拖放到“轨道 1”上。

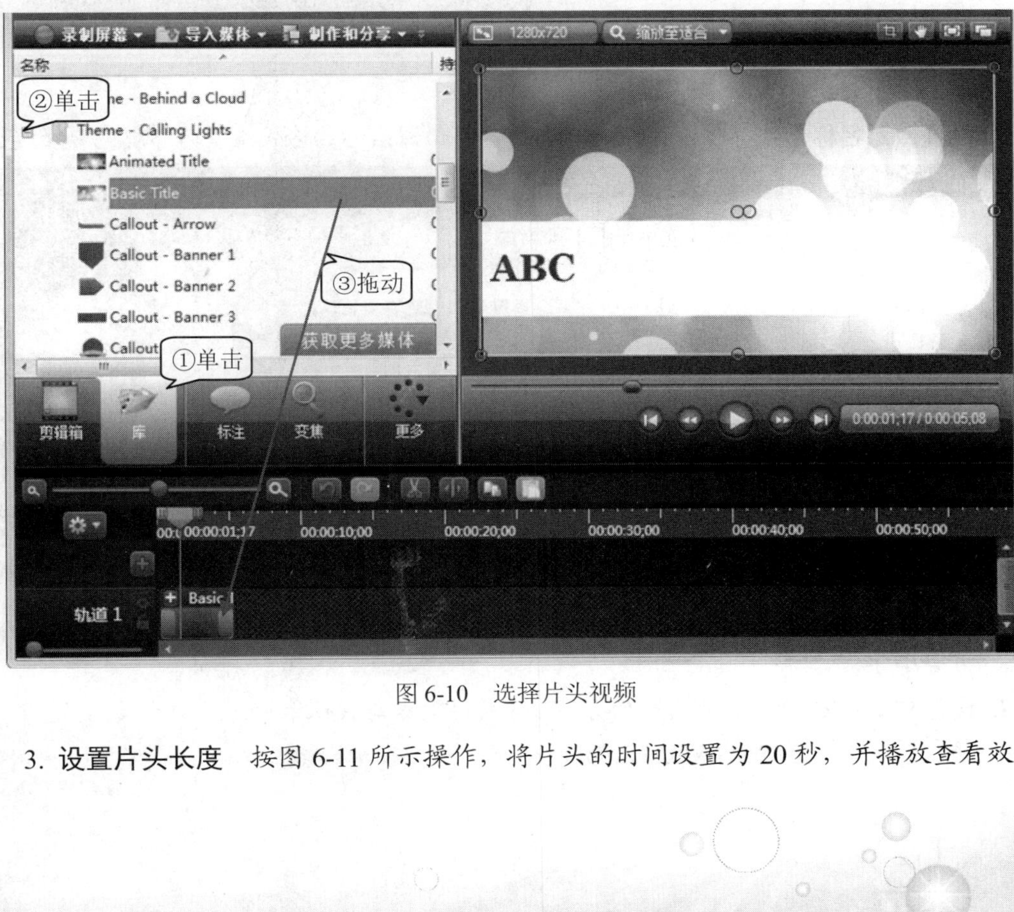

图 6-10　选择片头视频

3. **设置片头长度**　按图 6-11 所示操作，将片头的时间设置为 20 秒，并播放查看效果。

图 6-11　设置片头长度

4. **输入微课名称文本**　按图 6-12 所示操作，输入微课的名称为“色彩的对比”。

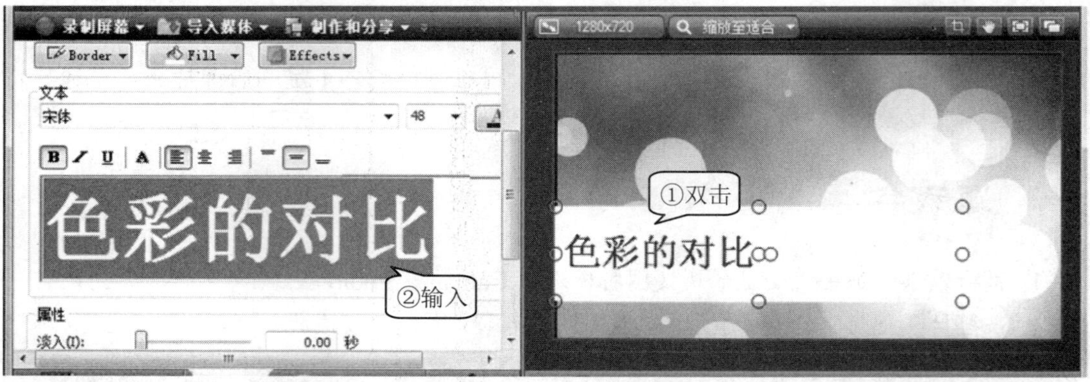

图 6-12　输入微课名称文本

5. **设置微课名称格式**　按图 6-13 所示操作，将微课名称的格式设置为“72 磅”“红色”。

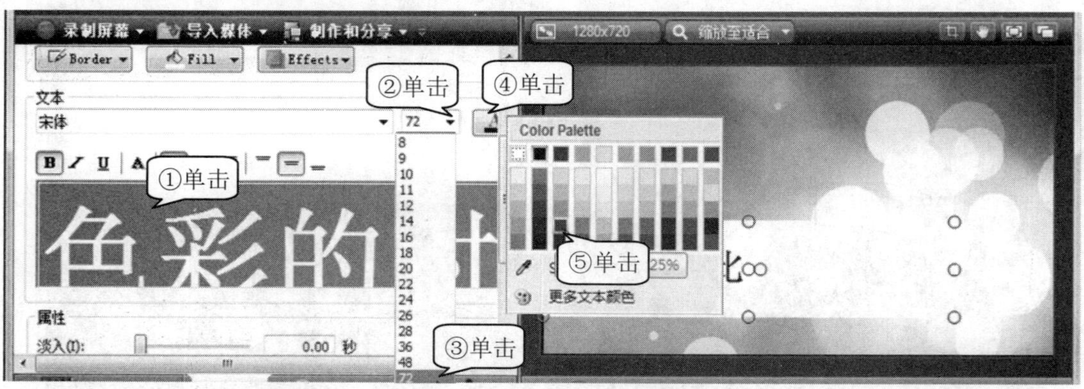

图 6-13　设置字体大小、颜色

6. **输入其他文本**　用上面同样的方法，输入教材版本与授课教师“人教版五年级美术，方舟小学 张晓微”。

7. **设置文本格式**　用上面同样的方法，将教材版本与授课教师等文本格式设置为“黑体”“28 磅”。

8. **预览片头效果**　单击“播放”按钮，查看片头效果。
9. **保存项目文件**　执行“文件”→“保存项目”命令，将文件以“片头.camproj”为名保存。

实例 2　小学语文微课“风筝”

本例内容是小学语文三年级上册“风筝”微课的片头，通过飞舞的风筝的动画片头激发小学生的学习兴趣。微课片头效果如图 6-14 所示。

图 6-14　微课“风筝”片头效果图

使用 PowerPoint 软件中自定义动画中的动作路径功能，可绘制出风筝飞行的轨迹，再将飞行速度设置成慢速播放，可以模仿风筝飞行的效果。

跟我学

1. **打开课件**　运行 PowerPoint 软件，打开课件“风筝.ppt”，选中第一张幻灯片。
2. **选择动作路径**　按图 6-15 所示操作，设置对象“风筝”的自定义动画效果为“动作路径”中的“自由曲线”。

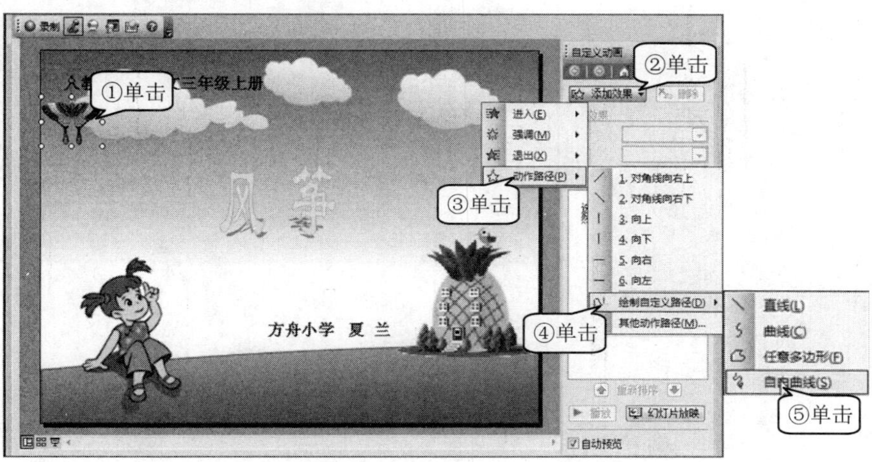

图 6-15　选择动作路径

3. **绘制动作路径** 按图 6-16 所示操作，绘制风筝的飞行路径，并设置播放速度为“非常慢”。

图 6-16 绘制并设置动作路径

4. **进行录制设置** 按图 6-17 所示操作，将录制设置更改为“在演示末尾，确认继续录制”。

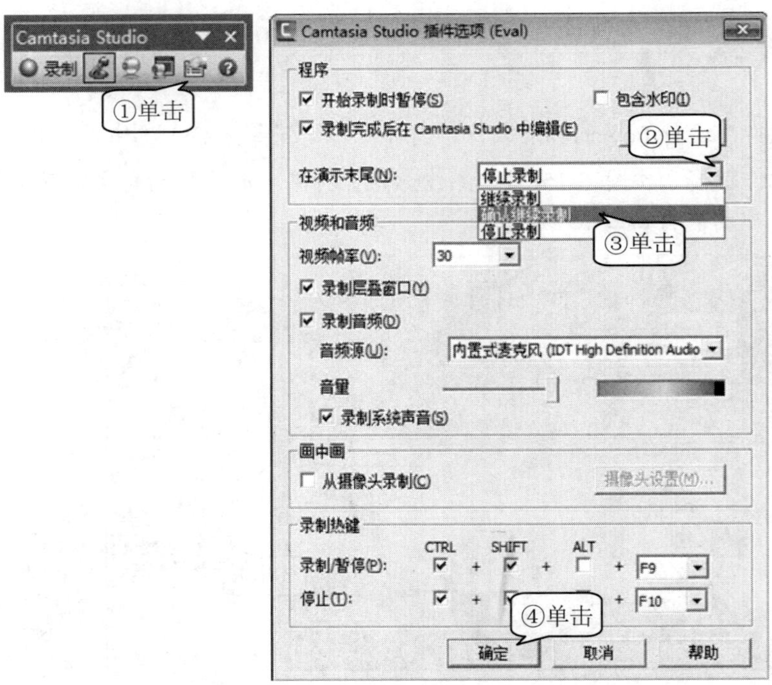

图 6-17 进行录制设置

5. **录制微课片头**　按图 6-18 所示操作，单击“录制”按钮，边讲解边录制片头。

图 6-18　录制微课片头

6. **保存微课片头**　录制完毕，按“Ctrl+Shift+F10”组合键，停止录制，按图 6-19 所示操作，以“风筝片头.trec”为名保存片头，并运行录屏软件，查看片头录制情况。

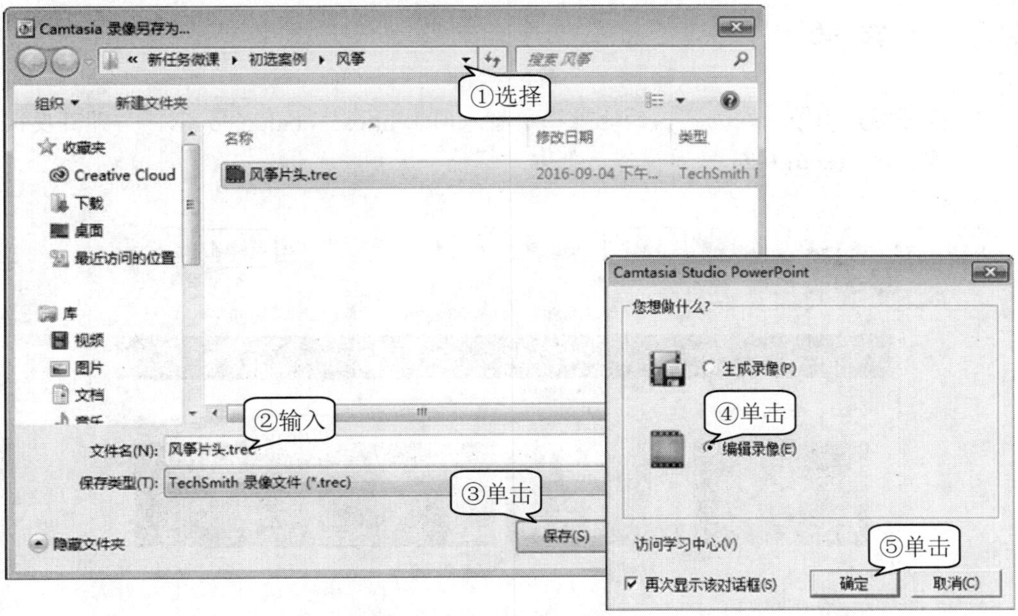

图 6-19　保存并浏览微课片头

6.2.2 录制导入部分

微课有复习导入、问题导入、实验导入、情景导入、游戏导入、矛盾冲突导入等导入方式。由于微课时间短少，因此在设计微课的导入时，要注意切入课题的方法和途径。力求切入课题新颖、迅速，而且要与题目关联紧凑，以便把更多的时间分配给内容的讲授。

实例 3 高中化学微课“焰色反应”

本例内容是高中化学必修一“焰色反应”微课，使用学生生活中常见的烟花作为导入的微课素材，能很好地激发学生的学习兴趣。微课效果如图 6-20 所示。

图 6-20 微课“焰色反应”效果图

获取“烟花”视频的方法很多，可以使用手机拍摄或在视频中截取。这里使用的“烟花”是在网上搜索获得的，不需下载，只需打开查找到的高清视频文件，录制十秒即可。

跟我学

1. **打开搜索引擎** 在浏览器的地址栏中输入网址 https://v.baidu.com/v，打开百度视频搜索引擎，按图 6-21 所示操作，搜索“烟花”视频。

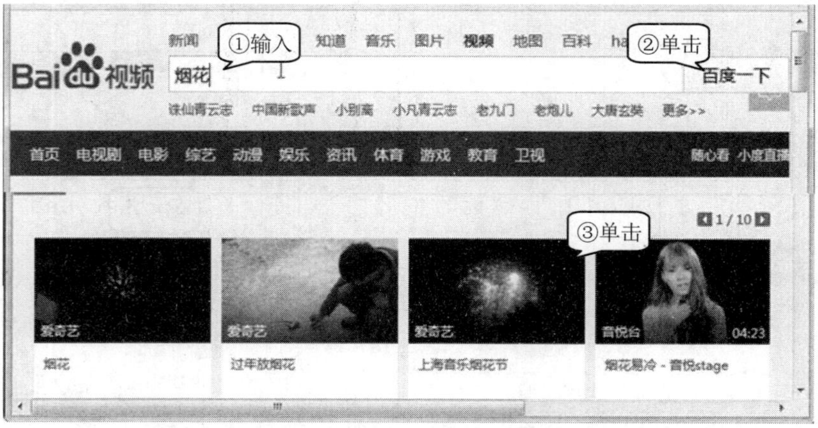

图 6-21 搜索“烟花”视频

2. **运行软件**　单击任务栏上的“开始”按钮，执行“所有程序”→TechSmith→Camtasia Studio 命令，运行录屏软件。

3. **录制视频**　单击 录制屏幕 按钮，按图 6-22 所示操作，拖动自定义录制窗口的大小，录制网络上的视频。

图 6-22　录制网络上播放的视频

4. **保存项目**　执行“文件”→“保存项目”命令，以“焰色反应导入部分. camproj”为名保存文件。

6.2.3　录制讲解部分

因为时间限制，所以内容设计及讲解时，要做到精准控制，要将设计的精华部分展示出来。能够语言准确、清晰地传达知识，追求深入浅出、形象生动的讲解，达到让学生掌握该知识点的目的。

实例 4　小学语文微课“学习部首查字法”

本例内容是小学二年级语文“学习部首查字法”微课，通过边讲解边演示，让同学们掌握使用部首查字法查汉字。微课效果如图 6-23 所示。

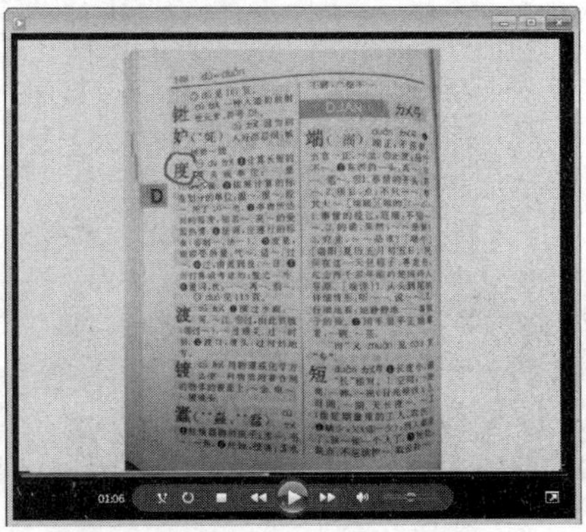

图 6-23　微课“学习部首查字法”

小学二年级的学生需要观察具体的字典，才能方便理解，需要在课件上准备字典的图片，并配以醒目的画笔标注，让学生清楚掌握部首查字的方法。

跟我学

1. **打开课件** 运行PowerPoint软件，打开“学习部首查字法.ppt”文件，选中第3张幻灯片。
2. **设置录制工具栏** 运行Camtasia Studio软件，按图6-24所示操作，设置录制工具栏。

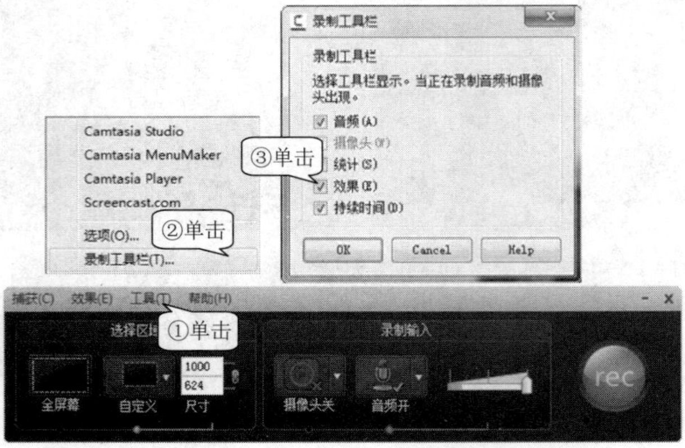

图6-24 设置录制工具栏

3. **设置录屏区域** 按图6-25所示操作，设置屏幕的录制区域。

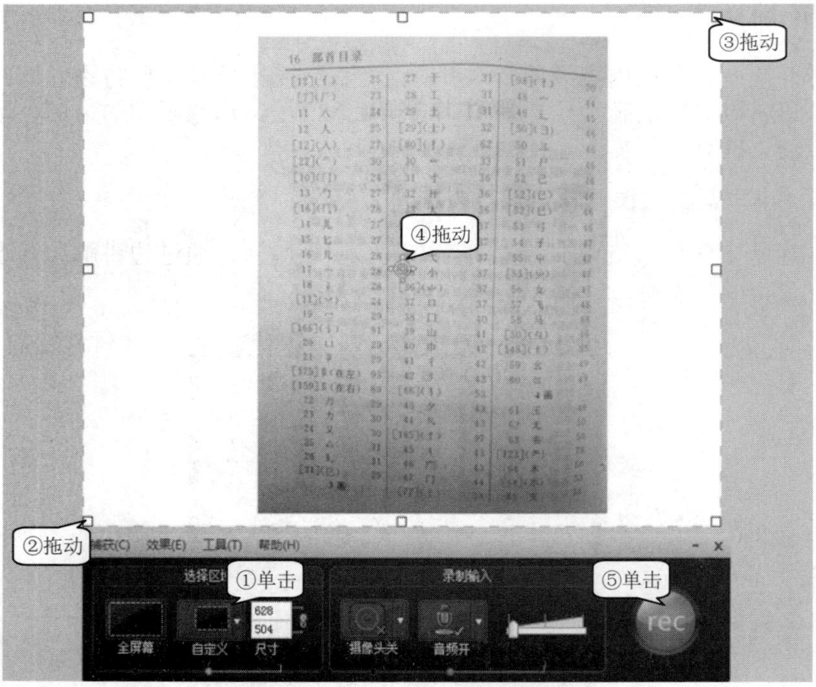

图6-25 设置录屏区域

文件的顺序应按微课教学的顺序来，先是导入部分，再是讲解部分，讲解完毕，检查学生的学习情况，所以最后是进阶测验。

4. **选择画笔工具** 按图 6-26 所示操作，选择屏幕绘制的工具是“画笔”。

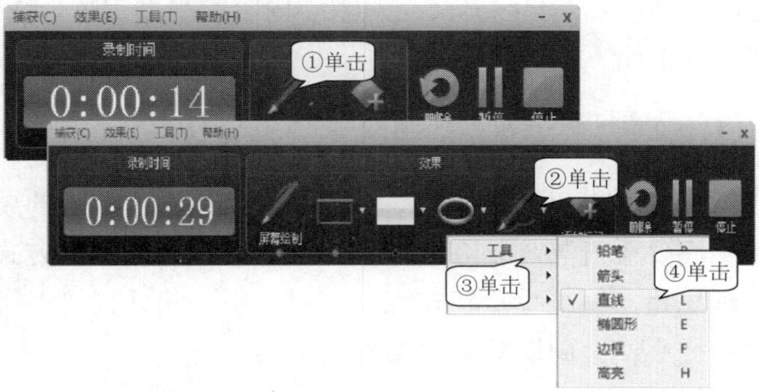

图 6-26 设置屏幕绘制工具

5. **选择画笔颜色** 用上面同样的方法，选择画笔工具的颜色为“红色”。

在使用 PPT 课件+录屏软件制作微课时，播放课件，通过选择左下角的指针选项，可以使用不同类型的笔与笔迹颜色，在讲解时标注重点部分。

6. **进行屏幕绘制** 按图 6-27 所示操作，使用屏幕绘制功能标注出“度”字的偏旁部首。

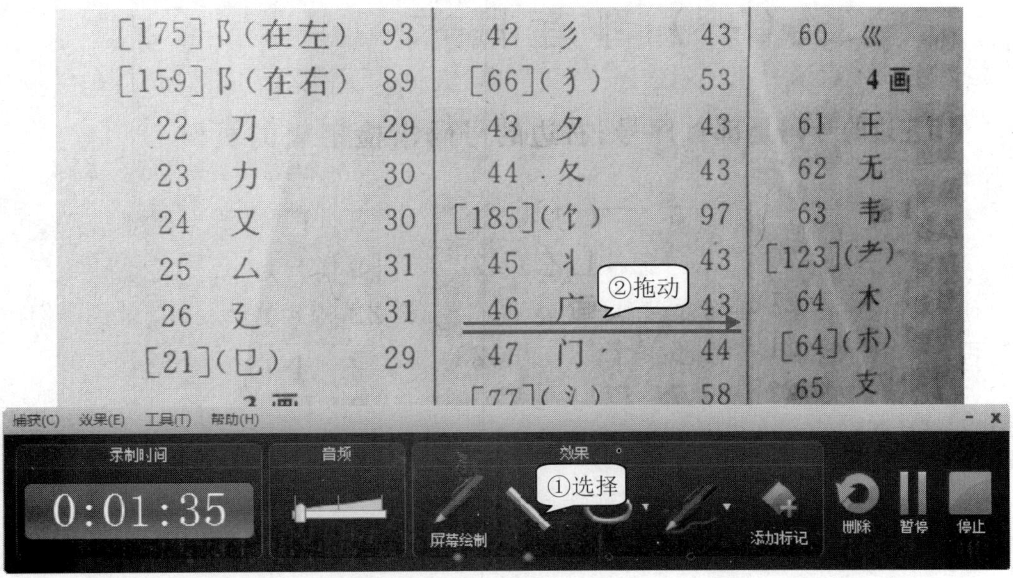

图 6-27 进行屏幕绘制

7. **进行其他屏幕绘制** 用上面同样的方法，完成其他讲解部分关键点的标识。

8. **预览保存文件** 预览视频文件，并保存。

6.2.4 录制小结部分

小结是微课必不可少的环节，是教师在讲授结束时对所教内容进行的回顾、整理、归纳和深化。它既是对教学内容的再现，又是对教学内容的高度提炼、精要概括和系统整理，对整个微课起到“画龙点睛”的作用。

实例 5 初中信息技术“计算机系统组成”

本例内容是小学信息技术“计算机系统组成”微课，通过教师的展示、讲解，学生了解了计算机系统包括硬件系统与软件系统。在小结部分通过图例的方式展示，概括知识要点，帮助学习者梳理思路，强调重点和难点。可以使用一句话直接对微课进行小结，也可以使用图表的方式进行小结。微课效果如图 6-28 所示。

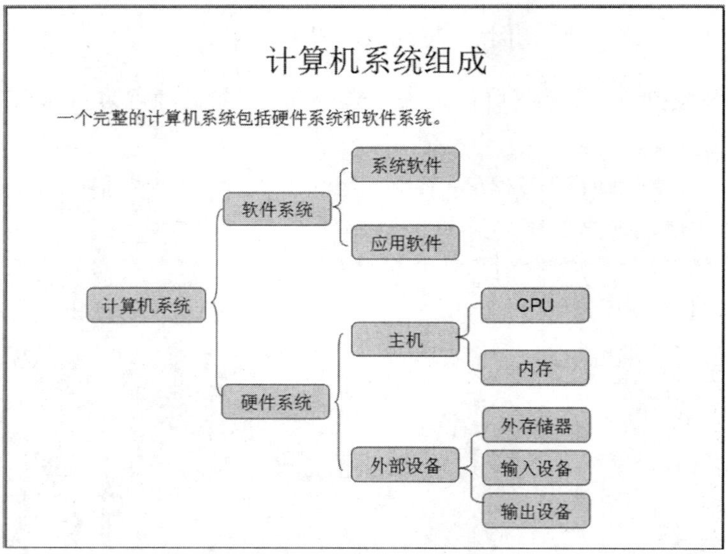

图 6-28 微课“计算机系统组成”小结部分

使用 PowerPoint 软件自定义动画功能，可以根据讲解内容分批展示，让同学们在小结的过程中，再次回顾本节学习内容。

跟我学

1. **打开课件** 运行 PowerPoint 软件，打开课件“计算机系统组成.ppt”文件。

2. **设置自定义动画** 按图 6-29 所示操作，设置自选图形的出场方式。

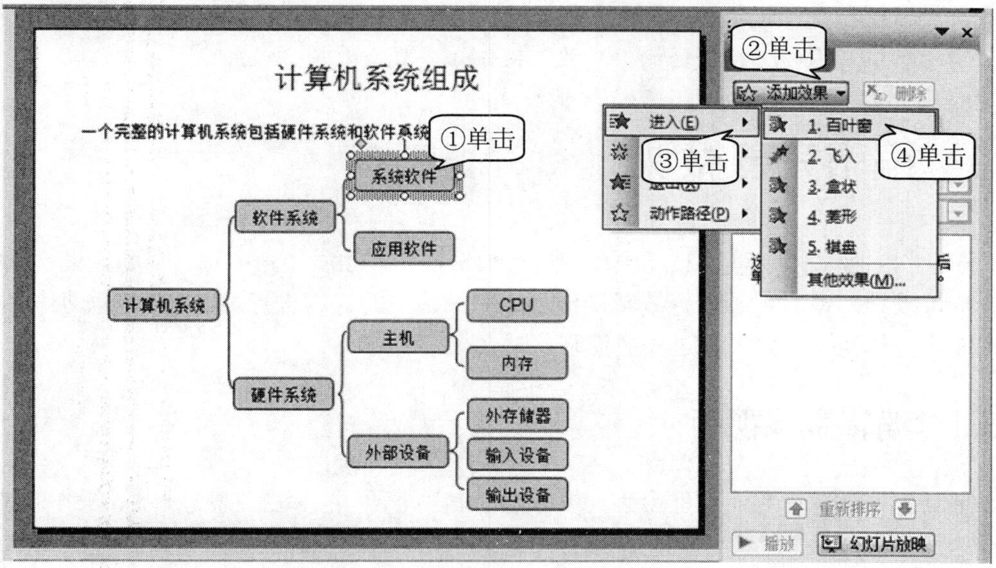

图 6-29　设置自选图形的出场方式

3. **打开工具栏**　执行“视图”→“工具栏”→Camtasia Studio 命令，打开“Camtasia Studio 工具栏”。

4. **录制小结部分**　按图 6-30 所示操作，边讲解边录制小结部分。

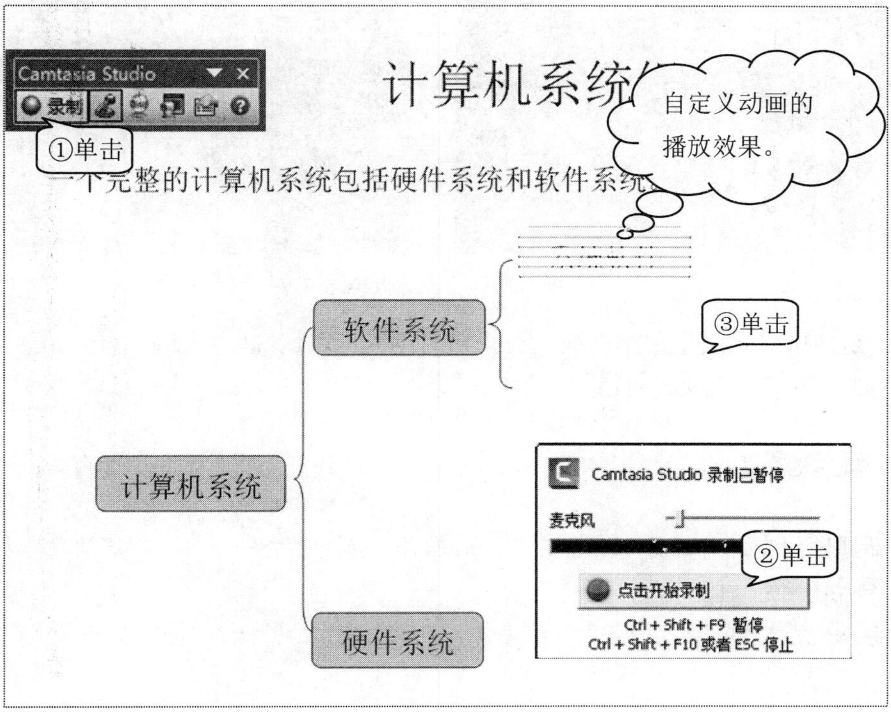

图 6-30　录制小结部分

5. **预览保存文件** 按 Esc 键停止视频录制，执行“文件”→“保存项目”命令，保存项目，并单击视频预览区的“播放”按钮▶，观看效果。

6.3 编辑完善微课

在录制完视频后，可以对视频片段进行剪辑操作，如添加画中画、转场效果、旁白等，当然也可以导入现有视频进行编辑操作，如对录制好的视频进行裁剪处理，添加标注、字幕，设置视频变焦，使演示过程更清晰。

6.3.1 编辑微课视频

录制好的微课视频，可能会因为要求进行裁剪、合并、调整视频顺序等操作，使微课的表达效果更好。

实例 6 幼儿园手工折纸微课“狮子”

本例内容是幼儿园校本教材手工“折纸”微课，该微课通过教师边讲解边演示，教授折“狮子”的方法。微课效果如图 6-31 所示。

图 6-31 微课“手工折纸”效果图

本例是使用手机固定拍摄而成，在拍摄时因为各种情况，如错误的地方是在第一段中 2 分零 9 秒的时候，需要将折错的一段视频剪掉。

跟我学

1. **新建项目文件** 运行 Camtasia Studio 软件，执行“文件”→“新建项目”命令，新建项目。
2. **导入视频文件** 按图 6-32 所示操作，导入“折纸‘狮子’.wmv”视频文件。

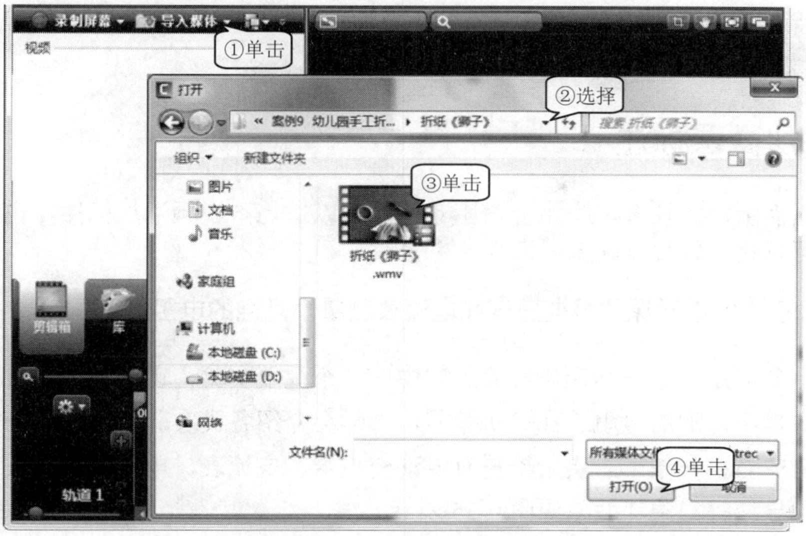

图 6-32　导入视频文件

3. **添加视频文件**　按图 6-33 所示操作，将视频文件添加到时间轴上。

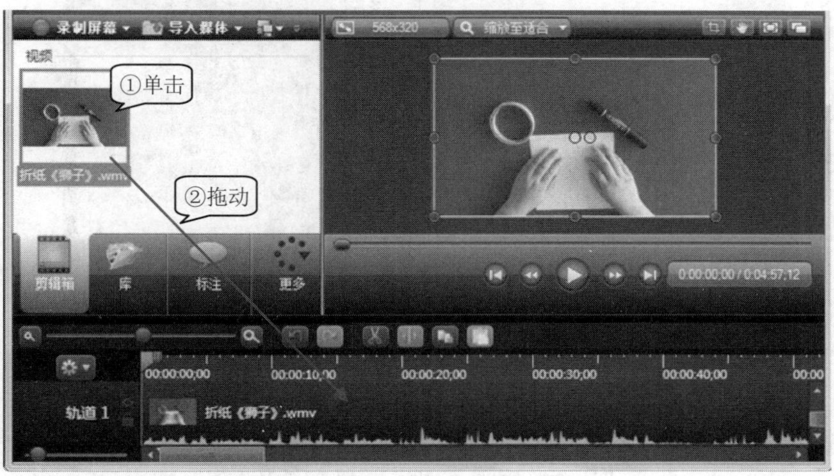

图 6-33　添加视频文件

4. **裁剪视频**　按图 6-34 所示操作，裁剪掉折叠时出错的部分。

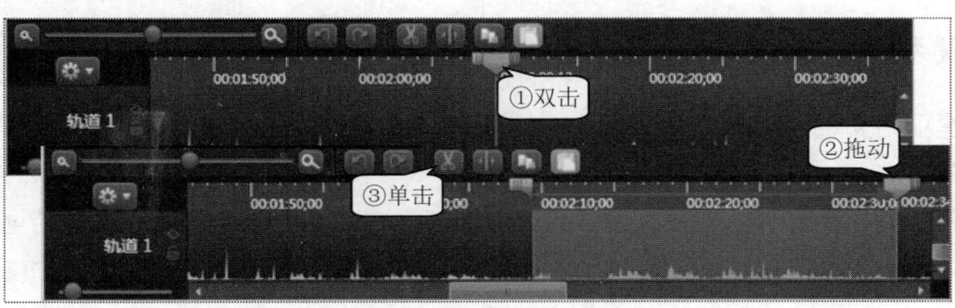

图 6-34　裁剪视频

5. **预览保存项目** 执行“文件”→“保存项目”命令，保存项目，并单击视频预览区的“播放”按钮▶，观看效果。

6.3.2 添加微课标注

当视频画面上内容较多，学生分辨困难时，可以适当给视频添加标注，也就是给视频添加注释，可以让视频观看起来更清晰，更易懂。

实例 7 初中物理微课“用电压表和电流表测量小灯泡的电阻”

伏安法测电阻是初中升学理化实验加试中的一个重要实验，通过教师边讲解边演示，让学生掌握测量小灯泡的电阻。在做实验前，老师会介绍各类实验器材，可使同学们更清晰地了解器材的名称与作用。实验器材有滑动变阻器、电流表、电压表、开关、电池、小灯泡、灯座、导线等。微课效果如图 6-35 所示。

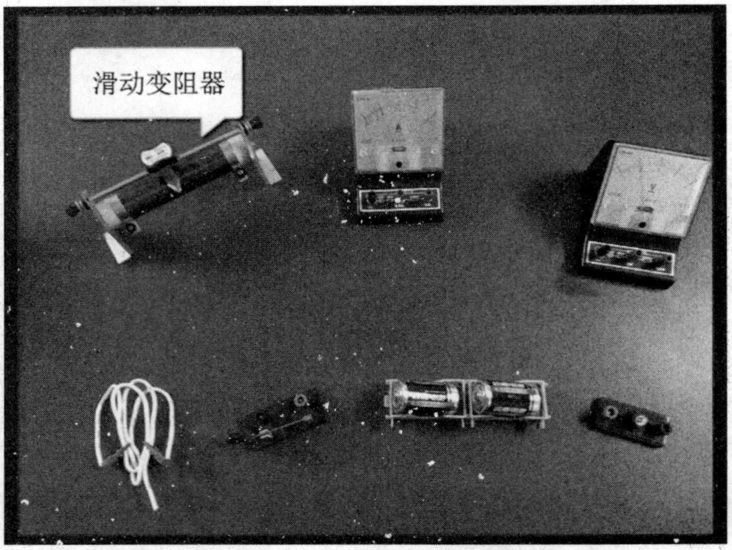

图 6-35 微课“伏安法测电阻”效果图

使用 Camtasia Studio 软件中的标注功能，可以很方便地为视频或图片添加各种类型的标注，让学生在观看视频时更方便理解。

跟我学

1. **新建项目文件** 运行 Camtasia Studio 软件，执行“文件”→“新建项目”命令，新建项目。
2. **导入视频** 按图 6-36 所示操作，导入文件“用电压表和电流表测量小灯泡的电阻.wmv”。

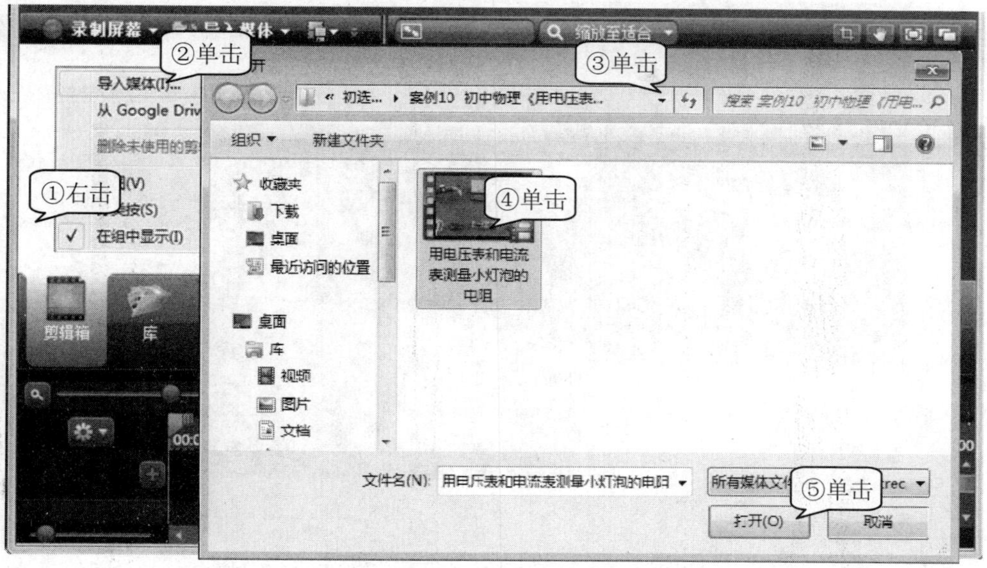

图 6-36　导入视频文件

3. **选择标注类型**　按图 6-37 所示操作，确定需要添加标注的位置，选择标注类型。

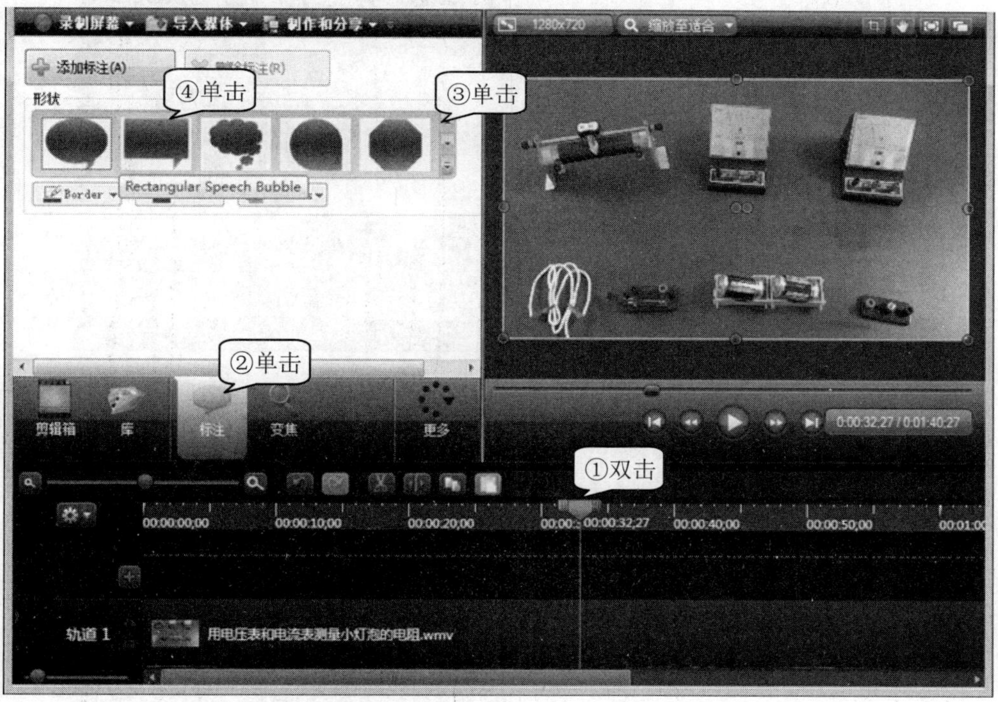

图 6-37　选择标注类型

4. **修改标注大小**　按图 6-38 所示操作，修改标注位置，并修改标注的大小。

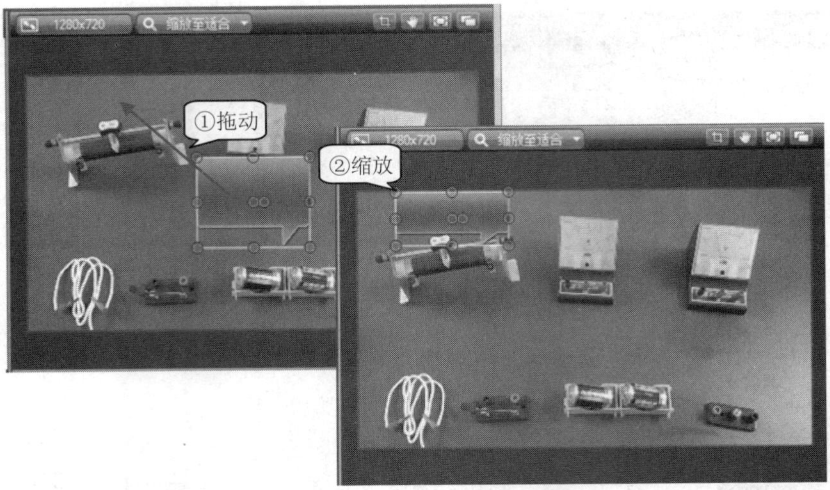

图 6-38　修改标注大小与调整标注位置

5. **设置标注填充颜色**　按图 6-39 所示操作，设置标注为白底黑字显示，即填充颜色为“白色”，文本的颜色为“黑色”。

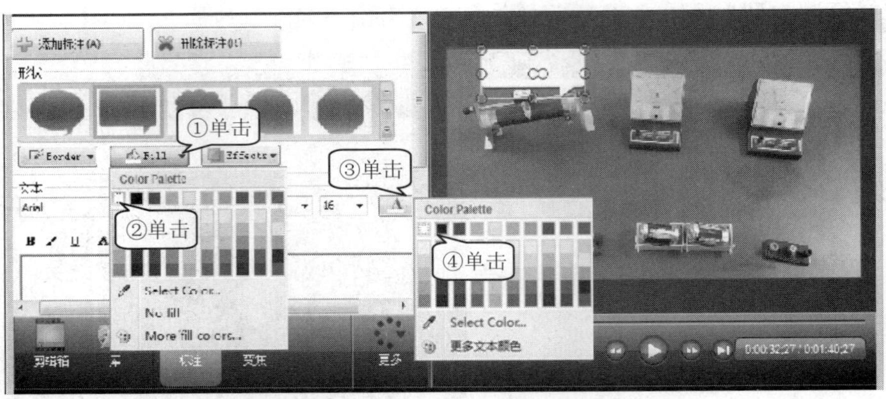

图 6-39　设置标注填充颜色

6. **输入文本**　按图 6-40 所示操作，输入文本“滑动变阻器”，并设置大小为“36 磅”。

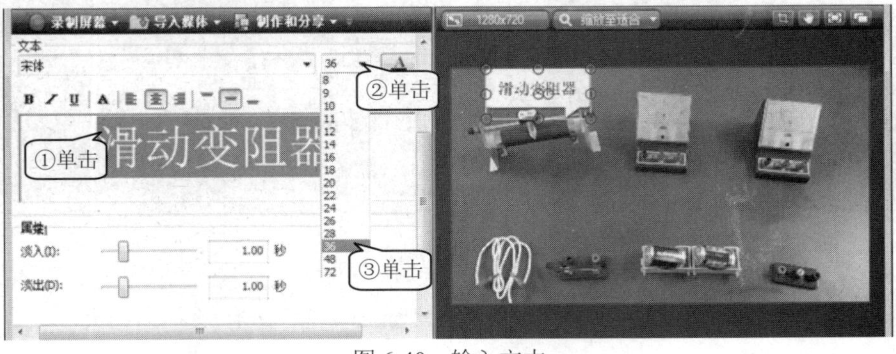

图 6-40　输入文本

7. **添加其他标注**　用上面同样的方法，在合适的时间与位置添加标注“安培表”“伏特表”“导线”“电键”“电池组成”“小灯泡”。

8. **预览效果**　单击视频预览区的“播放”按钮，观看添加标注的效果。

9. **保存文件**　执行“文件”→“保存项目”命令，保存项目。

6.3.3　设置视频变焦

在 Camtasia Studio 中，可以对视频进行灵活的变焦处理，突出显示视频的某个细节部分，清楚地呈现教学内容，从而引起学生的注意力。

实例 8　小学数学微课“数角”

本例内容是小学数学二年级上册“角的初步认识”微课，该微课借助手机支架来固定手机，通过垂直向下拍摄的方式，拍摄教师边讲解边演示“数角”的方法。微课效果如图 6-41 所示。

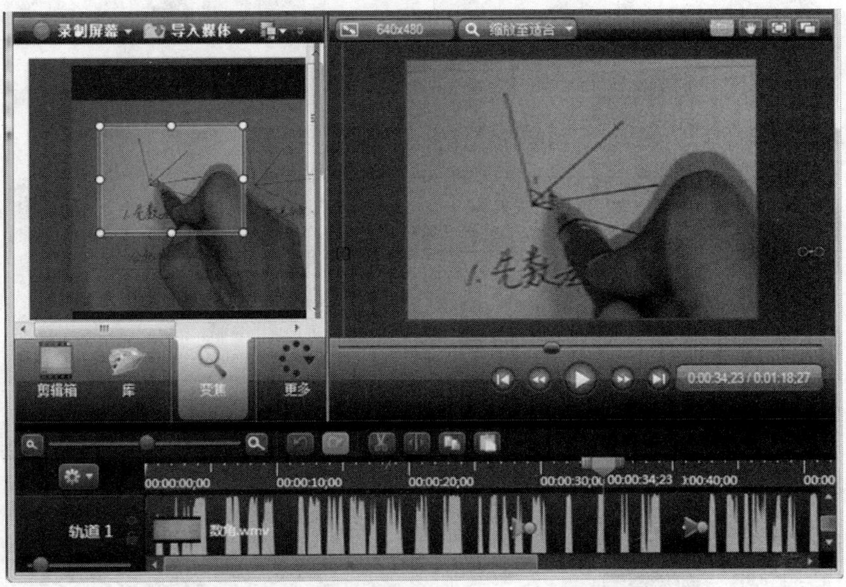

图 6-41　微课“数角”效果图

在拍摄时由于手机是固定的，所以不能进行变焦或调整拍摄距离，数角的时候离的较远，拍摄范围大，不能明确显示数角的过程，可以通过视频变焦的方式进行处理，清楚展示数角的方法。

跟我学

1. **打开项目文件**　运行 Camtasia Studio 软件，打开项目文件“数角.camproj”。

2. **确定变焦位置**　按图 6-42 所示操作，拖动时间线上的游标到开始变焦的位置处。

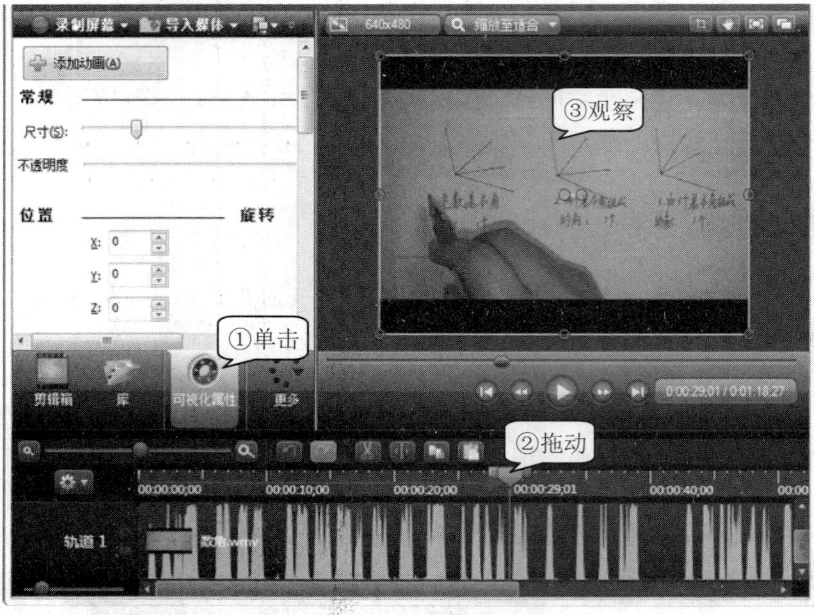

图 6-42　确定变焦位置

3. **添加变焦命令**　按图 6-43 所示操作，添加变焦命令。

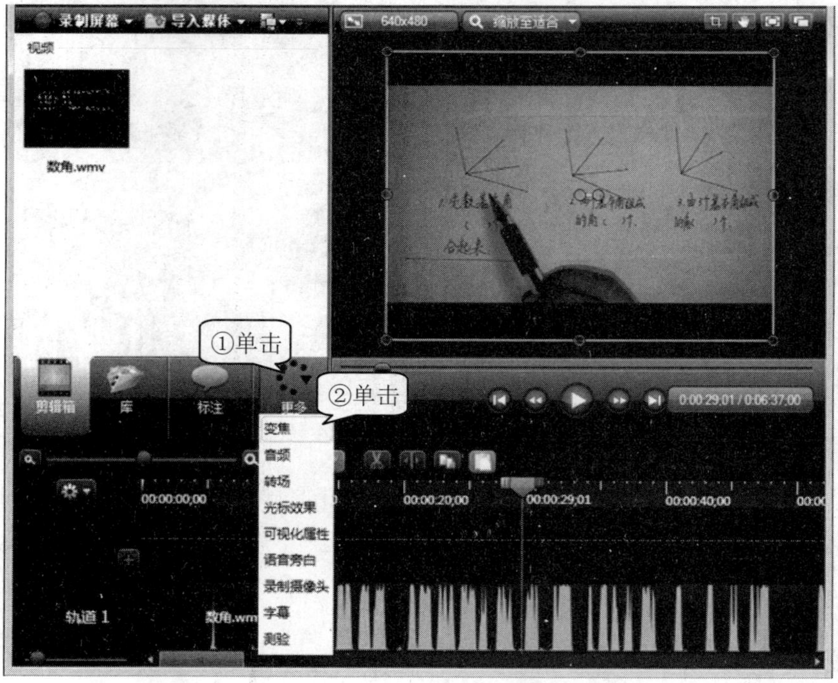

图 6-43　添加变焦命令

4. **设置变焦区域**　按图 6-44 所示操作，设置变焦区域。

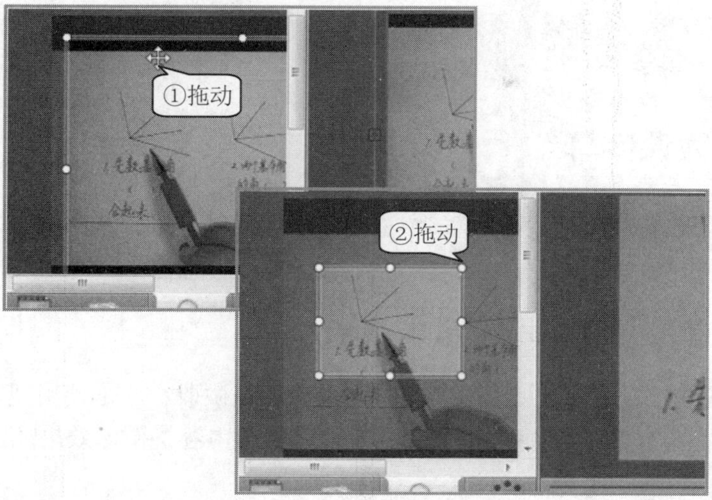

图 6-44　设置变焦区域

5. **设置变焦结束时间**　按图 6-45 所示操作，设置变焦结束时间。

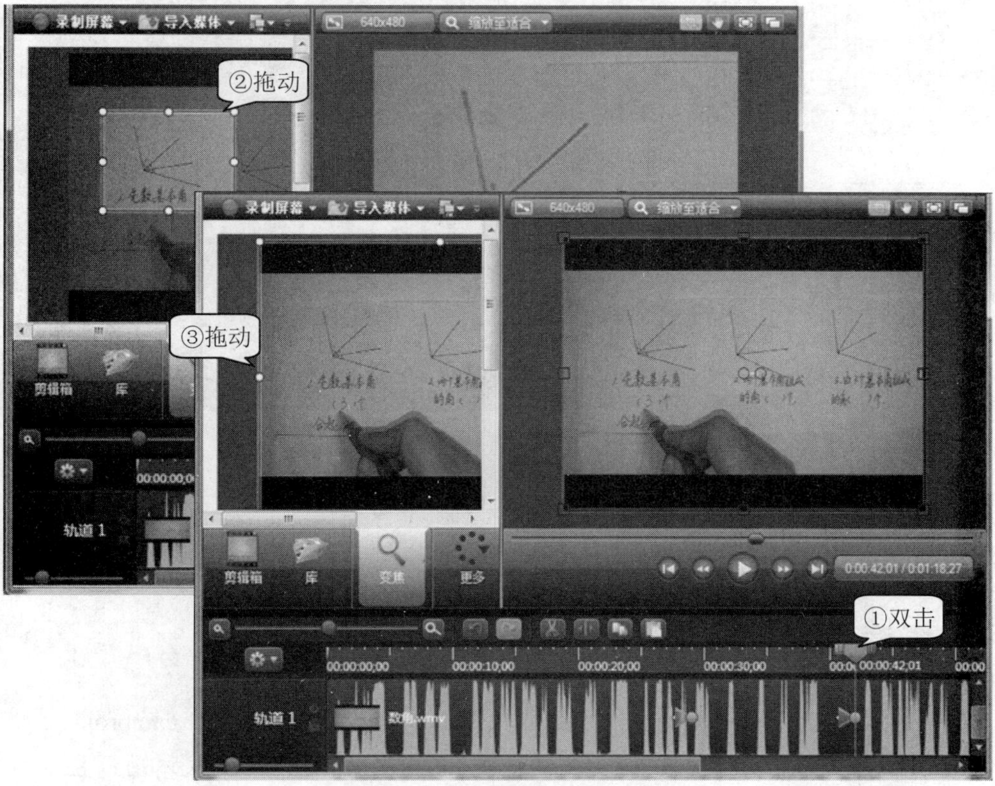

图 6-45　设置变焦结束时间

6. **查看变焦效果** 单击视频预览区的“播放”按钮，观看设置变焦后的效果。

7. **保存文件** 执行“文件”→“保存项目”命令，保存项目。

6.3.4 添加微课字幕

在 Camtasia Studio 中可以添加单句字幕。也可以批量导入，利用同步字幕功能，手动设置字幕与音频同步。

实例 9 初中语文微课“望岳”

本例内容是初中语文八年级下册“望岳”微课，该微课片段是使用现成的泰山视频，为配背景音乐的朗诵添加同步字幕，方便学生理解古诗内容。微课效果如图 6-46 所示。

图 6-46 微课“望岳”效果图

添加字幕的方式有很多，本案例使用了“复制”“粘贴”的方法，将文本文件中的古诗文本“粘贴”到视频的相应位置。

跟我学

1. **打开项目文件** 运行 Camtasia Studio 软件，打开项目文件“望岳.camproj”。
2. **确定添加文本位置** 按图 6-47 所示操作，确定添加第一句古诗文本的位置。
3. **粘贴文本** 打开文本文件“望岳.txt”，复制第一行文本“岱宗夫如何，齐鲁青未了。”，按图 6-48 所示操作，粘贴到视频第 3 秒处。

图 6-47　确定添加文本位置

图 6-48　粘贴文本

4. 设置文本格式　按图 6-49 所示操作，将文本的格式设置为“12 磅”“白色背景”。

图 6-49　设置文本格式

5. **设置字幕播放时间** 按图 6-50 所示操作，设置播放的时间为“10”秒。

图 6-50 设置字幕播放时间

6. **添加其他字幕** 用上面同样的方法，分别在第 15 秒处添加字幕“造化钟神秀，阴阳割昏晓。”；在 25 秒处添加字幕“荡胸生层云，决眦入归鸟。”；在 35 秒处添加字幕“会当凌绝顶，一览众山小。”。
7. **查看添加字幕效果** 单击视频预览区的“播放”按钮，查看添加字幕的效果。
8. **保存文件** 执行“文件”→“保存项目”命令，保存项目。

6.4 制作微课练习

进阶练习是微课的重要组成部分，与视频配套，学习者在学习过程中通过观看视频—练习—再看视频—再练习的方式，掌握知识点，制作进阶练习，首先要进行练习设计，再进行制作，最后选择合适的格式进行发布。

6.4.1 微课进阶练习设计

本例内容是(人教版)八年级上册第一单元第 1 课“鸦片战争”微课。该微课讲解近代同期中、英基本国情，虎门销烟的过程及鸦片战争的经过；认识鸦片贸易的原因及危害；理解鸦片战争爆发的必然性，掌握中英《南京条约》的主要内容及其对近代中国社会的影响。学生学习之后需要通过进阶练习检查学习效果，设计微课进阶练习如图 6-51 所示。

鸦片战争		
	背景	1840 年前后，英国完成工业革命，成为最强大的资本主义国家，对外侵略扩张
	原因	根本原因：英国为了扩大国外市场，推销工业品，掠夺原料，把中国作为主要侵略目标
		直接原因：林则徐虎门销烟
	内容	割地、赔款、开埠、关税权
	影响	使中国开始沦为半殖民地半封建社会，标志着中国近代史的开端。

微课《鸦片战争》进阶练习

1、中英《南京条约》于 1842 年 年签订。

2、《南京条约》的内容中哪一项最能反映英国发动战争的目的的是（ D ）

A. 开五口通商

B. 赔款 2100 万元

C. 割香港岛

D. 关税双方协定

3、没有林则徐的虎门销烟，英国就不会发动鸦片战争（ 错 ）

4、鸦片战争给中国带来了哪些影响？

答：使中国开始沦为半殖民地半封建社会，标志着中国近代史的开端。

图 6-51　微课“鸦片战争”进阶练习

1．进阶练习需紧扣所学内容

如图 6-51 所示，可以看出进阶练习的命题应紧扣微课的学习内容，并且要有一定的梯度。如第 1 题填空题和第 4 题问答题考查的是一般识记知识点，比较简单，属于了解层次内容。第 2 题选择题和第 3 题判断题考查的是鸦片战争的原因与目的，这是本课的难点。

2．进阶练习的题型

如图 6-52 所示，Camtasia Studio 的测验题型可以是选择题、判断题、填空题与简答题等。

图 6-52　进阶练习的题型

3. 进阶练习的呈现方式

因为 Camtasia Studio 软件在图片处理、表格处理方面的欠缺，进阶练习的制作方面影响很大。如化学方程式、复杂的数学公式、带表格或带图片的题目，在 Camtasia Studio 的测验功能中无法实现，需要采用其他方式进行弥补，如图 6-53 所示。

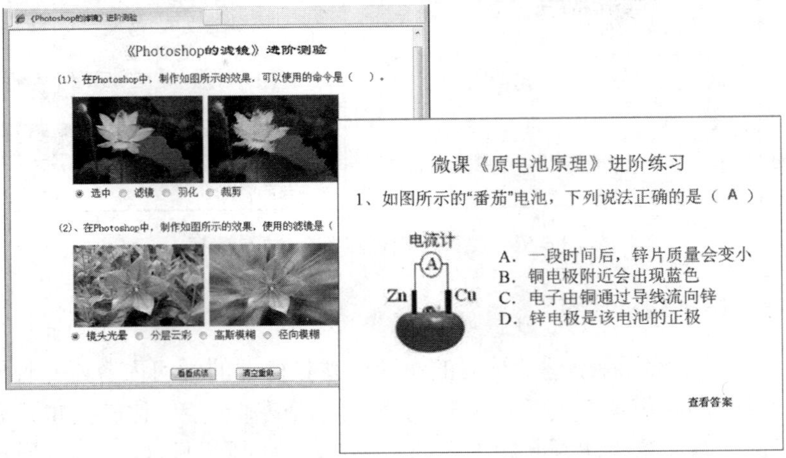

图 6-53　使用网页与幻灯片制作的进阶测验

6.4.2　客观测验试题制作

采用哪种题型是由测验目的、内容、规模及各种题型的特点几方面决定的。测验因为是对某些知识的理解、判断，可采用客观性测题。

实例 10　初中物理微课“声音的产生”

本例内容是八年级上册第二章第一节“声音的产生”微课中的测试题，运用多种方法和常见材料来“制造声音”，体验声音的产生是由于物体的振动引起的，通过观察、比较，将声音的产生与物体振动建立起联系。测验试题效果如图 6-54 所示。

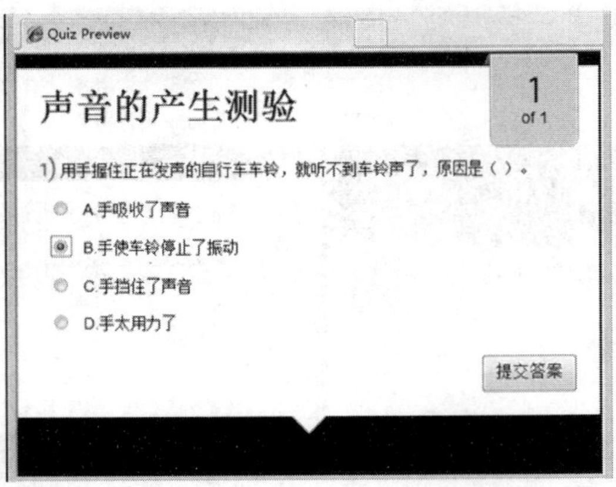

图 6-54　微课“声音的产生”测试题效果图

Camtasia Studio 的测验中提供了“多种选择”“填空”“简单答案”“真/假”4 种问题类型，可以根据情况制作测验。本案例中使用了“多种选择”与“真/假”类型，制作选择题与判断题。

跟我学

1. **打开项目文件**　运行 Camtasia Studio 软件，执行“文件”→“打开项目”命令，打开项目文件“声音的产生”。
2. **确定测试位置**　按图 6-55 所示操作，将水平滚动条拖到微课结束位置，双击鼠标确定添加测试的位置。

图 6-55　确定添加测试的位置

3. **输入测验名称**　执行“工具”→“测验”命令，新建测试。按图 6-56 所示操作，添加测验“声音的产生测验”。

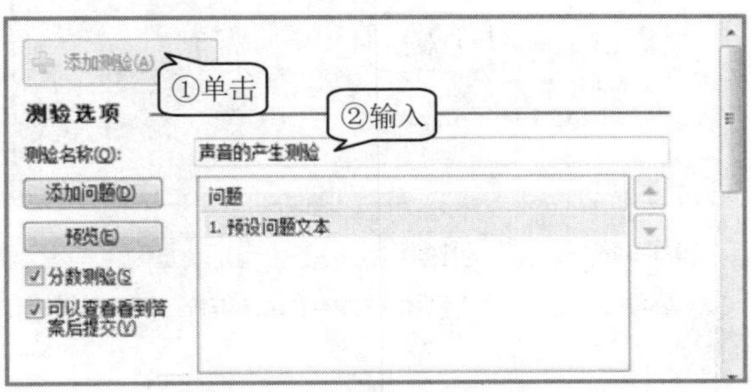

图 6-56　输入测验名称

4. **选择问题类型**　按图 6-57 所示操作，选择当前测验的类型是“多种选择”。

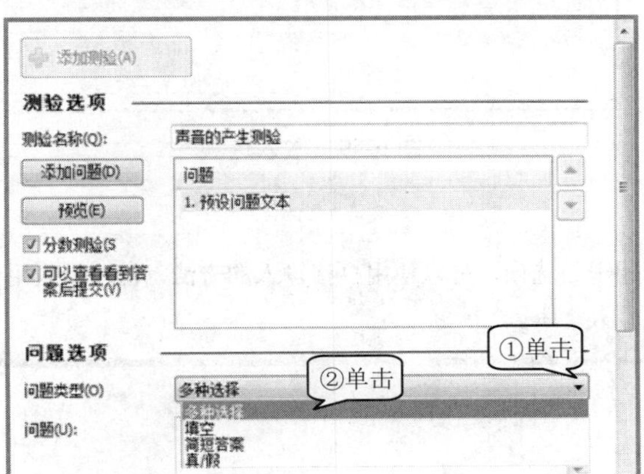

图 6-57　选择问题类型

5. **输入题干** 按图 6-58 所示操作，输入题干“用手握住正在发声的自行车车铃，就听不到车铃声了，原因是(　　)。”。

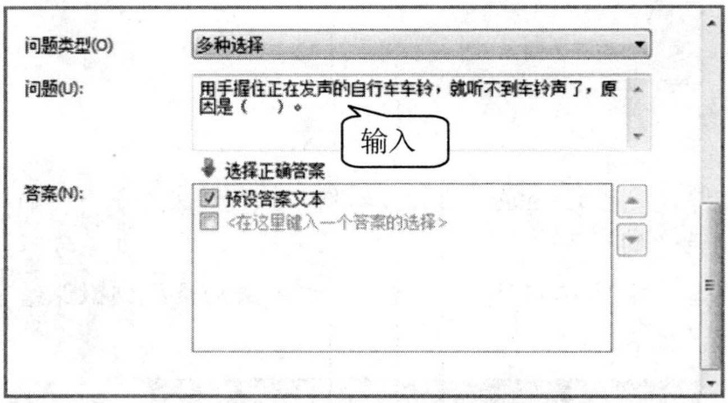

图 6-58　输入题干

6. **输入选项** 按图 6-59 所示操作，输入第一个选项“A.手吸收了声音”，并用同样的方法输入其他选项“B.手使车铃停止了振动 C.手挡住了声音 D.手太用力了 ”。

图 6-59　输入选项

输入题干与选项，可以使用直接输入的方法，也可以采用“复制”“粘贴”的方法快速地输入文本。

7. **选择正确答案**　按图 6-60 所示操作，选择正确答案“B.手使车铃停止了振动”。

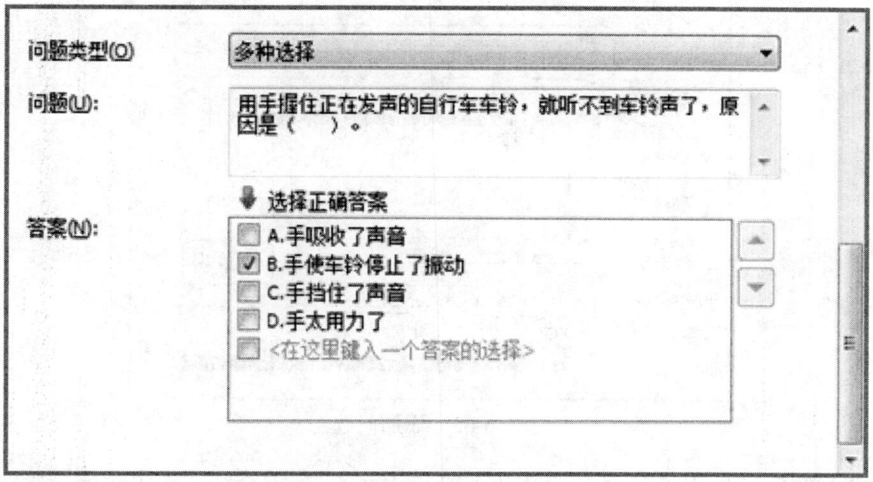

图 6-60　选择正确答案

此处为多种选择不是多项选择，下面正确选项，虽是复选框，但只能选择一个正确答案，只需单击前面的复选框，即可更换选中项。

8. **预览测验效果**　按图 6-61 所示操作，预览“声音的产生测验”效果。

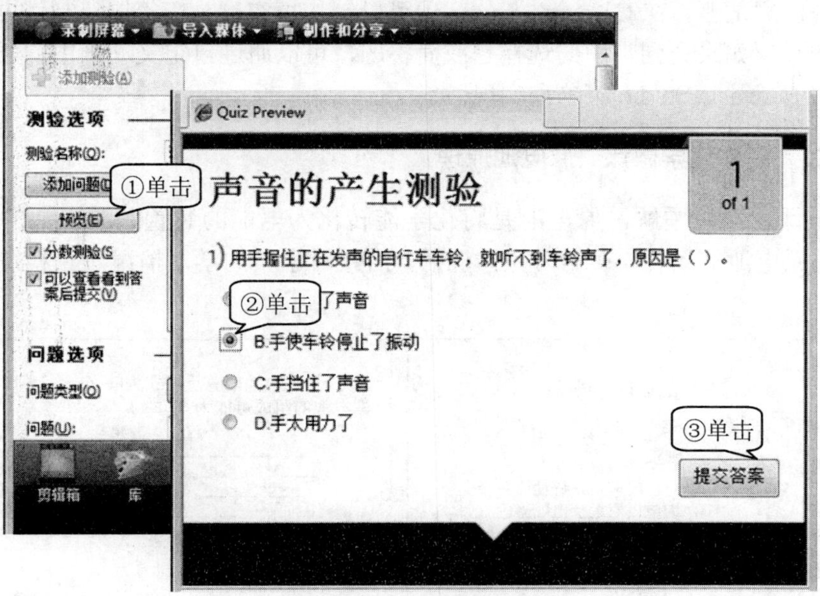

图 6-61　预览测验效果

9. **添加问题**　按图 6-62 所示操作，添加问题，选择问题类型为“真/假”。

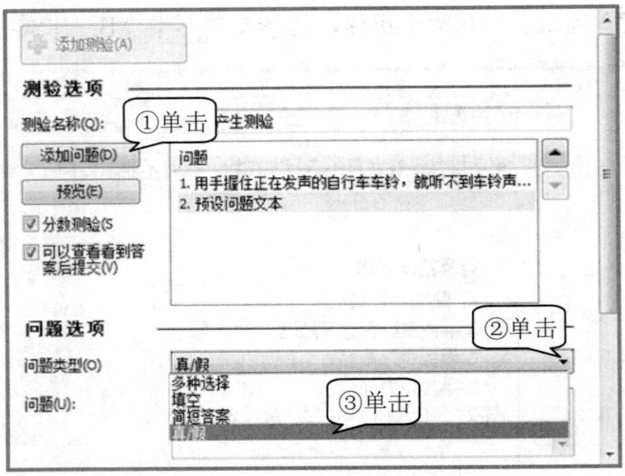

图 6-62　添加问题

10. **输入题目**　用上面同样的方法输入题干与选项，完成判断题的制作。

11. **查看效果**　单击“预览”按钮，查看判断题的效果。

12. **保存文件**　执行“文件”→“保存项目”命令，保存项目。

6.4.3　主观测验试题制作

测验也考查对事物间内在联系的逻辑阐述能力、综合性地分析问题和解决问题的能力，可采用主观性测试题。在 Camtasia Studio 中可以制作填空题与简答题，制作方法与选择题和判断题一样，如果遇到带图的选择题或简答题，可以通过自定义动画中的触发器功能实现或者使用 Camtasia Studio 菜单项实现。

实例 11　高中化学微课“原电池原理”

通过微课让学生了解，原电池是将化学能转化为电能的装置，原电池的构造与工作原理，构成原电池的条件。在学习完微课后，需要对学生的学习情况进行检测，如图 6-63 所示。

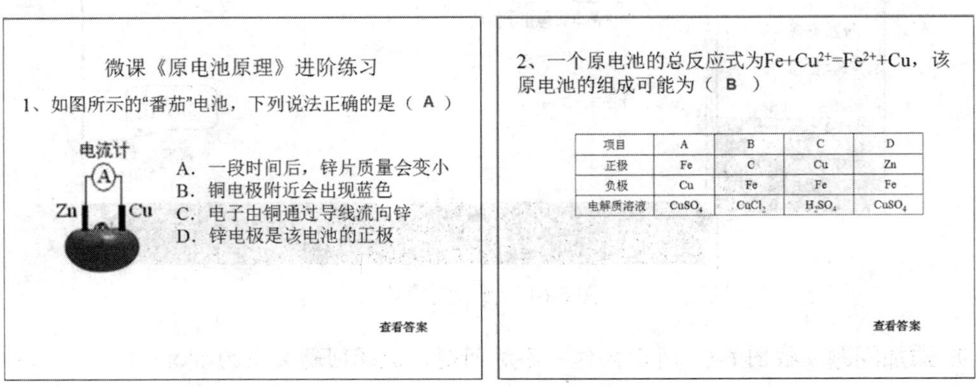

图 6-63　微课“原电池原理”进阶练习

使用 PowerPoint 中自定义动画中的触发器，可以单击某个对象触发自定义动画的产生，如图 6-63 左图所示，单击“查看答案”按钮，答案“A”即会显示在题干部分的括号内。

跟我学

1. **打开课件**　运行 PowerPoint 软件，打开课件“原电池原理进阶练习.ppt”。
2. **设置自定义动画**　按图 6-64 所示操作，设置文本框的出场方式是“进入-百叶窗”效果。

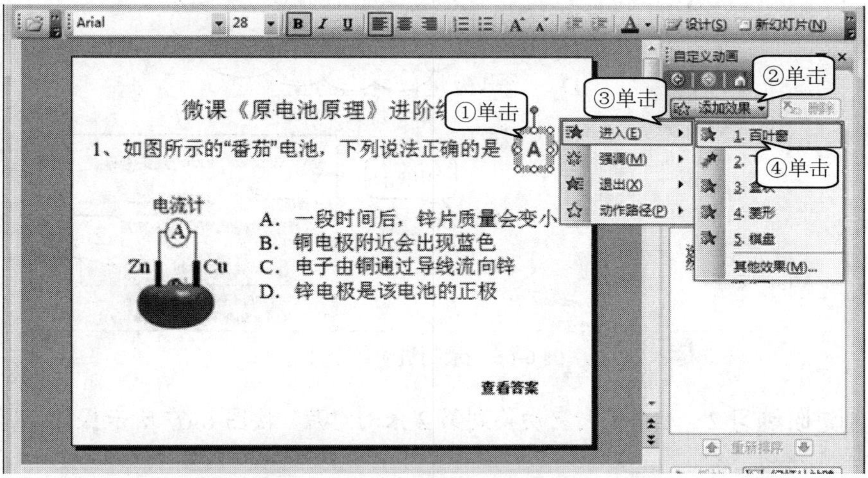

图 6-64　设置文本框的自定义动画效果

3. **设置触发器**　按图 6-65 所示操作，设置答案“A”的出场方式是单击“查看答案”按钮。

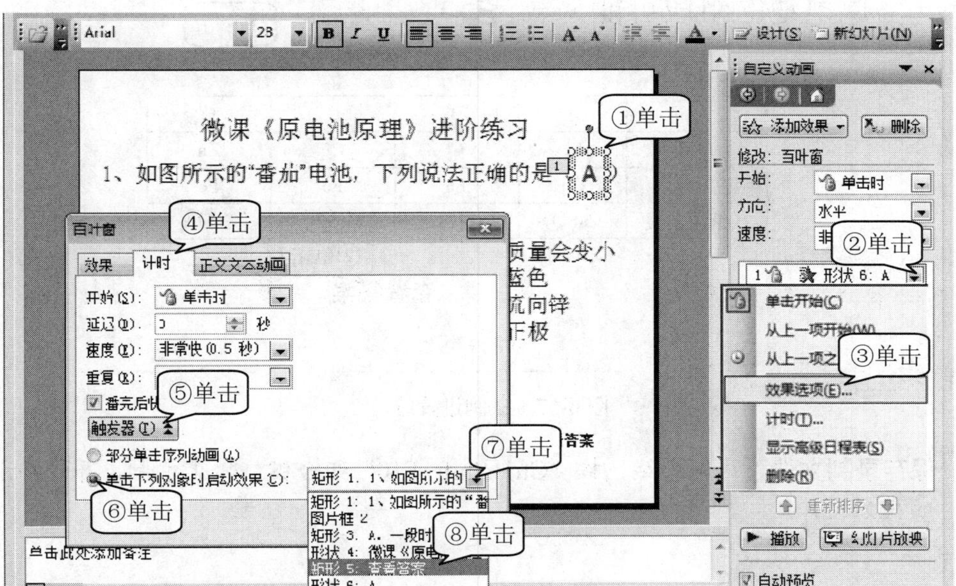

图 6-65　设置触发器

4. **录制进阶练习 1** 按图 6-66 所示操作，单击“录制”按钮，边讲解边录制“原电池原理”的进阶练习。

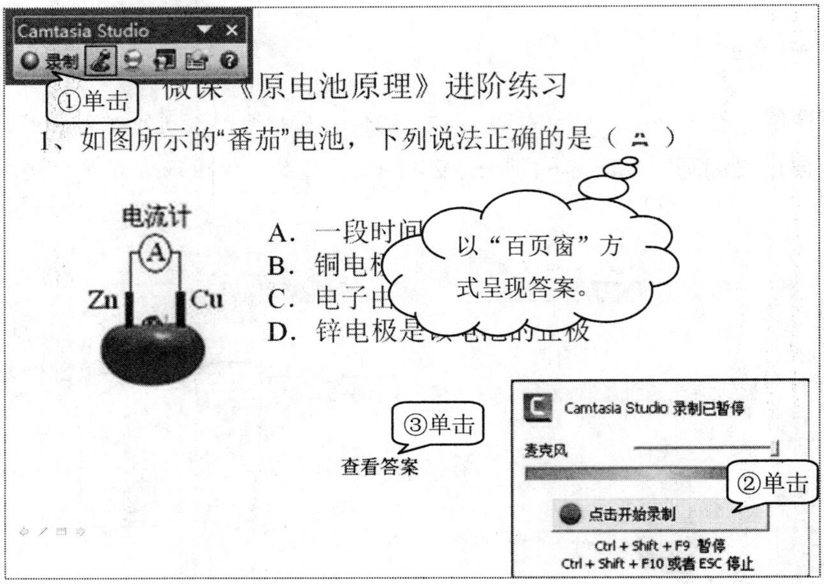

图 6-66 录制进阶练习 1

5. **录制进阶练习 2** 单击鼠标，切换到第 2 张幻灯片，按图 6-67 所示操作，边讲解边继续录制练习 2。

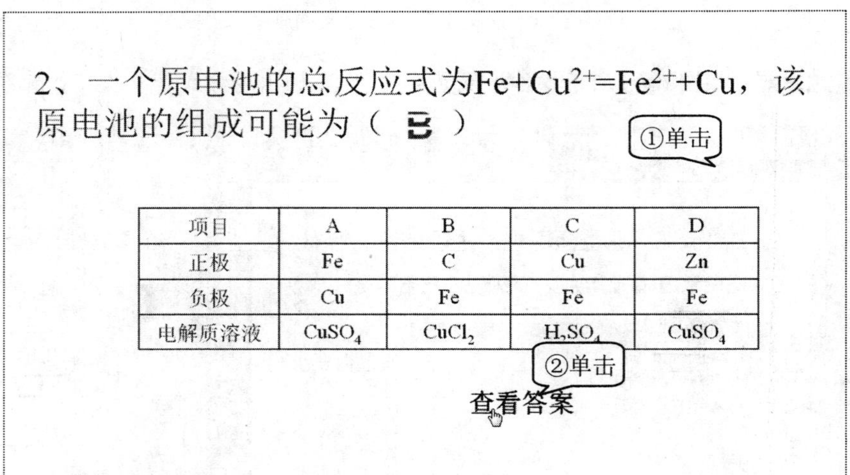

项目	A	B	C	D
正极	Fe	C	Cu	Zn
负极	Cu	Fe	Fe	Fe
电解质溶液	$CuSO_4$	$CuCl_2$	H_2SO_4	$CuSO_4$

图 6-67 录制进阶练习 2

6. **保存录制文件** 讲解完毕，按“Ctrl+Shift+F10”组合键，停止录制，并保存录制好的视频文件。

实例 12　初中信息技术微课“Photoshop 的滤镜”

本例内容是初中信息技术教材(八)下第一单元中活动 1“规划设计海报”微课。通过教师的演示、讲解，了解 Photoshop 滤镜的效果及制作方法。微课效果如图 6-68 所示。

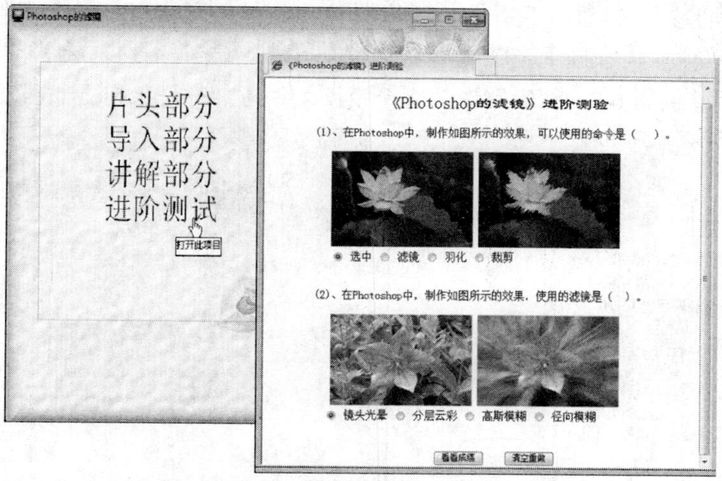

图 6-68　微课“Photoshop 的滤镜”进阶练习

使用 Camtasia 菜单制作器可以创建菜单，用来组织与启动微课各环节文件，本案例中片头、导入、讲解部分为视频文件，进阶测试是网页文件，可根据学生的回答给出相应成绩。

跟我学

1. **整理查看文件**　将用到的文件复制在一个文件夹中，其中“进阶测验.html”文件的效果如图 6-69 所示。

图 6-69　整理查看文件

进阶测验试题是用 JS 代码编写的，可以使用“记事本”软件，按自己的要求修改配套光盘中的案例。

2. **新建菜单项目** 执行“工具”→“Studio 工具”→“Camtasia 菜单制作”命令，打开“Camtasia 菜单制作”对话框，按图 6-70 所示操作，新建菜单项目。

3. **选择模板** 按图 6-71 所示操作，选择模板文件为“Simple Pleasures”。

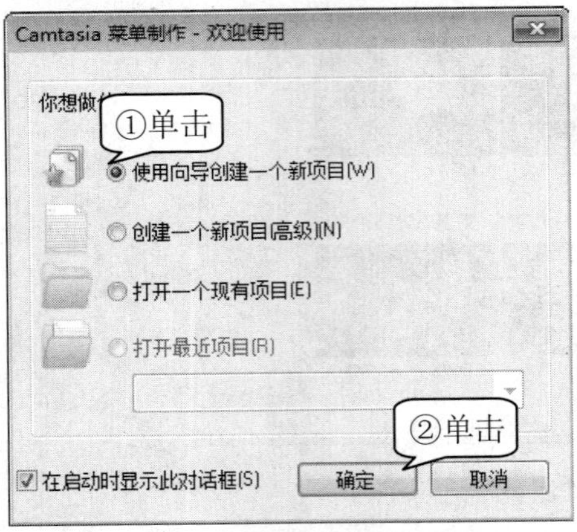

图 6-70　使用向导创建菜单

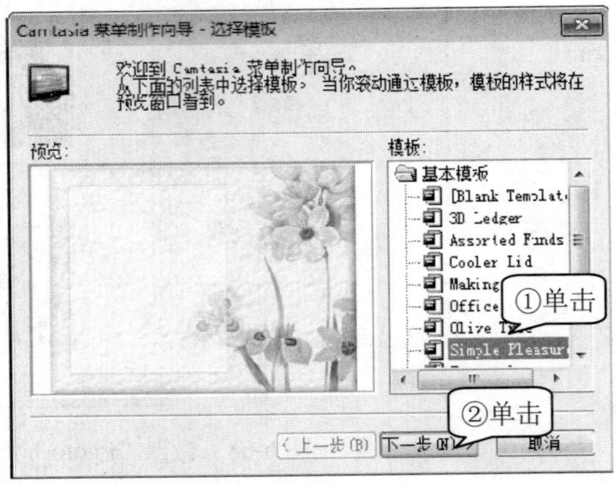

图 6-71　选择模板

4. **选择文件** 按图 6-72 所示操作，选择菜单中需要用到的文件。

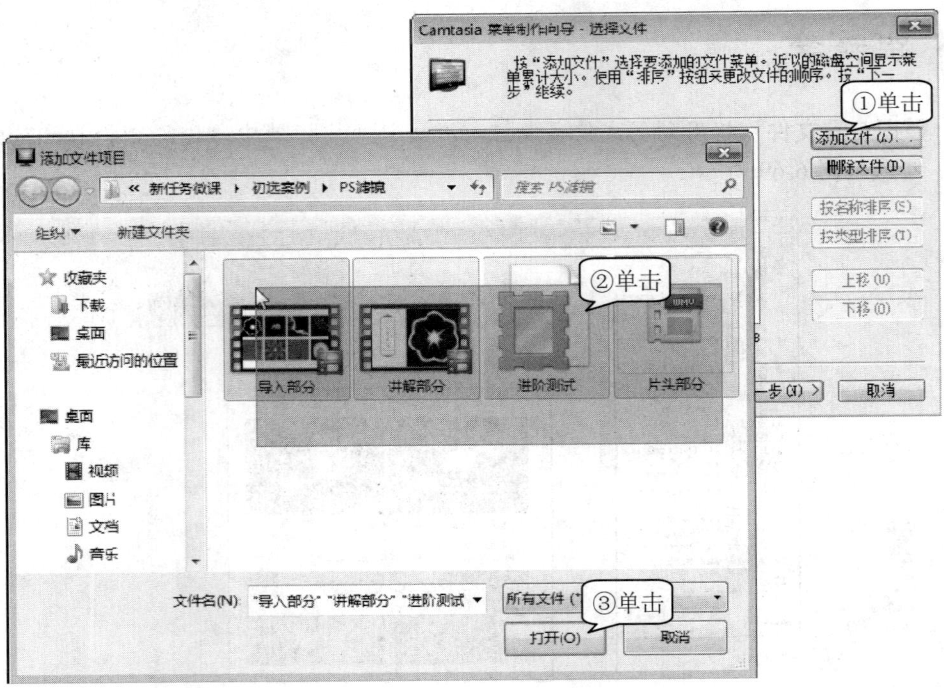

图 6-72　选择并添加文件

5. **调整文件位置**　按图 6-73 所示操作，调整添加文件的位置顺序。

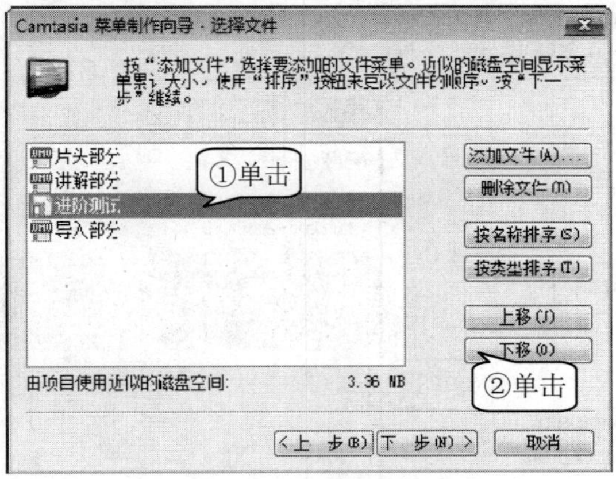

图 6-73　调整文件顺序

文件的顺序应按微课教学的顺序来，先是导入部分，再是讲解部分，讲解完毕，检查学生的学习情况，所以最后是进阶测验。

6. **输入菜单标题**　按图 6-74 所示操作，输入菜单的标题为“Photoshop 的滤镜”。

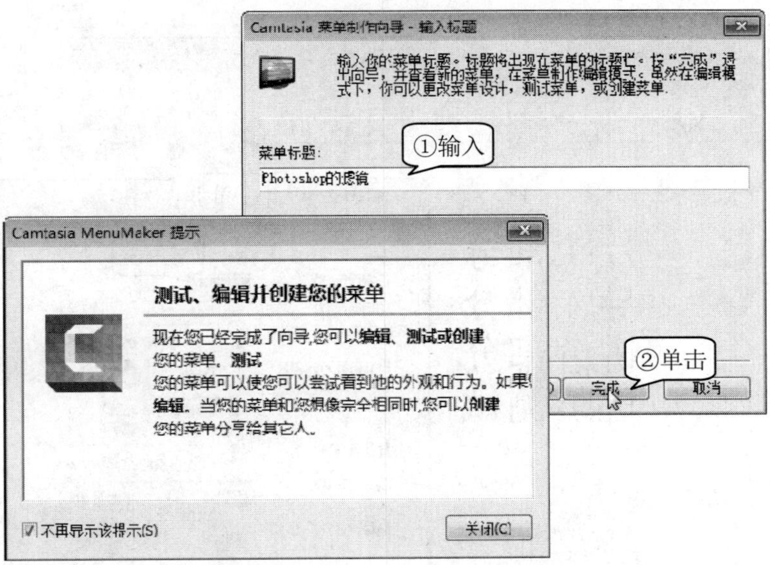

图 6-74　输入菜单标题

7. **设置菜单文本格式大小**　按图 6-75 所示操作，将菜单的标题格式设置为“28 磅”。

8. **设置菜单文本颜色**　按图 6-76 所示操作，将菜单的标题颜色设置为“黑色”。

图 6-75　设置菜单文本格式大小

图 6-76　设置菜单文本颜色

9. **生成菜单**　按图 6-77 所示操作，生成微课“Photoshop 的滤镜”菜单。

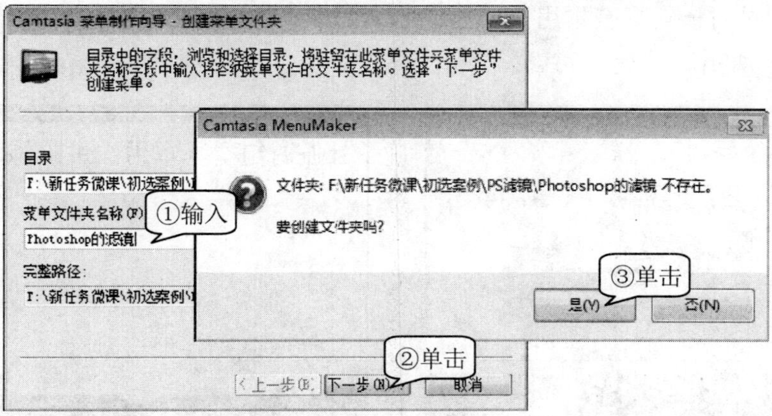

图 6-77　生成菜单

10. **测试菜单**　按图 6-78 所示操作，测试微课“Photoshop 的滤镜”的菜单，最终效果如图 6-68 所示。

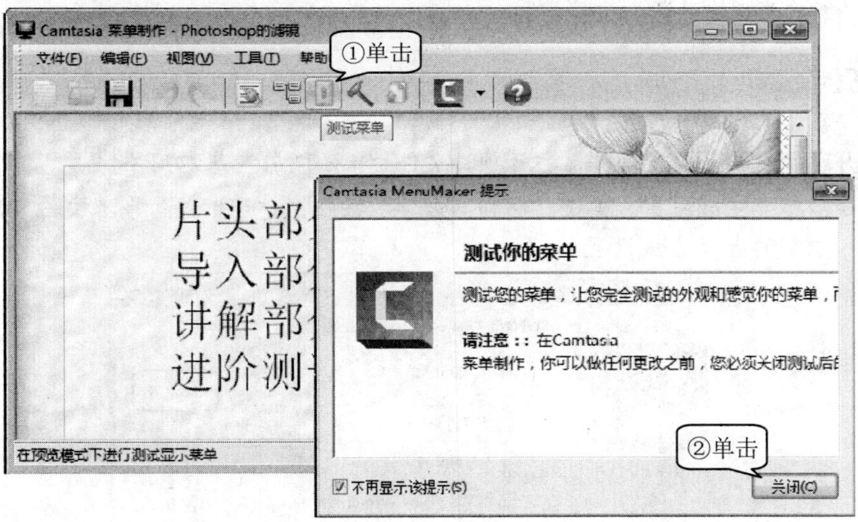

图 6-78　测试菜单

6.4.4　发布带测验的微课

发布微课分为两种情况，如果微课中没有添加测验题，在视频编辑结束时选择高清格式，导出即可，如果微课中添加了测验题，生成视频时会有一些特殊的要求，不符合要求可能会使添加的测验失效。

实例 13　高中英语微课“It 强调句型基本用法”

本例是近年来的高考热点，学生对它已有一定的了解，但是还有学生分不清它的基本考点，更不用说对它的熟练掌握和运用了。因此，此节微课以高考“It 强调句型基本用法”为依托，从认知到运用，由浅入深，有针对性地设计了这次强调句型的专项微课。主要是希望通过对该句型基本用法的总结归纳而让学生可以熟练地掌握该语法，测验题效果如图 6-79 所示。

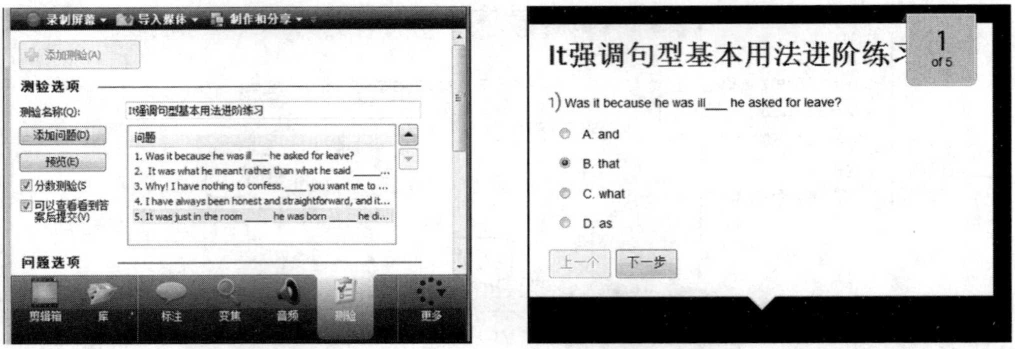

图 6-79　微课“It 强调句型基本用法”进阶练习

带测验的视频文件只能发布成“MP4-智能播放器(Flash/HTML)”格式，使用视频发布向导，可以按要求方便生成视频文件。

跟我学

1. **打开项目文件**　运行软件，打开项目文件“It 强调句型基本用法”。
2. **选择自定义生成设置**　单击“制作与分享”按钮，打开生成向导，按图 6-80 所示操作，选择自定义生成设置。

图 6-80　选择生成格式

3. **选择视频格式类型**　按图 6-81 所示操作，选择发布的视频格式类型为“MP4-智能播放器(Flash/HTML)”。

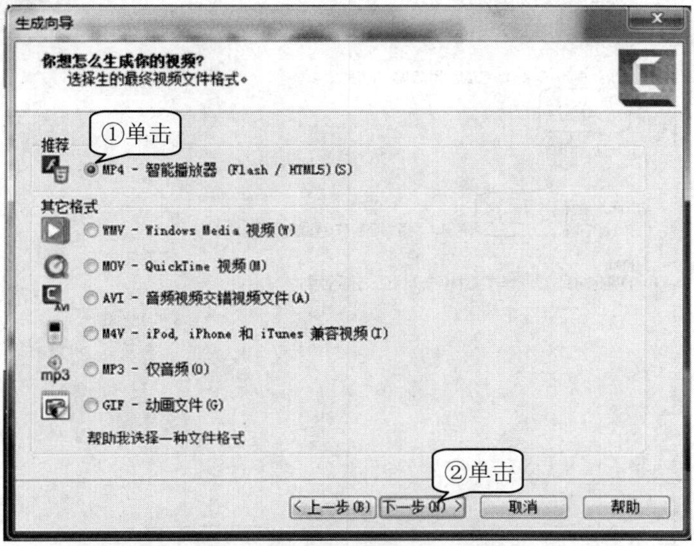

图 6-81　选择视频格式类型

4. **设置智能播放器选项**　按图 6-82 所示操作，设置智能播放器选项。

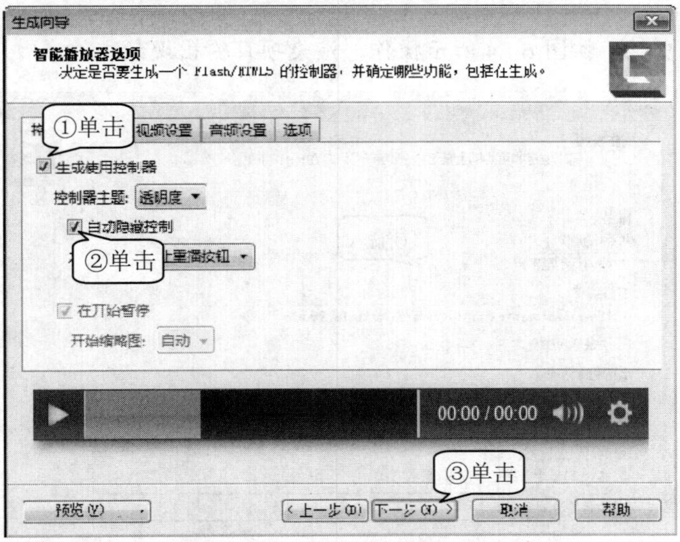

图 6-82　设置智能播放器选项

5. **设置水印效果**　按图 6-83 所示操作，为视频设置水印效果。

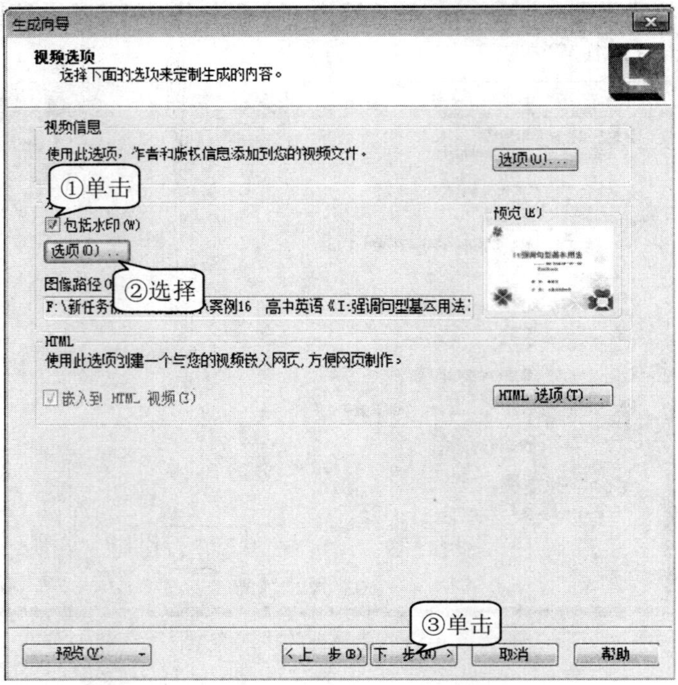

图 6-83 设置水印效果

6. **输出视频文件** 按图 6-84 所示操作，渲染项目输出视频文件。

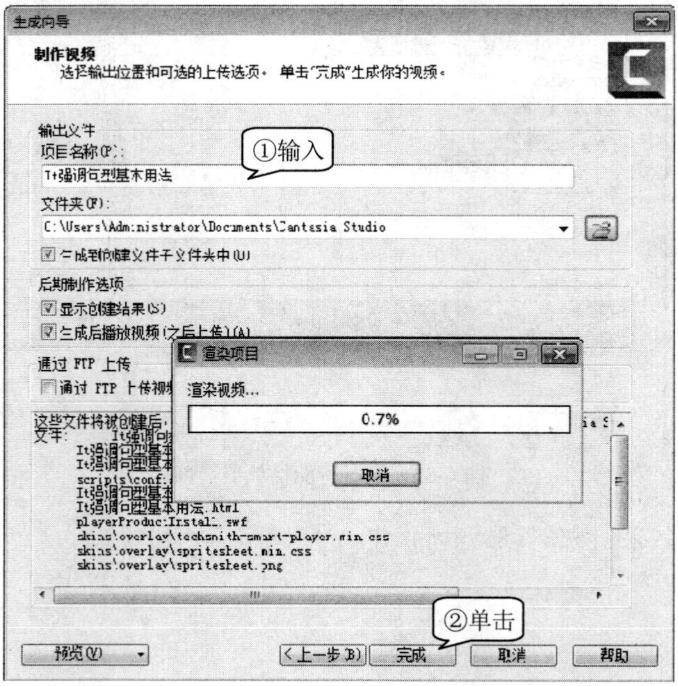

图 6-84 渲染视频

第 7 章

制作拍摄型微课

使用拍摄工具制作微课，是最常用、最普遍的微课制作方式之一。根据不同类型拍摄工具的特点，掌握制作微课视频的方法，可以丰富微课的呈现形式，提高微课视频的教学效果，从而增加学习者对微课的学习兴趣。

利用便携式拍摄设备，如手机、数码相机、数码摄像机等拍摄制作微课，结合具体案例从拍摄方式、拍摄准备、拍摄对象讲授、动作表情等方面进行介绍。不但介绍了利用摄像机进行专业拍摄，以及为视频编辑而设计拍摄的视频内容，还介绍了如何从拍摄设备中导出视频文件，以及如何对已编辑完成的微课视频文件进行格式转换。

由于篇幅限制，部分微课仅介绍关键画面和步骤，其他部分可参考光盘中的实例学习。因其他章节已经对如何编辑视频文件做了详细介绍，本章不再具体介绍相关视频编辑的操作步骤。

本章内容：

- 规划设计拍摄型微课
- 便携式设备拍摄微课
- 摄像机拍摄制作微课
- 微课视频格式的转换

7.1 规划设计拍摄型微课

拍摄型微课是利用便携式拍摄设备拍摄授课内容的微课制作方法，并结合一些辅助性的硬件与软件工具，完成特色微课的制作。制作拍摄型微课首先要进行规划，本节通过分析拍摄型微课案例，帮助读者了解常见的拍摄型微课的特点与制作。

7.1.1 分析拍摄型微课案例

拍摄型微课是针对学生难以理解的经典案例和知识而拍摄的。拍摄型微课的适用范围很广，如典型范例解析、经典实验展示、抽象知识点讲解等。本节将结合案例进行分析拍摄型微课的制作方法。

1．典型范例解析

对于典型范例的解析，可以拍摄型微课的形式来进行讲解，如图 7-1 所示为微课“相似三角形的性质与判定”和“徒手画树”效果图。

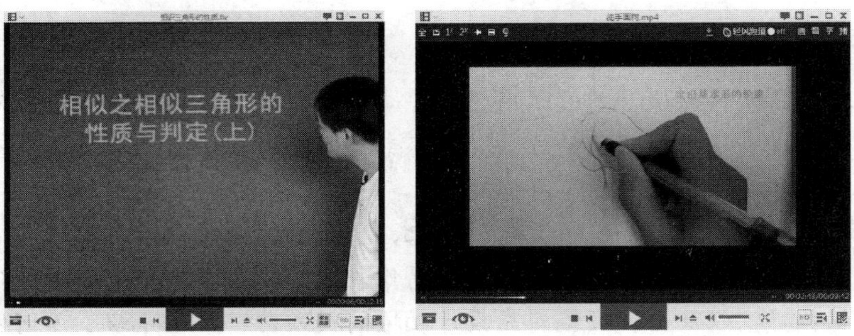

图 7-1　典型范例解析

2．经典实验展示

物理、化学学科的经典实验展示，可以边示范演示边讲解，如图 7-2 所示为微课“伏安法测电阻”及“酒精灯的使用”效果图。

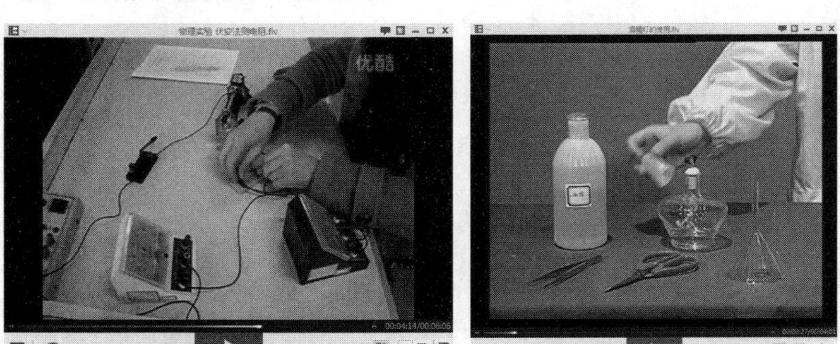

图 7-2　经典实验展示

3. 抽象知识点讲解

对于较为抽象的知识点，学生很难理解，可以通过录制实例来帮助学生理解相关知识点，如图 7-3 所示为微课“冒泡排序”和“管理文件”效果图。

图 7-3　抽象知识点讲解

7.1.2　拍摄型微课的制作过程

拍摄型微课一般要经过选择微课课题，撰写教学设计，准备拍摄器材，拍摄录制过程，编辑微课视频，发布微课等过程，下面以微课“制作手工灯饰”为例介绍拍摄型微课的制作过程。效果如图 7-4 所示。

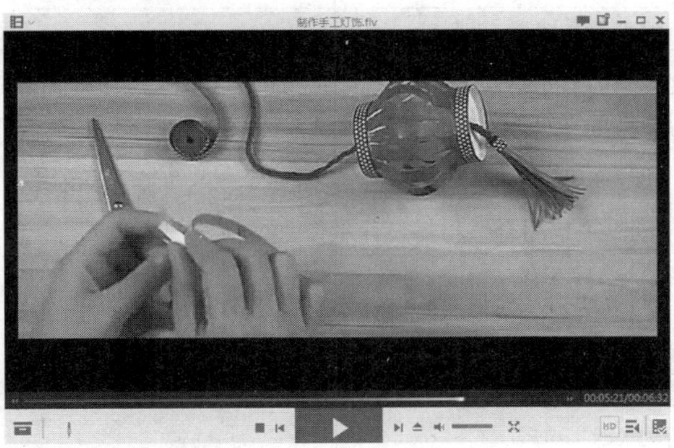

图 7-4　微课“制作手工灯饰”效果图

1. 选择微课课题

“制作手工灯饰”是一节美术手工课，如何使用纸杯来制作灯饰，使用拍摄的方式将制作过程拍摄下来，更利于学生的制作。

2．撰写教学设计

在录制微课之前，需要进行科学规范的教学设计，方便教师在较短的时间内，选用最恰当的教学方法和策略讲清、讲透知识点，确保微课能满足学习者的需求，内容如表 7-1 所示。

表 7-1　微课“制作手工灯饰”教学设计

【教学目标分析】	
(1) 学生能够选择合适的纸质材料制作圆筒基本形式及其变式。 (2) 学生愿意尝试借鉴某种形式，运用适当的装饰手法美化灯饰。 (3) 学生能有兴趣表述自己对灯与光的综合知识及情感体验	
【重难点分析】	
重点： (1) 手工制作与民间工艺相结合的素质培养。 (2) 制作方法步骤及外观造型设计。 (3) 灯饰制作与人们生活的密切联系性。 难点： 好的制作如何去欣赏，分析好在哪里？需要学生去发挥想象和创造，作业的难度和要求要有一个定位	
【教学过程】	
导入	不同氛围中的灯饰图片欣赏，让学生为其选择适宜的环境，感受灯饰对渲染气氛的作用
体验	联系生活实际，让学生对不同的地点进行灯饰设计，谈出创意，教师提出指导性意见。(客厅灯光、卧室灯光、餐厅灯光等)
造型处理	(1) 根据圆筒造型进行的变化处理。 (2) 从其他领域获得启示而进行的造型处理。 (3) 欣赏不同造型的灯饰图片，学生分析造型特点
材质处理	教师在纸质灯饰上进行其他材料的装饰处理(羽毛、小贝壳、树叶等)，并展示运用其他材料制作的灯饰，鼓励学生运用合适材料设计制作
设计制作	请大家以纸杯为主结合其他材料装饰，注意造型的变化处理，分组制作一个漂亮的灯饰
小结	手工灯饰的制作步骤

3．准备拍摄器材

在拍摄录制微课之前，需要针对课程准备一些器材，以便拍摄。以本节课为例，使用手机、数码相机或摄像机都可以拍摄。本节课以手机拍摄为例来介绍拍摄器材的准备。

- 拍摄设备：手机、手机支架。
- 制作工具：纸杯、剪刀、红色水彩笔、红丝绳、吸管、彩色纸、彩带。

4．拍摄录制过程

本节微课的所有制作过程都需要拍摄录制，录制时一气呵成对教师要求较高，因此在录制时，可根据制作内容分段录制视频。

5．编辑微课视频

录制完微课后，在 Camtasia Studio 软件中，对录制的视频片段进行编辑，如添加片头、片尾，剪辑不需要的视频，添加背景音乐，去除杂音，添加字幕、标注，等等，最后按要求发布视频。

6．发布微课视频

现阶段，在网络上发布微课视频，对视频格式和大小有一定的要求，基本上视频格式以.flv 为主，视频大小不超过 100MB。所以，编辑完微课后，可使用“格式工厂”软件，对微课视频进行格式转换，以便在网络上发布。

7.2　便携式设备拍摄微课

便携式数码拍摄设备是指携带方便且具有拍摄视频功能的数码产品，此类产品有手机、数码相机、平板电脑、摄像头等。这些设备拍摄制作微课的方法主要有 3 种形式：①固定式垂直拍摄；②固定式水平拍摄；③移动混合式拍摄。

本节将从不同的角度组合案例进行介绍拍摄型微课的制作，案例的选择都侧重于共性的微课制作特点，无论使用哪种便携式数码设备，都可以参考，以便举一反三。

7.2.1　利用手机拍摄微课

手机是大家最为熟悉的通信设备，此处手机是指带有摄像功能的手机，就拍摄微课而言，摄像性能效果越强的手机制作视频效果会越好。当然手机制作微课的特点是对设备门槛要求低，只要有好的创意，再注意光线与声音环境的前提下，都可以拍摄出优秀的微课。

实例 1　小学语文“清平乐 · 村居”

本例内容是小学语文五年级“清平乐 · 村居”微课，该微课借助手机支架，固定手机，通过垂直向下的拍摄方式拍摄视频。微课拍摄效果如图 7-5 所示。

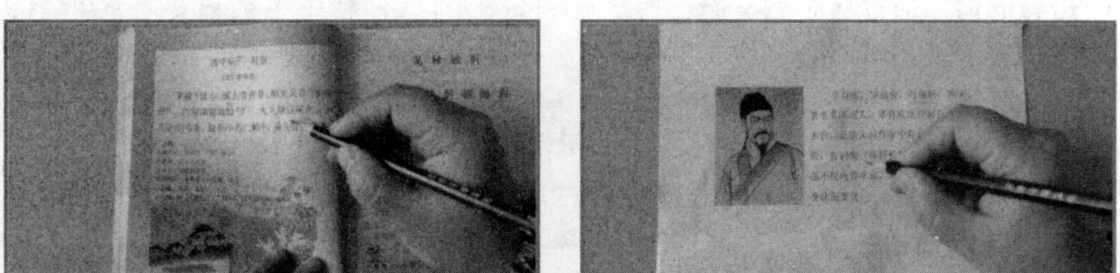

图 7-5　微课“清平乐 · 村居”效果图

本例在拍摄制作之前，授课教师需要准备手机固定支架，本例中的固定支架是选用手机懒人支架，这个支架可以在网络中方便购买，且价格便宜。

跟我学

拍摄准备

使用手机支架固定手机，使用胶带、裁纸刀固定拍摄位置，准备纸张和彩色笔以便在微课拍摄中使用。

1. **准备设备** 用手机拍摄之前，准备手机、手机支架、纸张、胶带、裁纸刀、彩色笔等设备，如图 7-6 所示。

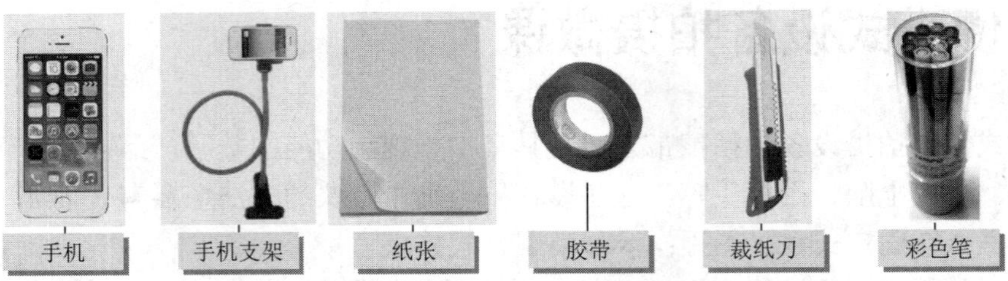

图 7-6 准备设备

2. **固定手机** 首先将手机支架下方固定在桌子上，调整支架弯度，然后将手机固定到支架上，并调整手机拍摄的水平度，操作如图 7-7 所示。

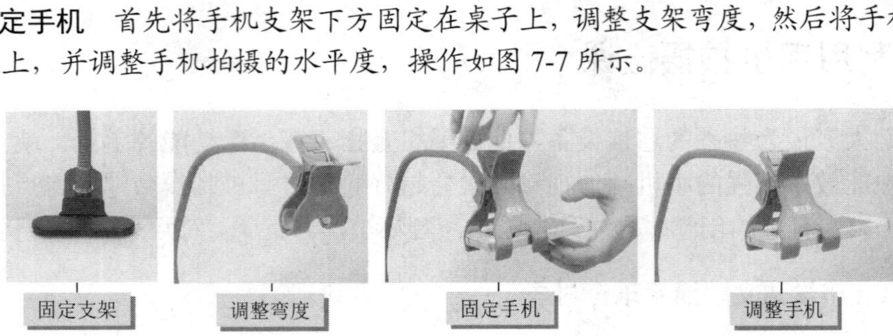

图 7-7 固定手机

3. **设置区域** 通过胶带在桌面上固定成一个矩形区域，便于手机拍摄时老师定位显示区域范围，具体操作如图 7-8 所示。

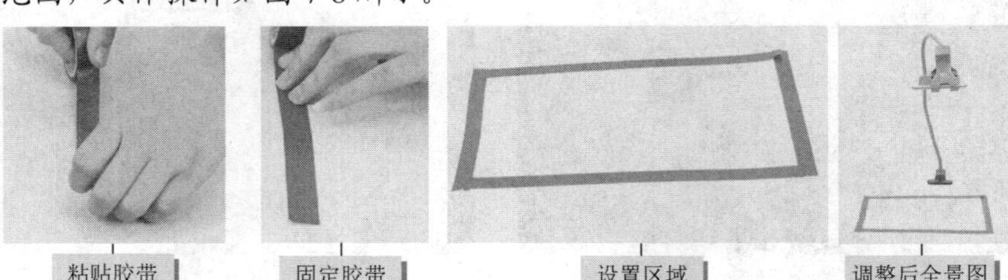

图 7-8 设置区域

拍摄步骤

打开手机自带的拍摄软件，调整好拍摄选景范围与拍摄焦点后，设置拍摄视频大小与格式，开始录制；拍摄过程中注意操作效率与节奏；拍摄结束后单击拍摄停止。

1. **开始拍摄操作**　打开手机拍摄软件，调整拍摄区域，并设置合适的焦距，拍摄操作如图 7-9 所示。

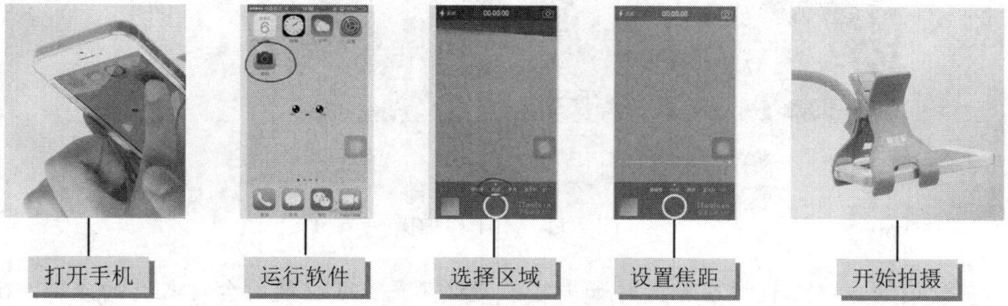

图 7-9　开始微课拍摄

2. **暂停拍摄操作**　如果在录制时需要停止，可以使用手机拍摄软件暂停键，需要继续拍摄时，再一次按暂停键，开始拍摄。
3. **停止拍摄操作**　录制结束后，只需要按停止键就可完成拍摄。
4. **导出视频操作**　通过连线将手机与电脑相连接，再通过手机助手软件，将所拍摄的视频导出到电脑。

注意事项

使用手机固定拍摄不同于一般的视频拍摄，拍摄时要注意一些细节，如不要超出拍摄范围、不能头部遮挡镜头、手上没有饰品等。

1. **注意拍摄范围**　授课时应在固定区域内进行操作。如图 7-10 所示，不要将教学用的物品放在拍摄区域之外。

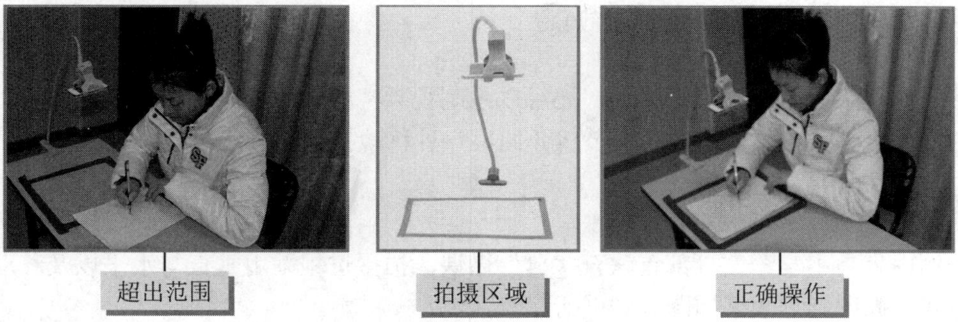

图 7-10　注意拍摄范围

2. **注意拍摄动作** 教师授课拍摄时要注意操作时的动作节奏，特别是手部在书写文字时，不可上下移动，因为软件自动对焦的原因，上下移动速度过快会导致画面不清晰。

3. **不干扰拍摄** 拍摄时不要出现干扰微课拍摄的行为与物品。如图 7-11 所示，注意头部不要遮挡镜头，手上不要带有戒指、手镯等干扰学生注意力的饰品。

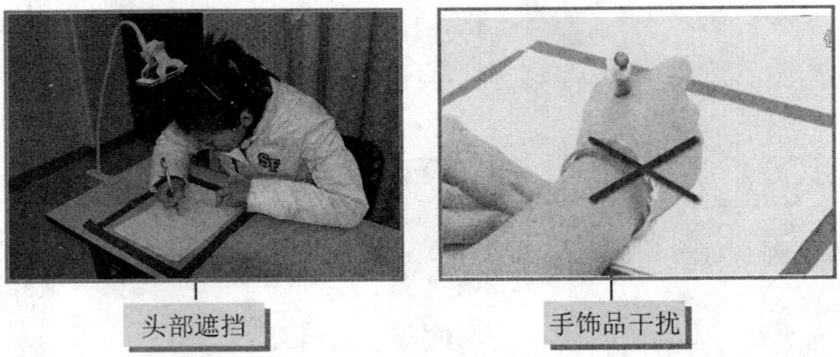

图 7-11　不干扰拍摄

4. **注意拍摄光线** 教师在拍摄时如果室内光线不足，可以使用台灯之类的光源，在不干扰拍摄的前提下，对拍摄区域进行增加照明，使拍摄的视频画面明亮。

知识库

1. 手机微课拍摄方法

用手机拍摄微课除了固定式垂直拍摄外，还可以固定式水平拍摄，即可以对电脑屏幕进行拍摄。可以将电脑屏幕上的一些普通学科老师难以下载的视频或动画课件的播放过程给录制下来。固定式水平拍摄的方法与垂直拍摄方法基本相同。

2. 手机拍摄后的视频导出与处理方法

手机微课拍摄后可通过数据线将手机拍摄完的视频导出到电脑。因不同类型的手机拍摄的微课视频格式各不相同，可以通过格式工厂软件对拍摄的视频进行格式转换。具体转换方式，请参考本书其他章节，此处不再赘述。

7.2.2　利用数码相机拍摄微课

数码相机除了可以拍摄照片外，还可以录制视频。数码相机同手机一样，也可以垂直固定拍摄或水平固定拍摄微课。本节将介绍另一种移动拍摄的方法。

实例 2　部首法查字典

本例内容是小学语文“部首法查字典”微课，拍摄过程采用垂直与水平以及移动多种拍摄方式，微课制作效果如图 7-12 所示。

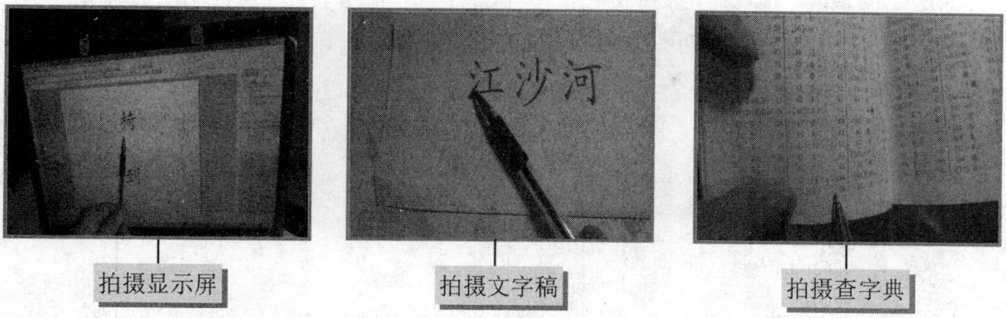

图 7-12　微课“部首法查字典”效果图

通过上图可以看到本例微课在制作时，不但要拍摄电脑屏幕画面、打印的文字稿画面，还要拍摄动态的查字典过程画面。制作这样的微课时，需要使用到数码相机的移动拍摄技术。

跟我学

拍摄准备

需要使用数码相机支架，支架要有旋转的功能，以便拍摄时好根据微课场景的内容不同进行相对平衡的画面切换，以保障视频画面的连贯性。

1. **准备硬件**　使用相机三脚架为固定支架，将连接端口与相机底部相连接，如图 7-13 所示，使相机固定在三脚架上。

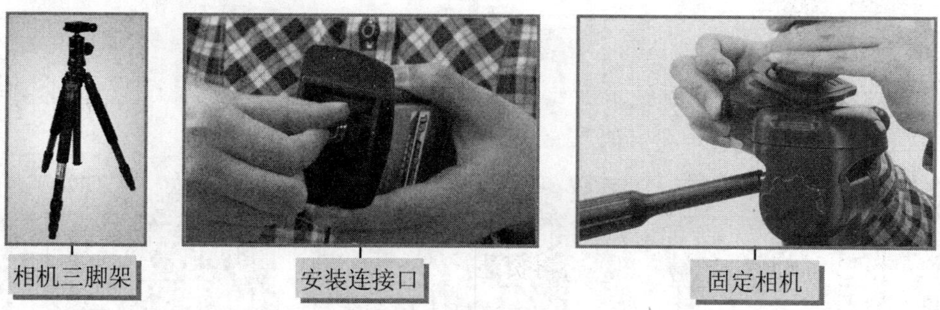

图 7-13　硬件设备

2. **选择环境**　拍摄环境要求安静，没有干扰教学的声音，要注意拍摄范围内的光线强度。
3. **准备教具**　教师准备电脑课件、纸质打印稿、新华字典等教具。

拍摄步骤

使用支架固定数码相机后，将通过支架的摇柄调整数码相机的拍摄角度，通过数码相机的焦聚调整方式，来放大或缩小显示内容。

1. **拍摄微课片头** 在授课教师的身后架设相机，由拍摄人员进行拍摄。使用斜下方拍摄方式对准新华字典拍摄，如图 7-14 所示为移动镜头位置拍摄纸质任务。

图 7-14 拍摄微课片头

2. **拍摄显示屏画面** 教师根据教学的需要，在电脑屏幕中呈现教学内容。此时拍摄人员通过移动拍摄角度，将垂直方式拍摄调整为水平方式拍摄，效果如图 7-15 所示。

图 7-15 拍摄显示屏画面

3. **拍摄查字典过程** 教师使用部首查字法查找“江”在字典中的页码，在讲授到每一个关键步骤的讲解时，要有明显的停顿，拍摄效果如图 7-16 所示。

图 7-16 拍摄查字典过程

4. **拍摄重难点过程** 授课教师为了突出讲授“筑”字用部首查字典的使用过程，需要在显示屏、查字典之间进行反复切换讲解，这就要求拍摄人员要注意应始终让镜头跟随教师的语言和动作进行移动切换，拍摄效果如图 7-17 所示。

图 7-17　拍摄重难点过程

5. **拍摄扩展练习过程**　授课教师在进行教学内容结课讲解时使用推镜头方式突出重要性。在布置扩展练习时，微课拍摄使用拉镜头方式突出扩展性，效果如图 7-18 所示。

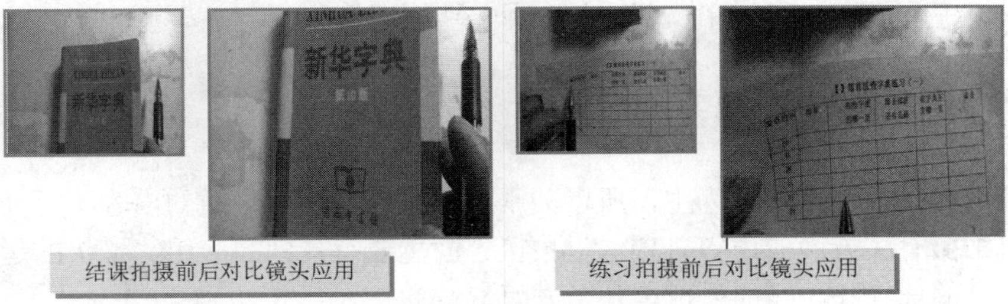

图 7-18　拍摄扩展练习过程

知识库

1. 数码相机拍摄注意事项

使用数码相机进行移动式拍摄微课时，要合理使用数码相机支架，使得拍摄画面稳定。拍摄人员利用 360 度平衡移动支架灵活移动相机时，需根据授课教师的讲授过程，进行镜头的移动、放大或缩小来对画面取景。

2. 数码相机拍摄微课技巧

为了达到较好的微课拍摄效果，建议先试拍一遍，再对照拍摄的视频，根据拍摄中存在的问题，找出解决办法。如讲授者讲得过快，拍摄画面跟不上时，授课教师要调整教学节奏。对于教学中的重要内容，授课教师要提醒拍摄者在什么时段要重点拍摄什么内容。

一般通过这种方式后，下一次拍摄时就会取得较好的效果。

7.3　摄像机拍摄制作微课

按摄像机按性能分可分为广播级、业务级和家用级，一般单位或学校购买的都是业务级的摄像机。按摄像机存储数码方式分可分为磁带式、存储卡、硬盘式等。如从微课拍摄制作角度来说，使用存储卡或硬盘式数码摄像机较方便，因为拍摄的视频可以在电脑中直接编辑处理。

本节主要是以一般单位使用较多的数码摄像机为例，如图 7-19 所示的索尼 FDR-AX1E 数码摄像机。

图 7-19　索尼 FDR-AX1E 摄像机

7.3.1　使用摄像机拍摄基础

因本节内容是以拍摄微课为主，所以关于摄像机操作使用方面的内容不再介绍，重点介绍摄像机拍摄有关方面的内容。摄像机拍摄方面主要有景别的应用、镜头的运动、镜头的组接、机位的选择和光线的处理等几个方面。

1. 景别的应用

微课拍摄中常用的景别有 5 种，分别是远景、全景、中景、近景和特写。如图 7-20 所示为同一人物的 5 种景别拍摄。

图 7-20　5 种景别的应用

- 拍摄“远景”：远景是各类景别中表现空间范围最大的一种，具有广阔的视野，常用来展示事件发生的时间、环境、规模和气氛。比如在拍摄室外微课时表现开阔的环境、参与的学生场面，人物所占的面积极少，基本上呈点状。远景画面重在渲染气氛，抒发情感，用于介绍环境。
- 拍摄“全景”：全景用来表现场景的全貌或人物的全身动作，在微课中用于表现教师与教学环境、学生与教学环境之间的关系。主要用于事物全貌的介绍或展示，如课堂的环境、学生的活动、教师的教态等，强调的是课堂的氛围、情景，揭示事物相互之间的关系。此景别在课堂录像的开头、结尾及中间环节都会用到。

- 拍摄“中景”：中景与全景相比，表现的范围缩小了，进一步接近了被摄主体；画面中展示的除了被摄主体外，还有与主体有关的周围环境，此时环境和背景因素起着辅助、陪衬或烘托的作用，并与主体一起表达一个相对完整的意义。中景要注意掌握分寸，可根据内容、构图灵活掌握。如用中景拍摄学生回答问题时的情景，不但可以表现回答问题的学生的表情和神态，同时还可显示邻座学生的反应，如表情、动作等。
- 拍摄“近景”：拍到人物胸部以上，或物体的局部称为近景。近景的视频形象是近距离观察人物的体现，所以近景能清楚地看清人物细微动作。也是人物之间进行感情交流的景别。近景着重表现人物的面部表情，传达人物的内心世界。是刻画人物性格最有力的景别，如：学生回答问题、朗读、做作业、做实验；老师讲课、写板书、做演示实验，等等。所以在拍摄微课时近景是最常用的一种景别选择，可在微课中展示授课教师的教学激情，往往给微课观众深刻的印象。
- 拍摄“特写”：画面的下边框在成人肩部以上的头像，或其他被摄对象的局部称为特写镜头。特写镜头中的被摄对象充满画面，是对事物细小部位的放大，给人以较强烈的视觉冲击，强化观众对所表现的形象的认识和感受，加深记忆，如板书内容、实验现象、师生的面部表情和神态等。正因为特写镜头具有强烈的视觉感受，因此特写镜头不能滥用。要用得恰到好处，用得精，才能起到画龙点睛的作用。

2. 镜头运动摄像

在一个镜头中通过移动摄影机机位，或者变动镜头光轴，或者变化镜头焦距所进行的拍摄称为运动摄像。通过这种方式所拍到的画面为运动画面。运动摄像分为：推摄、拉摄、摇摄、移摄、跟摄等镜头运动摄像方式。拍摄时恰当地运用镜头，才能达到好的拍摄效果。

- “推摄”镜头运动：推摄是通过变焦使画面的取景范围由大变小、逐渐向被摄主体接近的一种拍摄方法，其目的就是“引导”观众对被摄体的注意，有突出主体、强调局部的作用，如用于引导观察板书、挂图、投影、人物表情或动作以及实验现象等。由于推镜头是通过画面的运动来引起观众对某个形象或教学环节的注意，因此，其应有明确的表现意义，没有任何意义的推摄镜头应该避免。
- “拉摄”镜头运动：与推摄相反，拉摄是通过变焦使画面的取景范围和表现空间由小到大、由近变远的一种拍摄方法。它强调的是主体与整体以及主体与环境的关系，如先拍摄学生专注的眼神，然后再慢慢拉开，停在学生在专心做实验的近景；又如从拍摄老师，慢慢拉开到老师与学生在交谈的全景。拉镜头在一个镜头由小景别向大景别连续的变化中保持了表现空间的连贯性和完整性，画面表现上具有无可置疑的真实性和可信性。

- “摇摄”镜头运动：摇摄是指当摄像机机位不动，借助于三脚架上的活动底盘或拍摄者自身的人体，变动摄像机光学镜头轴线的拍摄方法。摇镜头犹如人们转动头部环顾四周或将视线由一点移向另一点的视觉效果。一个完整的摇镜头包括起幅、摇动、落幅 3 个相互贯连的部分。通过摇摄可以使观众不断调整自己的视觉注意力。摇镜头必须有明确的目的性。
- “移摄”镜头运动：移摄主要分两种拍摄方式，一种是将摄像机架在可移动物体(如装有滑轮的三脚架)上并随之运动而进行的拍摄，另一种是摄像者肩扛摄像机，通过人体的运动进行拍摄。考虑到画面的稳定性，在课堂实录中一般不太使用这类镜头，只有当被摄体被前景挡住无法正常取景时才会使用。
- “跟摄”镜头运动：跟镜头就是摄像机镜头跟随运动的被摄体一起运动而进行的拍摄。其特点是画面始终跟随一个运动的主体(老师或学生等)，并且要求这个被摄对象在画框中要处于一个相对稳定的位置上，以利于展示运动主体的神情变化和姿态变化，如拍摄老师在课堂上巡视、学生互动表演等。拍摄时要注意把握好焦距的调整(自动除外)，以免图像模糊不清。

3. 镜头组接

将拍摄的画面有逻辑、有构思、有意识、有创意和有规律地连贯在一起，就形成了镜头组接。在多机位摄像机拍摄时，专业拍摄经常将许多镜头合乎逻辑地、有节奏地组接在一起，从而阐释或叙述教学重难点内容的技巧。以下我们介绍几种有效的组接方法。

- “连接”镜头组接：相连的两个或者两个以上的一系列镜头表现同一主体的动作。
- “队列”镜头组接：相连镜头但不是同一主体的组接，由于主体的变化，下一个镜头主体的出现，观众会联想到上下画面的关系，起到呼应、对比、隐喻烘托的作用。往往能够创造性地揭示出一种新的含义。
- “两级”镜头组接：是由特写镜头直接跳切到全景镜头或者从全景镜头直接切换到特写镜头的组接方式。这种方法能使情节的发展在动中转静或者在静中变动，给观众的直感极强，节奏上形成突如其来的变化，产生特殊的视觉和心理效果。
- “特写”镜头组接：上个镜头以某一人物的某一局部(头或眼睛)或某个物件的特写画面结束，然后从这一特写画面开始，逐渐扩大视野，以展示另一情节的环境。目的是为了在观众注意力集中在某一个人的表情或者某一事物的时候，在不知不觉中就转换了场景和叙述内容，而不使人产生陡然跳动的不舒适感觉。

4. 选择机位

微课教学录像课可采用单机位拍摄、双机位拍摄和多机位拍摄。单机位、双机位拍摄在教室设置一般如图 7-21 所示。一般为了拍摄画面不抖动，可以通过三脚支架固定摄像机，将三脚支架固定在三脚滑轮上，还可以推动三脚支架进行移动拍摄。

图 7-21　机位与摄像机支架

- 单机位拍摄：要分别兼顾教师和学生的活动，对拍摄者的要求比较高，景别单调，对师生互动表现不明显，拍摄起来难度大，后期合成效果差。优点是如果拍摄顺利，可不必后期进行视频编辑。
- 双机位拍摄：由于多一个机位，一个主拍教师，一个主拍学生，拍摄效果较好，可实现师生镜头画面的合理切换。两个机位具体分工为：一号机从教室的后方向前拍摄教师活动、讲台、投影和教室全景，开头和结尾处镜头以全景为主，中间以中景镜头为主拍摄教师讲授、板书、操作演示多媒体设备等。也可适当应用特定的特写镜头表现教师的动作、表情或展示的教学用具，尽可能拍好教师近景和板书内容。二号机从教室的前侧向后拍摄学生，以近景、特写为主，兼顾中景。如学生听课、做实验、练习、记笔记、回答问题、朗读等课堂教学过程，同时要注意抓拍好与教学活动相关的个别学生的瞬间动态(如脸部神态、表情等)。
- 三机位拍摄：更理想，摄取的场景更丰富，便于后期编辑制作，其机位摆放为前后各一机位固定拍摄，分别拍摄学生听课画面和教师讲课画面，类似双机位拍摄法。第三台机器采用移动拍摄法，拍摄教学过程中的一些特殊的画面，如教师的神态、学生讨论的精彩画面、多媒体课件等特定画面。但三机位拍摄对后期视频影像合成制作将会增加许多复杂的工作，延长后期合成的时间。

5. 处理光线

在教室里，为了有较好的投影效果，常常用窗帘将窗户遮严，将投影屏幕前的灯光关掉，只靠远离投影屏幕的灯光和显示器本身的亮度照明。这样，整个教室光线就较暗，光线色温也不正常，而低亮度下的拍摄带来了投影内容曝光过度和教师曝光不足的矛盾。如果我们以投影内容的曝光要求为基准进行曝光，教师的面部就会比较暗；如果以教师面部的曝光要求为基准进行曝光，投影内容就会过亮甚至无法看清画面。解决这一问题的方法主要有以下 4 种。

- 把计算机信号直接接入切换台：教室中投影内容大多是教师用计算机输出的信号。我们可以使用带视频输出的显卡或其他转换器，实现计算机信号直接接入切换台。为保证过渡自然，可采用淡入、淡出、混合等特技进行切换。
- 后期补拍和编辑：在第一次拍摄时，以教师面部的曝光要求为基准进行曝光，多机位进行切换实录。随后对有投影出现的细节补拍，用插入编辑的方法进行修改。同样要选好编辑点，使过渡自然、顺畅。
- 区域布光法：对教师活动较为频繁的区域给予较强的布光，而对投影区给予较暗的布光或不布光。最好使用聚光灯，而不要用散光灯，以避免影响投影区域的光线。有条件的可以使用追光。
- 改善投影仪质量：在经济条件允许的情况下，尽可能地选用高亮度、高分辨率的投影仪，这样就可以在较亮的环境下拍摄，从根本上解决教师曝光不足和投影内容曝光过度的矛盾。

使用摄像机拍摄微课对于初学者来说都是一个熟能生巧的过程，只有通过多次微课课例的拍摄，才能体会景别应用、镜头运动与组接、机位选择和光线的处理等内容。

7.3.2 单机位拍摄微课

本小节单机位拍摄将结合具体拍摄型微课案例从处理视频画面、选择视频景别、拍摄绿屏背景和室外拍摄几个方面进行介绍。

实例 3 中学英语“How to make suggestions”

本例内容是中学英语八年级“How to make suggestions”重点内容“提建议的句式”微课，是使用摄像机单机位不停机拍摄的案例，效果如图 7-22 所示。

图 7-22 微课“How to make suggestions”效果图

跟我学

入画拍摄

入画拍摄是指角色或景物进入拍摄机器的取景画幅中，可以经由上、下、左、右等多个方面对角色进行拍摄。

1. **拍摄固定镜头**　简单地说就是镜头对准目标后，做固定点的拍摄，而不做镜头的推近拉远动作或上下左右的扫摄。如图 7-23 所示的固定镜头拍摄以稳定性为主。

图 7-23　拍摄固定镜头

2. **保持构图平衡**　如图 7-24 所示，保持画面的平衡性和画面中各物体要素之间的内在联系，画面中，课件画面占 2/3，教师在画面的 1/3 黄金分割处，平衡了画面布局。

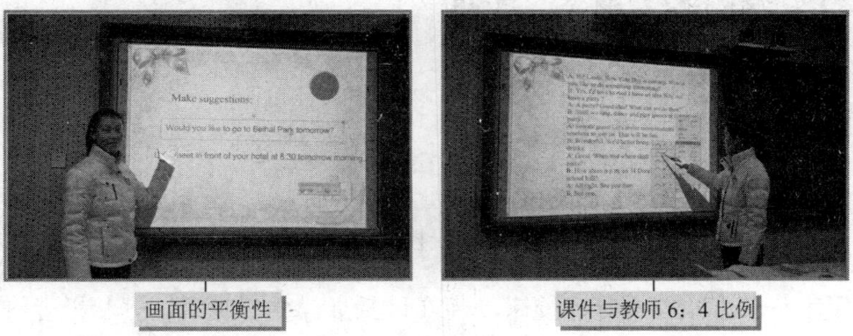

图 7-24　保持构图平衡

摄像的构图规则跟静态摄影的构图规则十分类似，不但要注意主角的位置，而且还要研究整个画面的配置。

3. **拍摄入画镜头**　如图 7-25 所示，授课教师从电子屏幕移动到黑板处的拍摄过程，就是黑板从左向右的入画拍摄过程。

图 7-25　拍摄入画镜头

4. **拍摄出画镜头**　授课教师如果从黑板再移动到电子屏幕处，将黑板画面移出镜头的过程就是黑板出画镜头的拍摄。无论是入画还是出画拍摄都要保持镜头的稳定性。

定格拍摄

定格是指将视频的某一格，即视频的某一帧，通过技术手段，增加若干帧，以达到影像相对静止状态的目的。通常微课的开始与结束都是以定格开始和以定格结束。

1. **拍摄板书**　如图 7-26 所示，拍摄授课教师在黑板上书写时要注意角度，不要出现教师身体完全遮挡书写的文字。板书时身体要侧一点，让镜头画面显示板书内容。

图 7-26　拍摄板书书写与讲解

2. **定格画面**　如图 7-27 所示，授课教师在讲授教学重点内容时，拍摄者应给出定格画面，起到强调与突出的作用，便于学生观看。

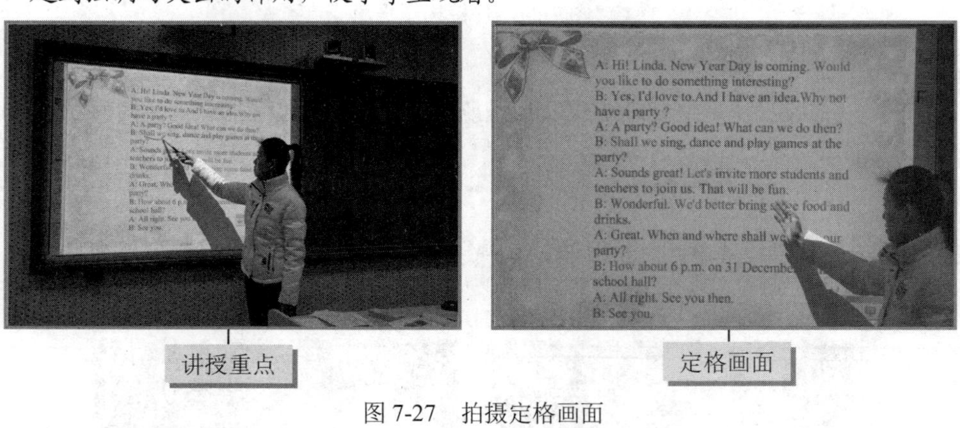

图 7-27　拍摄定格画面

3. **定格画面的其他应用**　一般每个微课的片头和片尾都有 5～8 秒的定格画面。定格画面的应用目的就是使影像处于静止状态，便于观看影像内容。

实例 4　小学体育“武术”

本例内容是小学体育“武术”微课，该微课效果如图 7-28 所示。本案例主要从拍摄的角度介绍录制微课的技巧。

准备活动　　教学画面

图 7-28　微课“武术”效果图

跟我学

多角度拍摄

在大多数情况下，拍摄要以平摄为主。但是全篇一律地使用平摄，就会使观看的人感到平淡乏味。偶尔变换一下拍摄的角度，就会使影片增色不少。

1. **平摄**　即水平方向拍摄，大多数画面应该在摄像机保持水平方向时拍摄，这样比较符合视觉习惯，画面效果显得比较平和稳定，如图 7-29 所示的教学画面以平摄为主。

教师示范　　学生练习

图 7-29　水平方向拍摄

2. **侧摄**　即侧面方向拍摄，通过侧摄能丰富教学内容，如图 7-30 所示为侧摄教学画面。

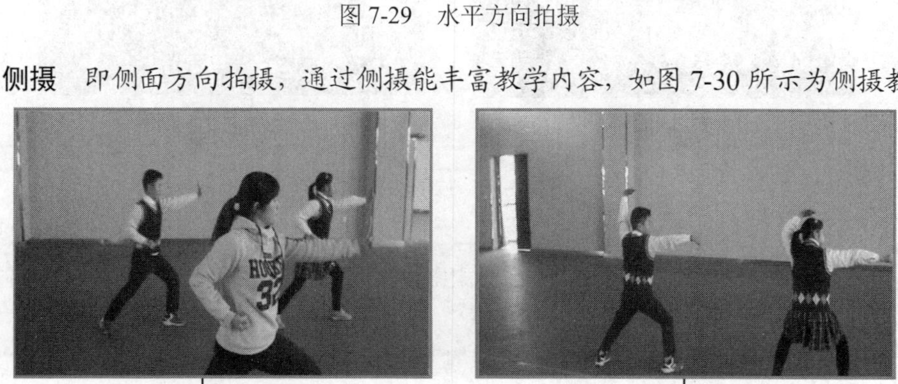

教师示范　　学生练习

图 7-30　侧面拍摄

3. **其他角度拍摄** 拍摄角度方式还有仰摄，即由下往上拍摄；俯摄即由上往下拍摄。这根据不同的需要进行选择，此处不再介绍。

运动摄像

运动摄像就是在一个镜头中通过移动摄像机机位，或者改变镜头光轴，或者变化镜头焦距所进行的拍摄，通过这种拍摄方式所拍到的画面，称为运动画面。

1. **拍摄技巧** 由推、拉、摇、移、跟、升降摄像和综合运动摄像形成的推镜头、拉镜头、摇镜头、移镜头、跟镜头、升降镜头和综合运动镜头等。
2. **推镜头拍摄** 推镜头是摄像机向被摄主体方向推进拍摄，从而突出教学画面，如图 7-31 所示。

图 7-31 推镜头拍摄

3. **拉镜头拍摄** 如图 7-32 所示，拉摄是摄像机逐渐远离被摄主体，或变动镜头焦距使画面框架由近至远与主体拉开距离的拍摄方法。

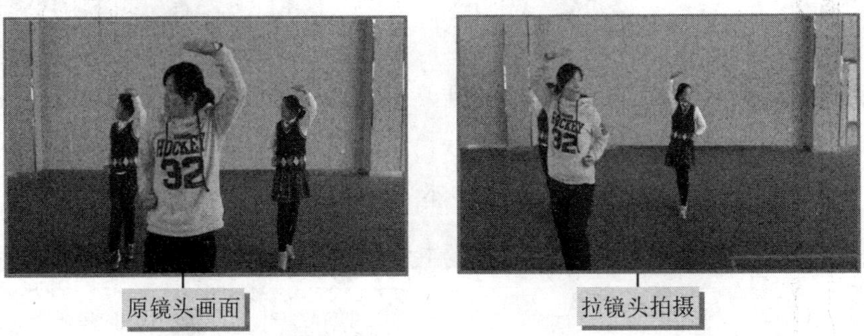

图 7-32 拉镜头拍摄

拉镜头使被摄主体由大变小，周围环境由小变大。此处拍摄用于结束教学环节，最后画面定格，完成拍摄。

实例 5 小学信息技术“指挥海龟齐步走”

本例内容是安徽省小学信息技术五年级“指挥海龟齐步走”微课，为了更好地说明单机位拍摄的多种方式，而选择的网络教学互动实景课例，效果如图 7-33 所示。

图 7-33　录像课“指挥海龟齐步走”效果图

跟我学

景别应用

景别是指由于摄像机与被摄体的距离不同，而造成被摄体在电影画面中所呈现出的范围大小的区别。在教学中为了突出教学的重要内容时经常使用。

1. **拍摄教师授课**　如图 7-34 所示，授课开始时使用教室全景拍摄，慢慢改变景别，使用中景画面，再改为教师近景拍摄。这是一般常用于拍摄开始授课时教学的拍摄方式。

图 7-34　拍摄教师授课

2. **拍摄屏幕画面特写**　在网络教学环境下拍摄时，需要突出显示学生使用的电脑画面，使用特写拍摄方式，制作效果如图 7-35 所示。

图 7-35　拍摄屏幕画面特写

运动镜头

课堂教学时，授课教师根据教学的需要，经常在教室里移动，这时就要通过摇镜头、移镜头等拍摄方式，呈现教学过程。

1. **摇镜头拍摄** 拍摄时应尽力将被摄主体稳定地保持在画框内的某一点上，否则画面会偏左或偏右。如图 7-36 所示，摇摄教师从讲台走到学生面前时，摇速要与画面内教师位移相对应，否则会容易产生视觉疲劳和不稳定感。

图 7-36 摇镜头拍摄

摇摄形成镜头运动迫使观看者随之改变视觉空间，对后面摇进画面的新空间或新景物就会产生某种期待和注意。

2. **移镜头拍摄** 如图 7-37 所示，一般只有在学生进行自主学习与做练习时，使用一个摄像机拍摄，边移动机位，边拍摄，尽可能不干扰教学。

图 7-37 从教室后面移镜头到教室正面的拍摄

拍摄时机位发生变化，边移动边拍摄的方法称为移镜头。移摄时可将摄像机放在肩部，保持画面相对稳定。

3. **跟镜头拍摄**　即摄影机跟踪运动着的被摄对象进行拍摄的摄影方法，它可造成连贯流畅的视觉效果，如图 7-38 所示。

图 7-38　跟镜头拍摄

> 跟镜头可连续而详尽地表现角色在行动中的动作和表情，既能突出运动中的主体，又能交代动体的运动方向、速度、体态及其与环境的关系。

实例 6　高中英语“Do you know ‘well’？”

本例内容是(外研版)高一英语“Do you know ‘well’？”不同语境中的“well”应用微课，该微课使用分段拍摄，最后通过视频编辑软件完成视频合成，微课效果如图 7-39 所示。

图 7-39　微课“Do you know ‘well’？”效果图

跟我学

绿屏拍摄

> 通常认为，使用数码拍摄时，被摄物体在绿色背景上能留下更清晰的边缘，这是由于绿色的反射比更高，不容易融到被摄物体上去，后期抠像时处理会更干净。

1. **绿屏拍摄**　如图 7-40 所示，在绿色背景下，拍摄授课教师的教学画面内容。在拍摄时授课教师一定要事先规划好后期合成的背景，在此背景环境下完成视频拍摄。

图 7-40　绿屏拍摄

2. **合成效果**　通过专业的视频编辑软件，完成视频抠图操作，制作效果如图 7-41 所示。

图 7-41　绿屏抠图合成

视频组合

通过提前拍摄视频片段，再将视频片段插入到课件中，通过录屏软件生成微课视频，最后再通过视频合成技术完成绿屏抠图，最终生成影片。

1. **拍摄并插入课件**　如图 7-42 所示，拍摄情景对话视频，并插入到课件中。

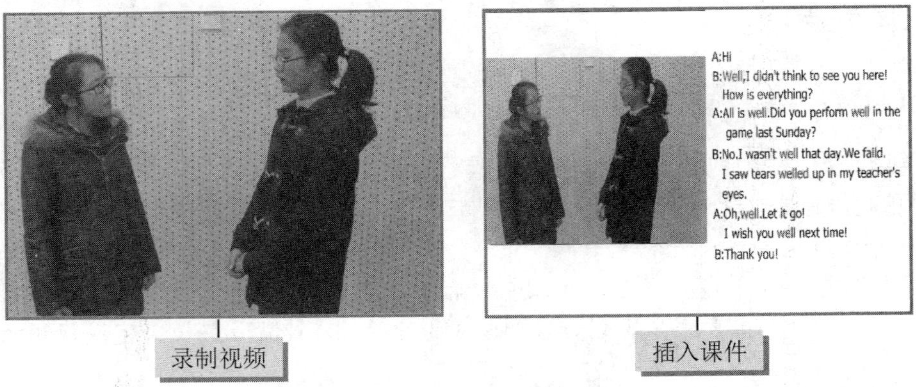

图 7-42　拍摄并插入课件

2. **选择影片并插入课件**　如图 7-43 所示，选择影片视频片段插入到课件中。

图 7-43　选择影片并插入课件

3. **合成视频**　如图 7-44 所示，通过视频合成技术生成作品。具体的将视频插入到课件、课件录屏方法以及抠视频合成技术请详见本书其他章节，此处不再赘述。

图 7-44　合成视频

知识库

1. 手动亮度调整功能

拍摄逆光时，如果以全自动模式拍摄，必定是主体或人物全黑而背景光亮，拍摄灯光较暗时，却是黑暗中灯光一片模糊。针对以上问题，最好的方式就是逆光时按下逆光补正功能键，如果没有这个功能，可将全自动模式切换到手动模式，找到亮度调整键进行画面亮度的调整。逆光时将亮度调亮，光线较暗时则调暗，当然最好的方式还是直接看着观景器或是液晶屏幕上的画面调整到适当的亮度。

2. 手动焦距调整功能

平常一般的拍摄情况，大都是采用自动对焦，但是在特殊情况下如隔着铁丝网、玻璃、与目标之间有人物移动等，往往会让画面焦距一下清楚一下模糊。因为自动对焦的情形下摄像机是依据前方物体反射回来的讯号判断距离然后调整焦距，所以才会发生上述的情形，此时只要将自动对焦切换到手动对焦，将焦距锁定在固定位置，焦距就不会变动了。

7.3.3 多机位拍摄录像课

多机位拍摄教学片段，指 2 个机位以上，一般都是采用固定方式，即机位不移动，采用镜头的推、拉、移来完成拍摄的全程。机位安排分一前一后，摄录学生的机位安置在靠讲台门口的角落中，摄录教师的机位安置在后门的角落中，两机尽量避开拍摄到对方。

实例 7 中学语文“就英法联军远征中国给巴特勒上尉的信”

本例内容是中学语文八年级“就英法联军远征中国给巴特勒上尉的”微课，教学重点是品味文章多姿多彩的语言，欣赏作家的讽刺艺术。教学效果如图 7-45 所示。

图 7-45 录像课“就英法联军远征中国给巴特勒上尉的信”效果图

摄录教师的摄像机只拍教师的授课过程，尽量把授课的重点、难点表达出来。摄录学生的摄像机只摄录学生的听课过程，尽量把学生听课的认真态度，学生练习和回答教师提问的神态表现出来。

本例是在交互式电子白板环境下拍摄的，所以在拍摄制作之前，教师应撰写微课教学设计、制作电子白板课件等。因本节重点介绍双机位的拍摄技术，其他课件制作与微课教学设计内容可参考本书其他章节，此处不再赘述。

跟我学

一号拍摄机

一号摄像机用来拍摄教师讲课画面，机器就架设在最后一排学生的座位后面，方向与学生听课方向一致，镜头面对黑板。

1. **拍摄导入**　授课教师在教学中使用交互式电子白板进行演示讲解，如图 7-46 所示，在拍摄时要多用全屏画面，尽量少摇机器，使摄像机画面在投影屏幕中保持平直。

教师讲解　　教师演示

图 7-46　拍摄导入

2. **拍摄板书**　授课教师在黑板上书写教学内容的时候，如图 7-47 所示，拍摄时就必须将书写的词语推成特写画面，并且时间长度要给够学生抄写词语的时间。

全景拍摄　　特写拍摄

图 7-47　拍摄板书

3. **拍摄重难点**　教师使用白板交互式课件演示解决教学的重难点，教师正面与黑板构图拍摄和教师操作白板时的背影构图拍摄效果如图 7-48 所示。

正面拍摄　　背面拍摄

图 7-48　拍摄重难点

4. **拍摄互动练习** 学生上讲台操作展示、授课教师指导学生操作练习，拍摄效果如图 7-49 所示，使用了跟摄、推镜头等拍摄方式。

图 7-49 拍摄互动练习

二号拍摄机

二号摄像机用来拍摄学生活动的正面图像，机器架设在第一排学生座位前面，方向面对学生。机器高度以站姿拍摄高度，机器转动角度在 90 度方位上无障碍物。

1. **拍摄学生全景** 主要拍摄学生活动情况、情绪变化反应。机器始终框成全景画面，如图 7-50 所示，学生在课堂上认真听课时的表情，学生与老师之间互动时的表情。

图 7-50 拍摄学生全景

2. **拍摄学生近景** 重点拍摄学生在课堂上具有感染力的面部表情精彩画面，如图 7-51 所示，回答教师的提问时迅速推成中近景，学生回答过后拉全景，以便拍摄下一个学生。

图 7-51 拍摄学生近景

3. **指导学生** 教师从讲台走到学生中，使用 2 号拍摄机拍摄，效果如图 7-52 所示。

巡视指导

教师摇摄

图 7-52 指导学生

镜头组接

将多个摄像机拍摄的画面有逻辑、有构思、有意识、有创意和有规律地连贯在一起，就形成了镜头组接。好的视频是由许多镜头有逻辑、有节奏地组接而成。

1. **静接静镜头组接** 如图 7-53 所示，1 号摄像机拍摄的镜头与 2 号摄像机拍摄的镜头相互连接时，要保证镜头长度一致。

1 号摄像机教师教学镜头

2 号摄像机学生学习镜头

图 7-53 静接静镜头组接

2. **动接动镜头组接** 主体不同、运动形式不同的前后摄像机镜头相连，在组接时，如图 7-54 所示，要求在运动中切换，只保留第一个摇镜头的起幅和最后一个镜头的落幅。

1 号摄像机拍摄时运动镜头

2 号摄像机学生回答镜头

图 7-54 动接动镜头组接

3. **静接动镜头组接** 固定镜头与运动镜头相连，前后镜头的主体具有呼应关系时，应视情况决定镜头相接处起落幅的取舍，如图 7-55 所示。

1 号摄像机教师提出问题　　2 号摄像机学生起立回答问题

图 7-55　静接动镜头组接

知识库

1．组接规律

如果影片画面中同一主体或不同主体的动作是连贯的，可以动作接动作，达到顺畅、简洁过度的目的，简称为“动接动”。如果两个画面中的主体运动是不连贯的，或者它们中间是有停滞的，那么这两个镜头的组接必须在前一个画面主体做完一个完整动作停下来后，接上一个从静止到开始的镜头，这就是“静接静”。“静接静”组接时，前一个镜头结尾停止的片刻叫“落幅”，后一镜头运动前静止的片刻叫“起幅”，起幅与落幅之间的时间间隔大约为一二秒钟。

运动镜头和固定镜头组接，同样需要遵循“动接动”“静接静”的规律。如果一个固定镜头要接一个摇镜头，则摇镜头开始要有“起幅”；相反一个摇镜头接一个固定镜头，那么摇镜头要有“落幅”，否则画面就会给人一种跳动的视觉感。为了特殊效果，也有“静接动”或“动接静”的镜头。

2．双机位拍摄注意事项

前后机位摄像人员与授课教师要在拍摄之前进行沟通，让摄像人员了解教学的流程、教学的重点内容，2 位摄像人员还要做好分工。授课教师要明白拍摄的死角，要注意在教学中的行走路线，不要走在两台摄像机的交叉线上，以免在互摄时出现摄像机的画面。

双机位的拍摄尽量选择两台相同的摄像机，在拍摄前要对两台摄像机进行调试，使这两台摄像机所选择的光圈、滤色片、记录格式等相同。这样两台摄像机拍摄出的画面才不会有太大的差别。

7.4　转换微课视频格式

拍摄型微课拍摄完成后，需要将视频文件从拍摄设备中导入到电脑中，然后使用视频编辑软件对视频进行编辑。微课编辑完成后，需要上传到网络中的相关平台中，网络平台对视频格式是有一定要求的。

因前几章已经详细介绍了视频编辑的内容，故本节将结合案例，介绍如何将拍摄设备中的视频文件导入到电脑中，以及如何使用“格式工厂”软件对视频文件进行格式转换。

7.4.1　导出视频文件

对于拍摄型微课来说，手机是最常用且方便的拍摄设备，此处的手机是指带有摄像功能的手机。拍摄完毕后，手机中的视频文件如何导入到电脑中？编辑完成后，如何转换成网络中要求的格式？本节将结合具体案例讲解如何解决这些问题。

实例 8　小学英语“常用介词的用法”

本例内容是小学英语五年级“常用介词的用法”微课，该微课使用手机拍摄完成后，通过 QQ 软件，将视频文件传输到电脑中。微课拍摄效果如图 7-56 所示。

图 7-56　微课“常用介词的用法”效果图

本例的视频文件在传输之前，需分别在手机和电脑中登录 QQ 软件。视频文件传输操作步骤如下。

跟我学

手机端操作

在手机中登录 QQ 软件，选择传输设备后，打开文件管理对话框，选中需要传输的视频文件，进行文件传输。

1. **选择传输设备** 分别在手机和电脑中登录 QQ 软件，按图 7-57 所示操作，选择文件传输设备。

图 7-57 选择传输设备

2. **发送视频文件** 单击  按钮，打开手机中的文件管理对话框，按图 7-58 所示操作，将视频文件发送到电脑中。

图 7-58 发送视频文件

电脑端操作

发送完成后，在电脑中的文件助手对话框中接收视频文件，并将视频文件保存到指定位置。

3. **接收视频文件** 发送完成后，在电脑中的文件助手对话框中，按图 7-59 所示操作，接收视频文件。

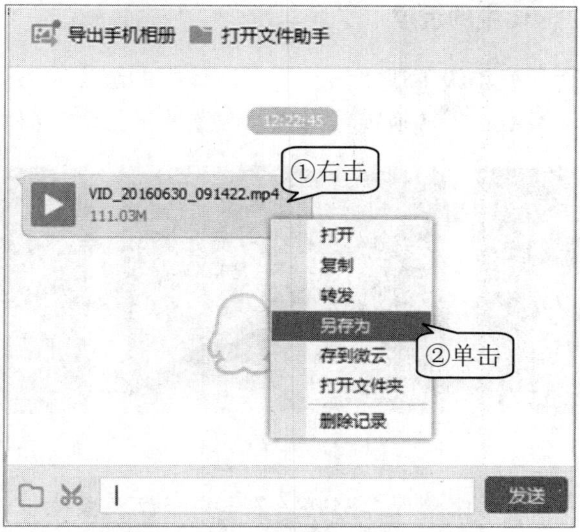

图 7-59　接收视频文件

4. **保存视频文件**　接收完成后，按图 7-60 所示操作，将视频文件保存在指定位置。

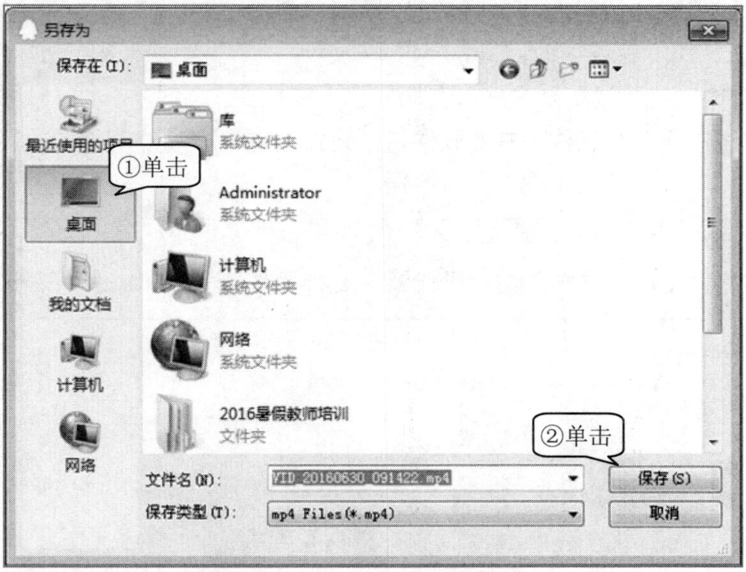

图 7-60　保存视频文件

7.4.2　转换视频格式

微课制作完成后，需要上传到相关网络平台中。现阶段，网络中对上传视频文件的格式有一定的要求，基本以“.flv”格式为主。本节将结合案例，讲解如何使用“格式工厂”软件转换视频文件格式。

实例 9　马铃薯在液体中的沉浮

本例内容是小学科学五年级下册“马铃薯在液体中的沉浮”微课，微课编辑完成后，为方便将微课上传到网络中，需转换视频格式，微课效果如图 7-61 所示。

图 7-61　微课“马铃薯在液体中的沉浮”效果图

使用“格式工厂”软件，根据网站要求，对制作好的微课视频文件进行格式转换。

跟我学

设置软件

运行“格式工厂”软件，并对软件选项进行设置，将软件的“输出文件夹”设置成指定位置。

1. 运行“格式工厂”　双击桌面图标，运行“格式工厂”软件，界面如图 7-62 所示。

图 7-62　“格式工厂”软件界面

2. **设置选项**　单击"选项"按钮，打开"选项"界面，按图 7-63 所示操作，设置"输出文件夹"。

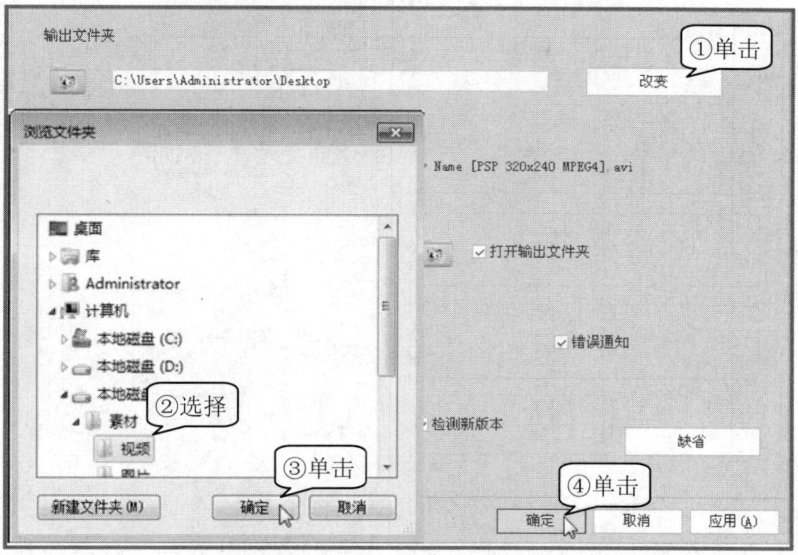

图 7-63　设置选项

转换格式

使用支架固定数码相机后，将通过支架的摇柄调整数码相机的拍摄角度，通过数码相机的焦聚调整方式，来放大或缩小显示内容。

1. **选择格式**　按图 7-64 所示操作，选择".FLV"格式，并打开 FLV 对话框。

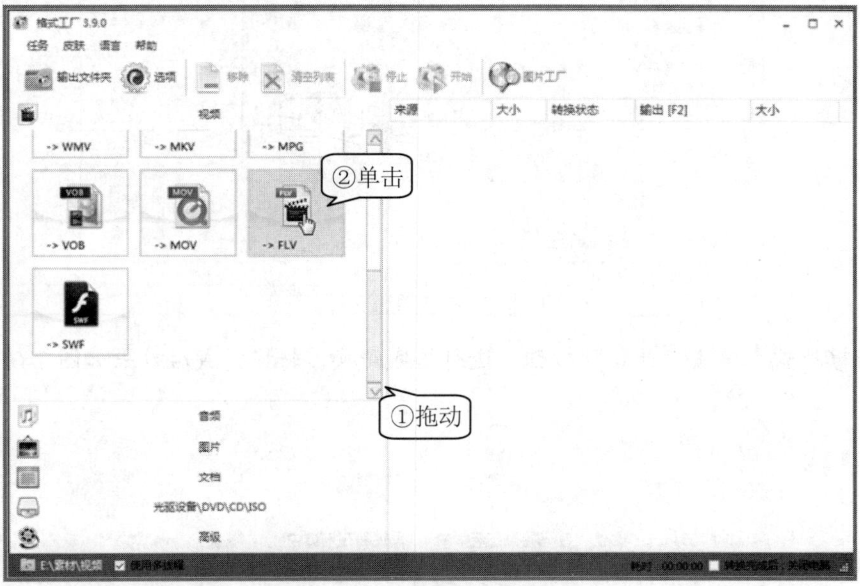

图 7-64　选择格式

2. **输出配置**　按图 7-65 所示操作，选择输出配置。

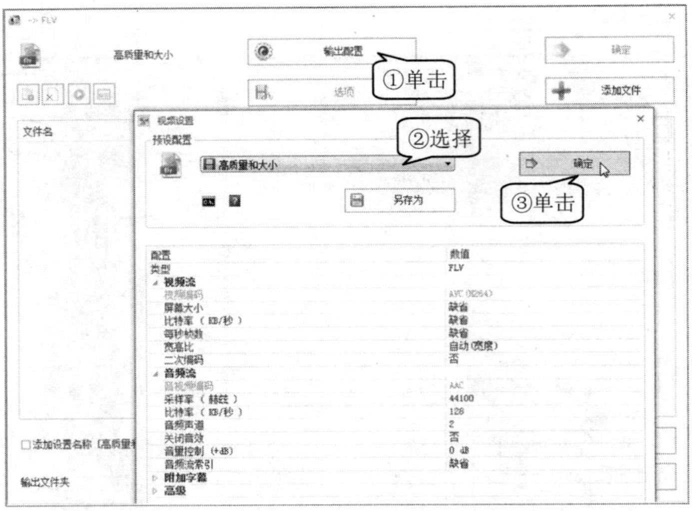

图 7-65　输出配置

3. **添加文件**　按图 7-66 所示操作，将需要转换视频格式的文件添加到“格式工厂”软件。

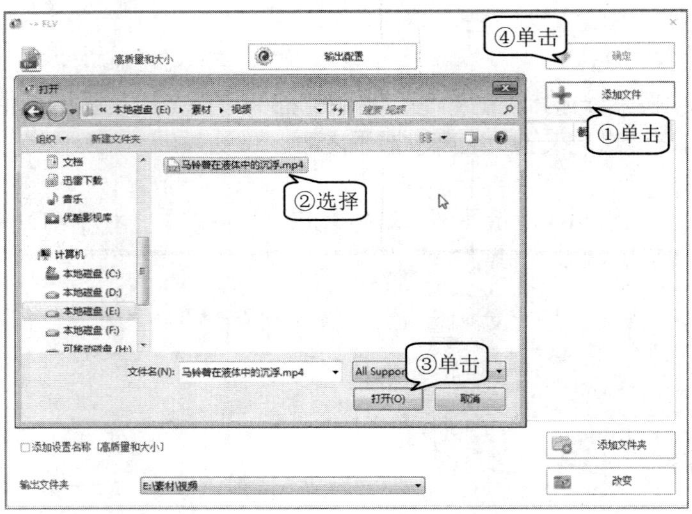

图 7-66　添加文件

4. **转换格式**　单击“开始”按钮，进行格式转换，转换完成后效果如图 7-67 所示。

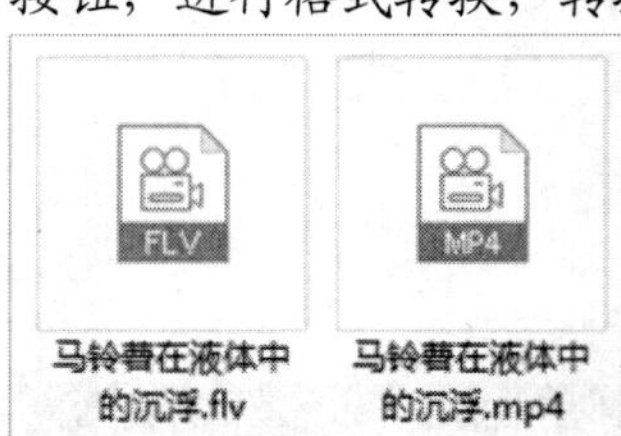

图 7-67　转换格式完成

知识库

1．常见的视频格式

- AVI：调用方便、图像质量好，压缩标准可任意选择，是应用最广泛、也是应用时间最长的格式之一。
- WMV：可扩充的媒体类型、本地或网络回放、可伸缩的媒体类型、流的优先级化、多语言支持、扩展性等。
- RMVB：可在低速率的网络上进行影像数据实时传送和播放，具有体积小，画质较好的优点。
- 3GP：是一种 3G 流媒体的视频编码格式，主要是为了配合 3G 网络的高传输速度而开发的，也是目前手机中最为常见的一种视频格式。
- FLV：文件小、加载速度快，使得网络观看视频文件成为可能。有效地解决了视频文件导入 Flash 后，使导出的 SWF 文件体积庞大，不能在网络上很好地使用等缺点。

2．其他视频格式转换软件

常用的视频格式转换软件除了“格式工厂”还有“狸窝”“魔影工厂”“暴风转码”等。软件图标如图 7-68 所示。

图 7-68　常用视频格式转换软件

第 8 章

制作综合型微课

制作综合型微课的过程中常常需要借助一些特殊的软件、硬件等工具，使微课呈现的效果更显著。在微课中还常有人物出镜画面，合理呈现这些内容对学习者学习微课能起到有效关注的作用。本章将结合具体的案例进行分析，重点讲述 Camtasia Studio 软件编辑制作综合型微课的技巧。

通过本章的学习，可以对综合型微课的规划与制作有一定的了解，以便自己能设计制作出特点鲜明、作用明确、效果显著的微课。

本章内容：

- 规划设计综合类型微课
- 借助辅助软件录制微课
- 借助硬件工具录制微课
- 借助人物出镜制作微课

8.1　规划设计综合类型微课

综合型微课就是融合拍摄与录屏两种典型类型的微课制作方法，并结合一些辅助性的硬件与软件工具，完成特色微课的制作。制作综合型微课首先要进行规划，本节通过分析综合型微课案例，帮助读者了解常见的综合型微课的特点与制作要素。

8.1.1　分析综合型微课案例

综合型微课的制作方法有多种，本章从辅助软件、硬件工具、人物出镜方面进行分类，综合 Camtasia Studio 软件的录制与编辑进行介绍。

1. 借助辅助软件录制微课分析

录制有特点的微课，常常需要一些有特色的软件进行辅助录制。如可借助专用软件、声音处理软件、教学课件等制作出特点鲜明的微课。

- 专用软件辅助制作微课：在使用 Camtasia Studio 软件录制之前，安装专用软件，以便录屏时更好地体现微课的效果。如图 8-1 所示，就是利用“谷歌地球”软件、Flash 动画制作软件、虚拟实验软件辅助实现的微课制作。

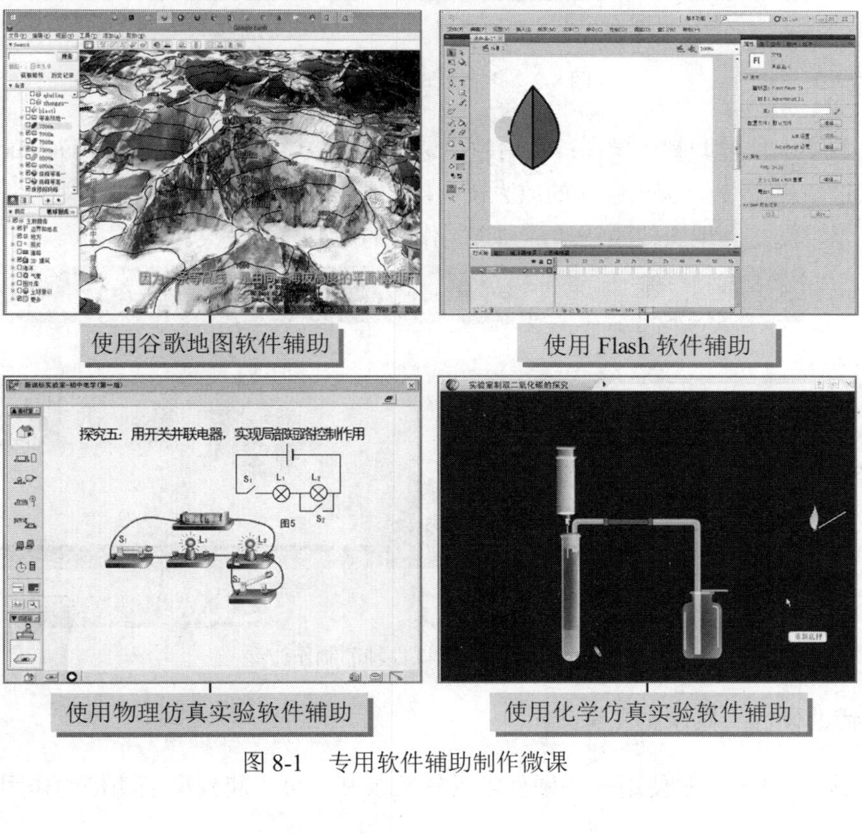

图 8-1　专用软件辅助制作微课

- 声音处理软件辅助制作微课：在如图 8-2 所示的微课中，利用歌曲编辑软件、声音仿真软件、合成人声辅助实现多样的配音效果。

图 8-2　声音处理软件辅助制作微课

- 教学课件辅助制作微课：利用教学课件录制教学过程，在 Camtasia Studio 软件中通过快/慢镜头、突出强调的放大镜头，共同配合，突破教学重点与难点。如图 8-3 所示，就是利用课件的特点，综合制作出的微课显示效果。

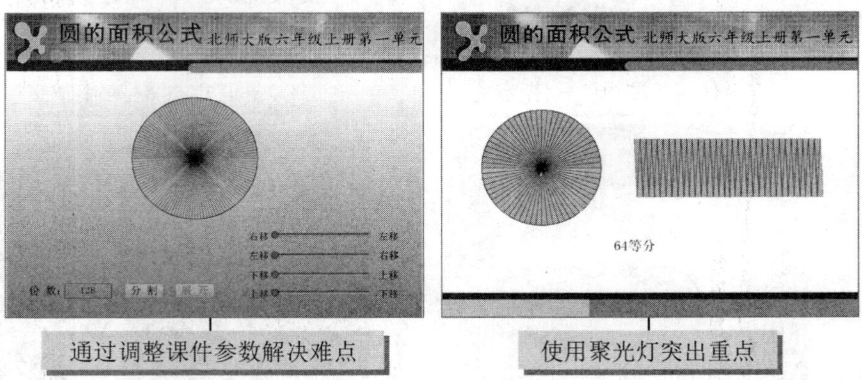

图 8-3　教学课件辅助制作微课

2. 借助硬件工具录制微课分析

录制微课时，有时使用一些硬件工具辅助录制，可以起到事半功倍的作用。如可借助书写手写板工具、交互电子白板工具进行边讲授边示范，合理利用一些教具、工具制作有学科特点的微课。

- 书写工具辅助制作微课：安装专用书写工具，便于边讲授，边书写演示，让学习者学习时感到老师就在自己的身边进行讲解。如图 8-4 所示就是利用手写板工具和电子白板工具进行演示操作制作的微课。

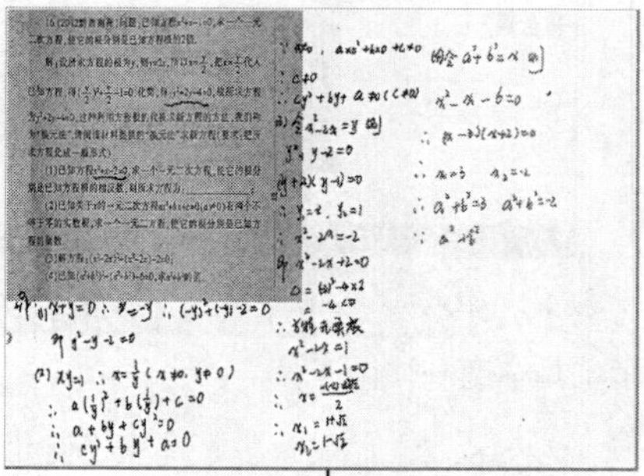
使用手写工具进行板书

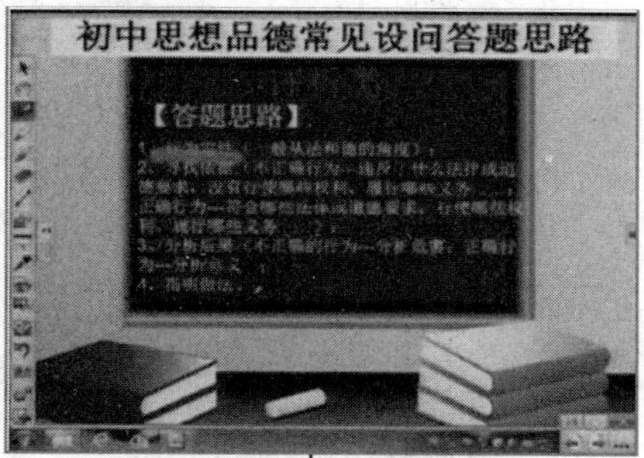

使用电子白板工具板书

图 8-4　书写工具辅助制作微课

- 自制教学工具辅助制作微课：在制作微课时，要有一些辅助的自制教学工具，从而使教学更为生动，如图 8-5 所示。自制的工具常常还需用 Camtasia Studio 软件编辑制作，突出作用。

科学学科自制工具做实验

添加自制工具文字标注

美术学科自动滴蜡效果画面

Camtasia Studio 添加标题

图 8-5　使用自制教学工具辅助制作微课

- 专用教学工具辅助制作微课：如图 8-6 所示，就是利用书法课与化学课的学科动手操作的特点，通过视频拍摄、后期的合成编辑来综合制作微课。

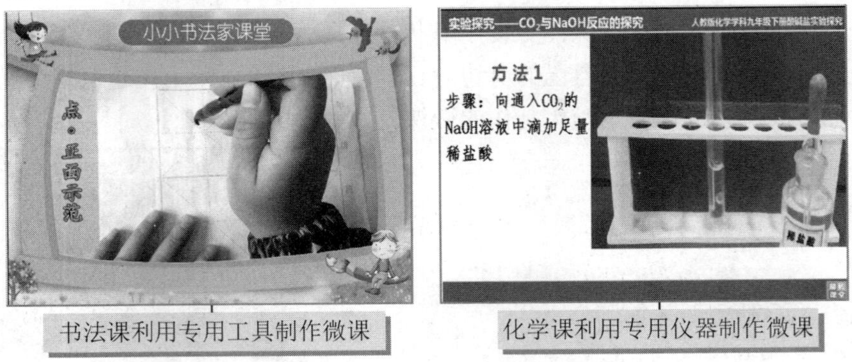

图 8-6　使用专用教学工具辅助制作微课

3. 借助人物出镜录制微课分析

在微课制作时，有时需要教师整体出镜，有时只是突出面部表情或手部动作，利用 Camtasia Studio 软件对视频进行拍摄录制、后期编辑等综合处理，可增加教师与学生之间的亲和力和表现力。

- 教师整体出镜制作微课：如图 8-7 所示，利用绿背景拍摄与后期制作合成，拍摄时教师的面部表情与眼神都需特别注重，使学习者感受到老师的关注。

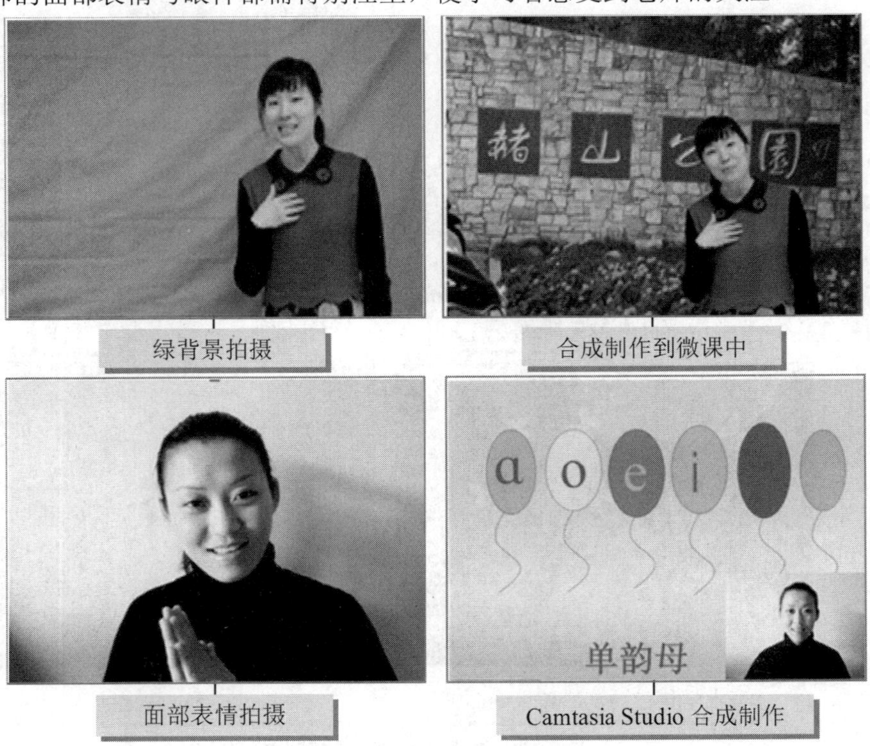

图 8-7　教师整体出镜制作微课

- 教师肢体出镜辅助制作微课：如图 8-8 所示，有时微课中只需要出现教师的肢体，可利用 Camtasia Studio 软件合理编辑，突出教师肢体演示出镜效果。

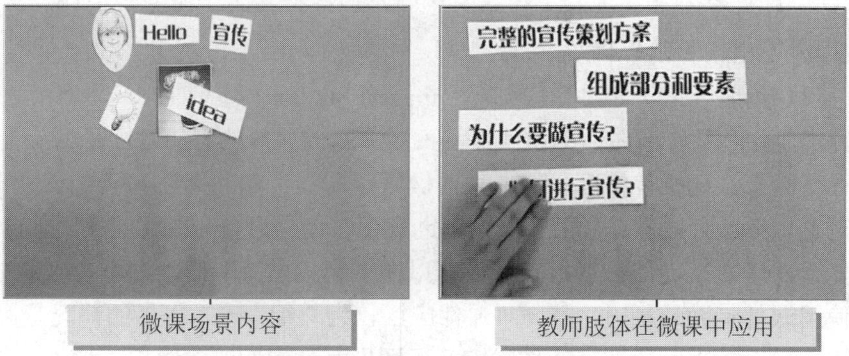

图 8-8　教师肢体出镜辅助制作微课

- 视频片段出镜辅助制作微课：在 Camtasia Studio 软件制作微课中，如图 8-9 所示，对视频显示内容进行合理处置，能发挥微课短小精悍的特点。

图 8-9　视频片段出镜辅助制作微课

8.1.2　准备综合型微课制作

制作综合型微课的准备有很多方面，本节将重点从辅助软件注意事项、教学应用设备调试、人物出镜设计方面进行介绍。

1. 辅助软件注意事项

利用辅助软件录制微课前，为保障录制时少出软件故障，需要提前测试软件的性能，以保证应用时不出或少出软件故障。

- 确保辅助软件的稳定性：在利用 Camtasia Studio 软件录制时，本身就占用大量的运行资源，而所使用的辅助软件也会占用大量的系统内存，运行时可能会出现软件运行变慢、假死机等情况，需要事前做好计算机性能的优化，确保录制正常。
- 设置辅助软件的默认路径：一般辅助软件在使用时，调用或保存文件的路径都比较复杂，可通过提前设置指定路径，以便录制成微课时便于观看。
- 使用课件辅助录制时，需要对课件应用较为熟练：较为常见的情况是，因操作不熟练，导致录制时画面、动作或声音不同步，为后期的剪辑完善增加大量的工作。
- 设置屏幕显示分辨率：不合理地显示分辨率会对微课最终视频产生严重影响。如图 8-10 所示，是录屏时使用 4:3 普屏分辨率比例，而使用 Camtasia Studio 软件制作时使用 16:9 宽屏分辨率比例。所以为了统一录制与播放，可按图 8-10 所示的操作设置分辨率。设置之后，无论是在辅助软件中，还是用 Camtasia Studio 录制软件，以及最终生成播放的微课视频文件显示的比例都相同，不会出现过宽或过窄情况。

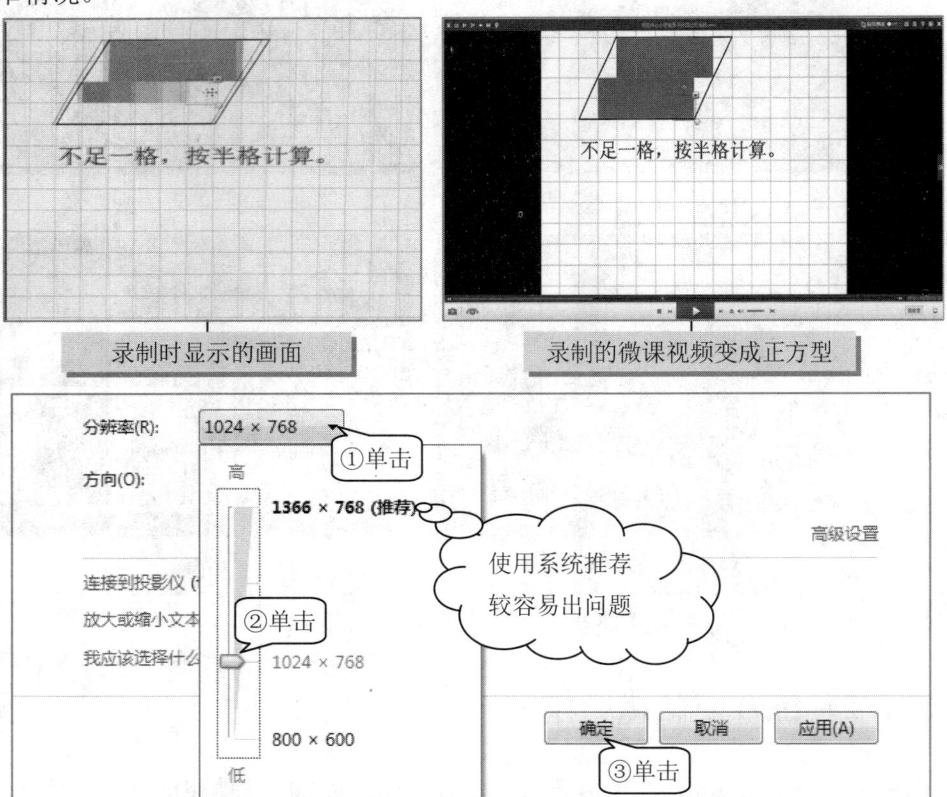

图 8-10　设置屏幕显示分辨率

- 设置声音输入：不合理的声音设置会对声音的采集产生大量的干扰音。按图 8-11 所示操作，对麦克风进行正确的设置，可减少录制时采集噪声。

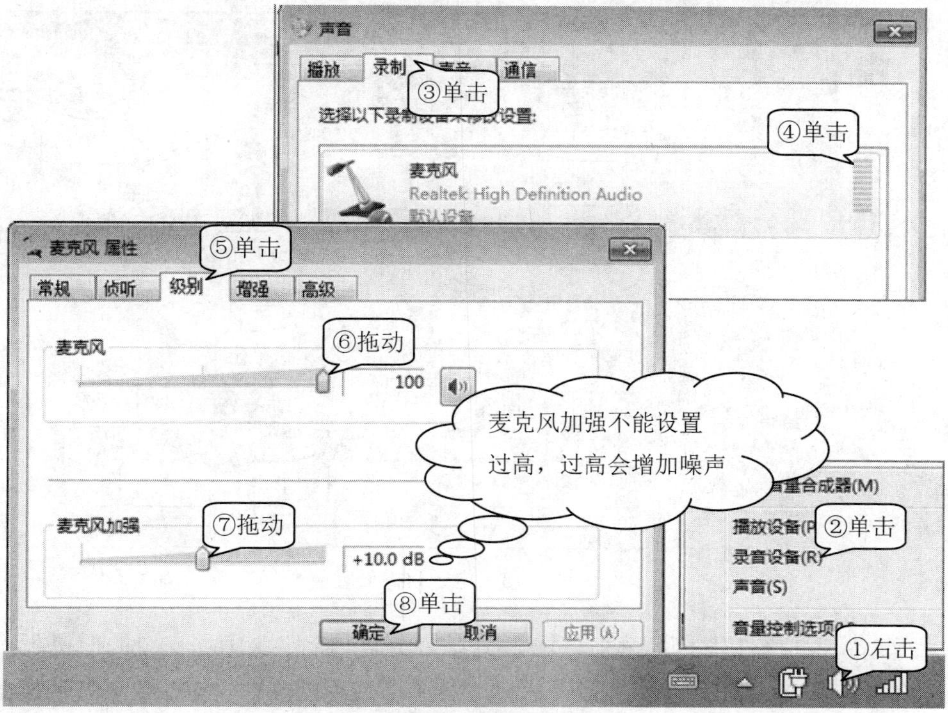

图 8-11　麦克风合理设置

2. 教学应用设备调试

利用教学应用硬件设备录制微课前，为保障录制时少出硬件故障，需要提前测试硬件的性能，以保证应用时不出或少出硬件故障。

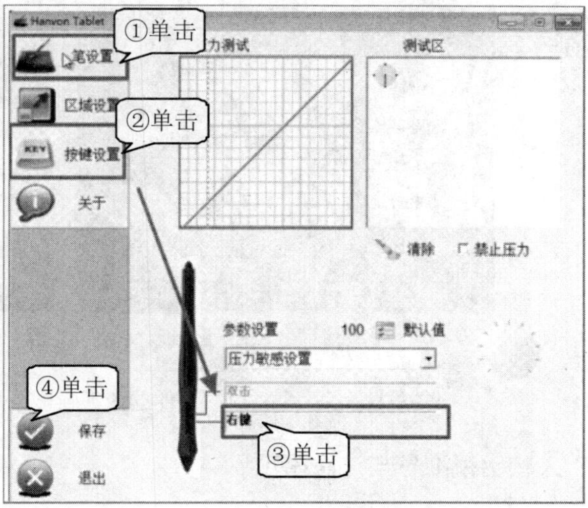

图 8-12　手写板设置

- 测试手写板流畅性：在使用 Camtasia Studio 软件录制时，书写文字较为流畅与清晰，不影响教学的讲授过程。按图 8-12 所示操作，设置手写板参数。

- 白板定位：精准定位后的电子白板就像一个巨大的触屏，用起来操作自如。按图 8-13 所示操作，设置电子白板定位。

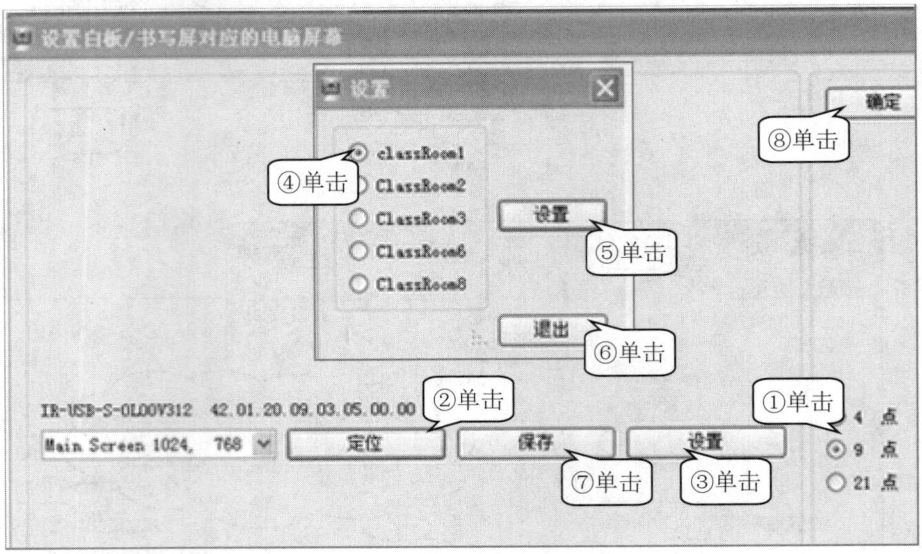

图 8-13 电子白板设置

- 准备辅助硬件工具：特别是理化实验的仪器，一定要确保安全的前提下，再使用 Camtasia Studio 软件录制。在录制过程中所使用的硬件设备，要事先在桌面或对应的空间中放置好，确定每个教学硬件的位置，便于录制或拍摄时的方便操作。
- 准备硬件的过程：要从不同的角度去考虑设备的合适性。如图 8-14 所示，就是没有考虑黑板板书时，因黑板未处理干净而导致所制作的微课有瑕疵。

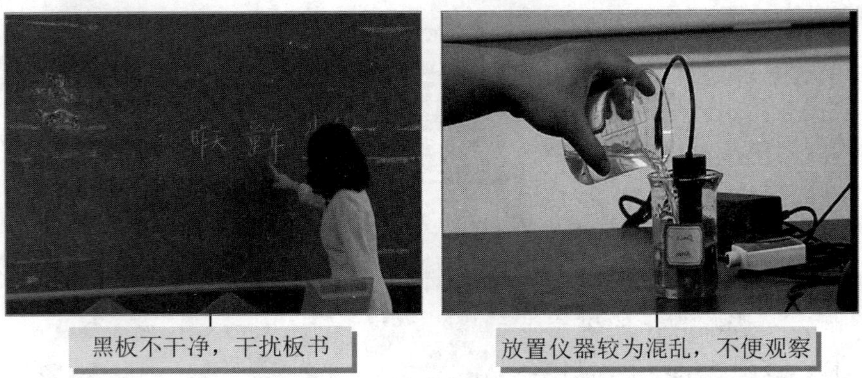

图 8-14 硬件准备不到位存在的瑕疵

3. 人物出镜准备与注意事项

微课中人物出镜要从微课的学习者角度准备，便于学习者观看，特别是教师出镜一定要使学习者感受到微课教师的亲和力和教学激情。

- 注重仪容：授课教师仪容要端正、庄重、斯文。发型自然、简便、整洁，前额头发不超过眉毛。女性教师不佩戴款式夸张的耳环、项链等饰物。男性教师不要满脸胡茬，要注意面部干净整洁。
- 规范着装：教师着装要整洁，穿戴得体大方，衣服应选择与课件的背景颜色对比度大的服装，避免穿着有小细条纹、小碎格的服装。着装颜色不宜超过 3 种，服装图案不要过于繁琐复杂。上衣最好有衣领，内外服装颜色要有对比。
- 不干扰拍摄：拍摄时不要出现干扰微课拍摄的行为与物品。如图 8-15 所示，注意头部不要遮挡镜头，手上不要戴有戒指、手镯等干扰学生注意力的饰品。

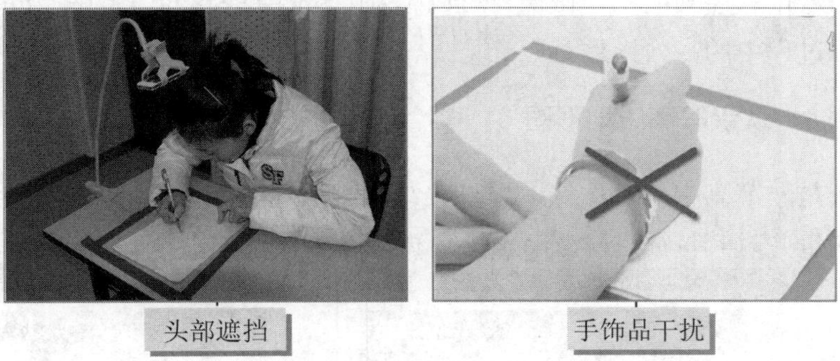

图 8-15　不干扰拍摄

- 注意坐姿：要保持摄像头清洁，确保镜头干净。需调整摄像头与讲课教师之间的距离，确保能看到教师的脸部表情，光线如不足需适当补光。教师通过试摄，看自己试摄后的视频，目光注意的角度是否偏高或是偏低，可以通过调整椅子的高度，使自己的目光焦点是摄像头。如图 8-16 所示为正确坐姿与不正确坐姿的操作效果图。

图 8-16　正确坐姿与不正确坐姿的操作效果图

8.2 借助辅助软件录制微课

制作综合型微课，有时需要借助一些辅助软件，本章将结合具体的微课案例，介绍利用 Camtasia Studio 软件和辅助软件制作综合型微课的方法。

8.2.1 使用专用软件辅助制作微课

使用专用软件辅助制作微课，可以弥补 Camtasia Studio 软件的功能不足，提高微课录制与编辑过程中的高效操作。

实例 1 认识等高线地形图

本例是一节高中地理微课，通过介绍珠穆朗玛峰地区的等高线地形图，了解等高线地形图的测量并对其特征进行分析概括。微课视频效果如图 8-17 所示。

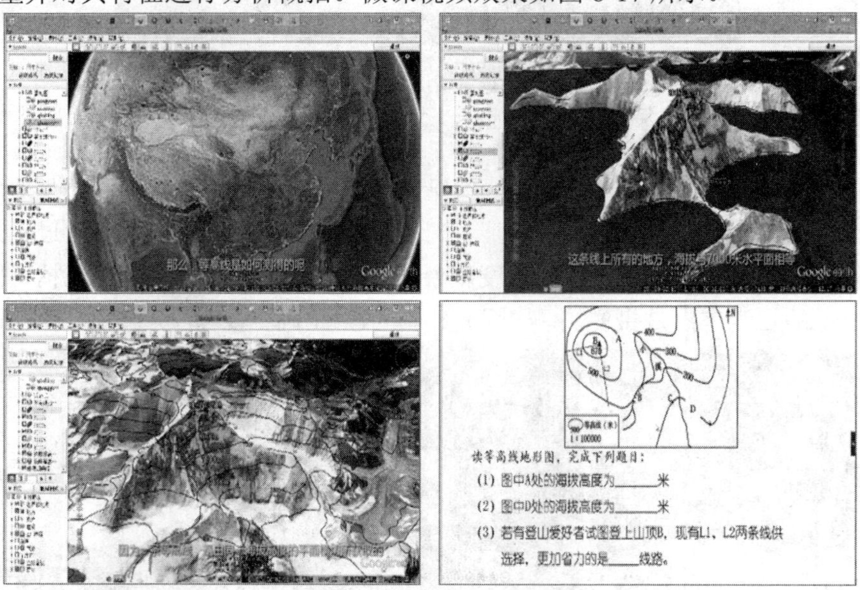

图 8-17 微课“认识等高线地形图”效果图

通过展示珠穆朗玛峰地区的等高线地形图，以及通过 Google Earth 地图软件的三维模拟，培养学生的读图识图能力，进而加强学生的空间思维能力的微课。这是一节利用专用辅助 Camtasia Studio 软件制作微课的典型案例。

跟我学

1. **场景切换** 利用 Google Earth 地图软件自带的功能，按图 8-18 所示操作，切换不同的等高线场景，并通过拖动可让地图进行旋转，便于学习者从不同角度进行观察。

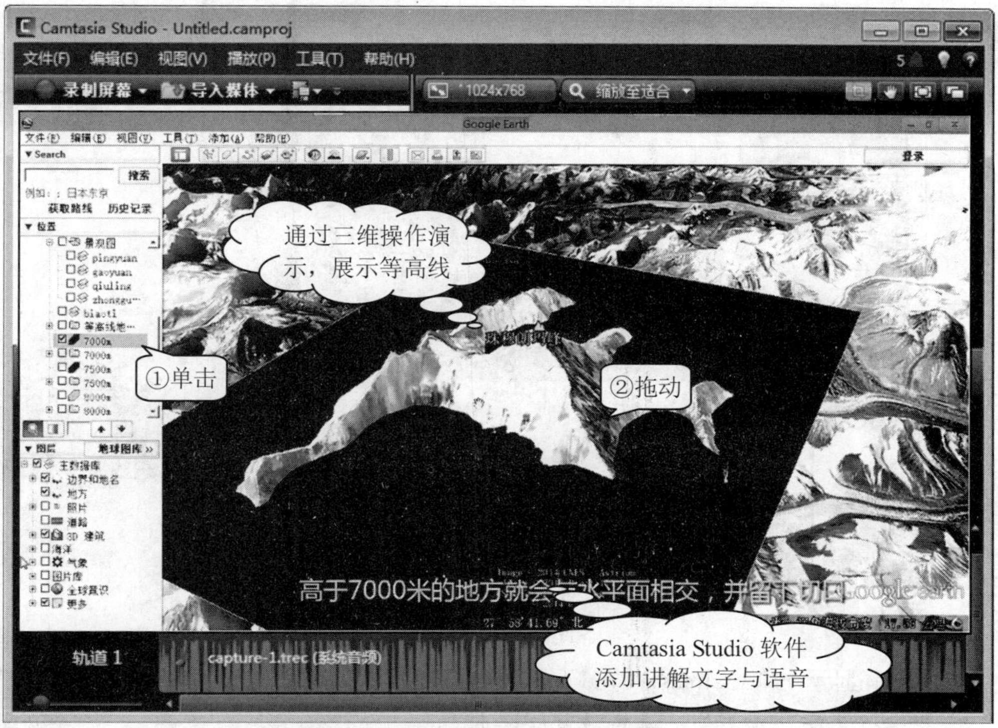

图 8-18　利用专用软件进行场景切换录制

2. **添加视频字幕**　在 Camtasia Studio 软件编辑过程中，添加与语音同步的文字，突出教学内容。按图 8-19 所示操作，设置不同场景的文字内容、字体字号、文字颜色。

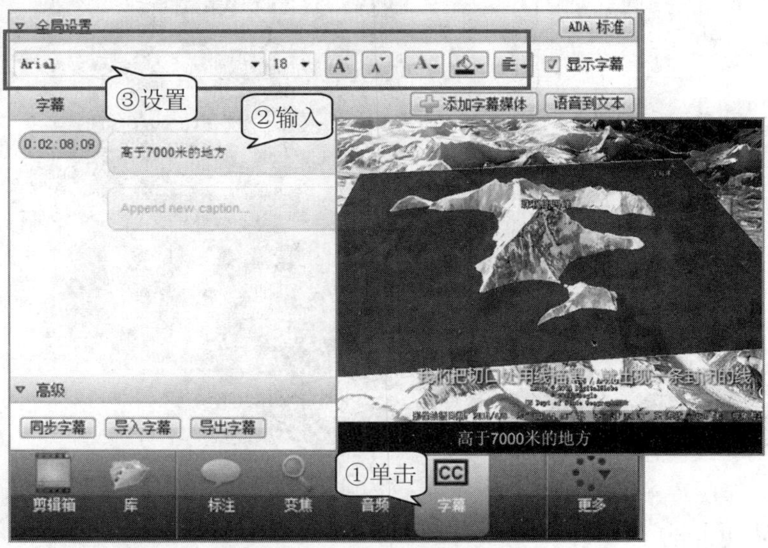

图 8-19　添加视频字幕

3. **设置变焦**　根据教学的需要，要突出珠穆朗玛峰地区的等高线地形图的细节内容，需进行放大设置操作，设置方法按图 8-20 所示操作。

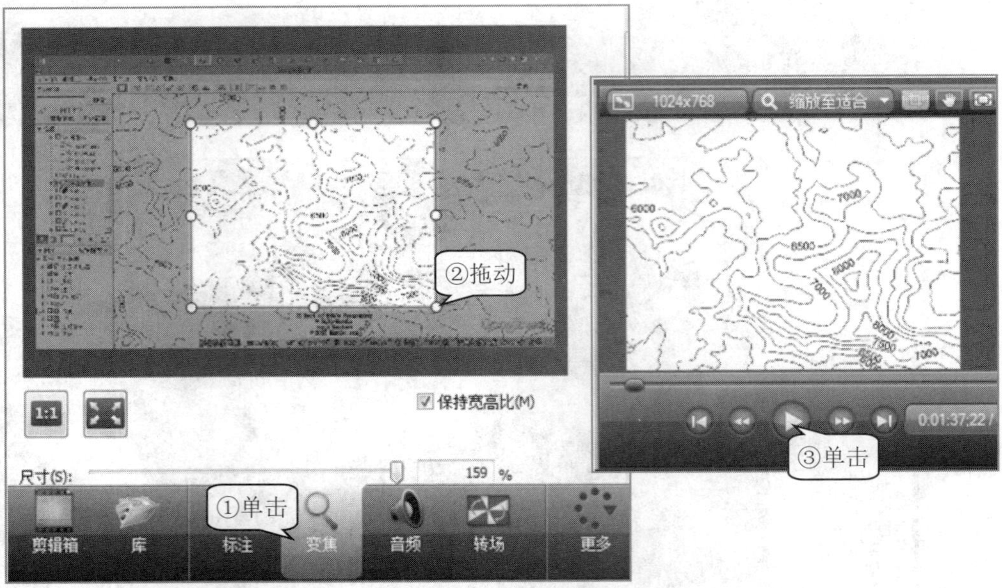

图 8-20　设置变焦放大

4. **高亮显示**　在 Camtasia Studio 软件编辑过程中，按图 8-21 所示操作，通过添加标注进行高亮显示，突出地图中的重要信息。

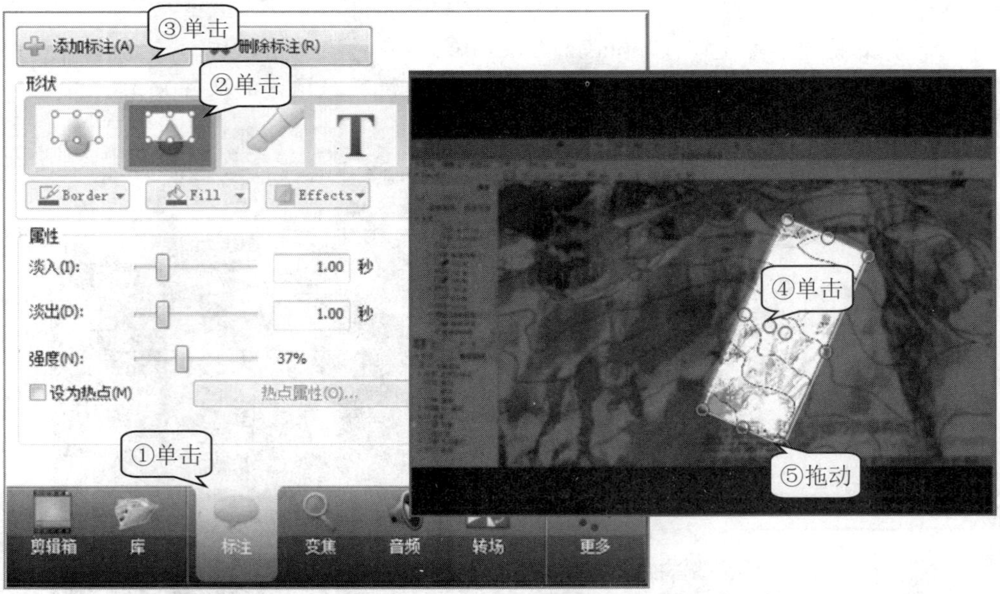

图 8-21　高亮显示

实例 2　Flash 线条变形的简单应用

本例是一节初中八年级信息技术微课，通过介绍 Flash 线条变形制作树叶，了解 Flash 线条变形的简单应用，微课视频效果如图 8-22 所示。

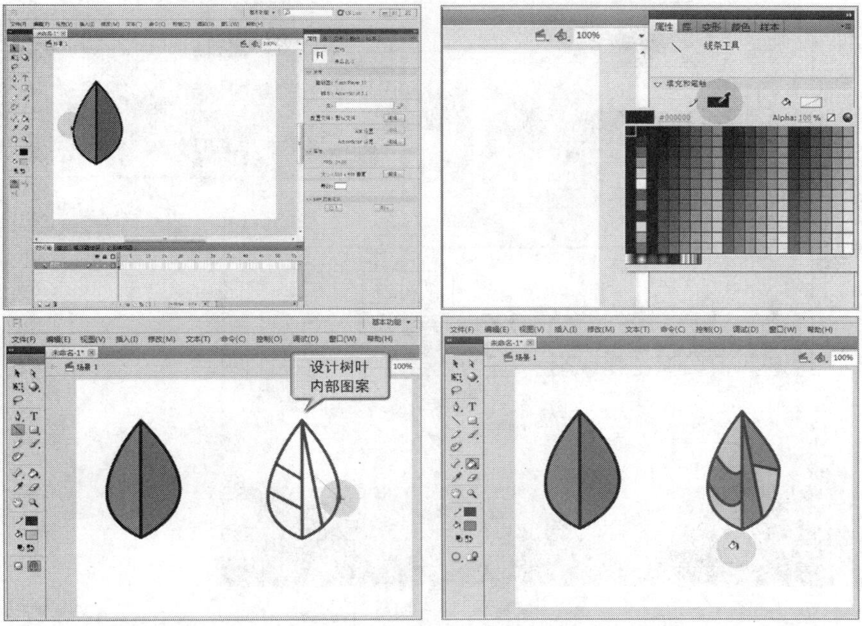

图 8-22　微课“Flash 线条变形的简单应用”效果图

本例是信息技术学科的微课，利用 Camtasia Studio 软件对 Flash 课件进行录制，突出操作过程中鼠标光标的变化，引导学习者的关注，以达到较好的微课学习效果。

跟我学

1. **裁剪多余视频**　通常所录制的视频开始处有一些过程性无效的操作视频，需进行裁剪，按图 8-23 所示操作，利用 Camtasia Studio 软件快速裁剪无效视频。

图 8-23　裁剪多余视频

2. **添加标注字幕**　在 Camtasia Studio 软件编辑过程中，为突出显示教学的操作步骤，需利用标注添加文字字幕。按图 8-24 所示操作，设置标注文字。

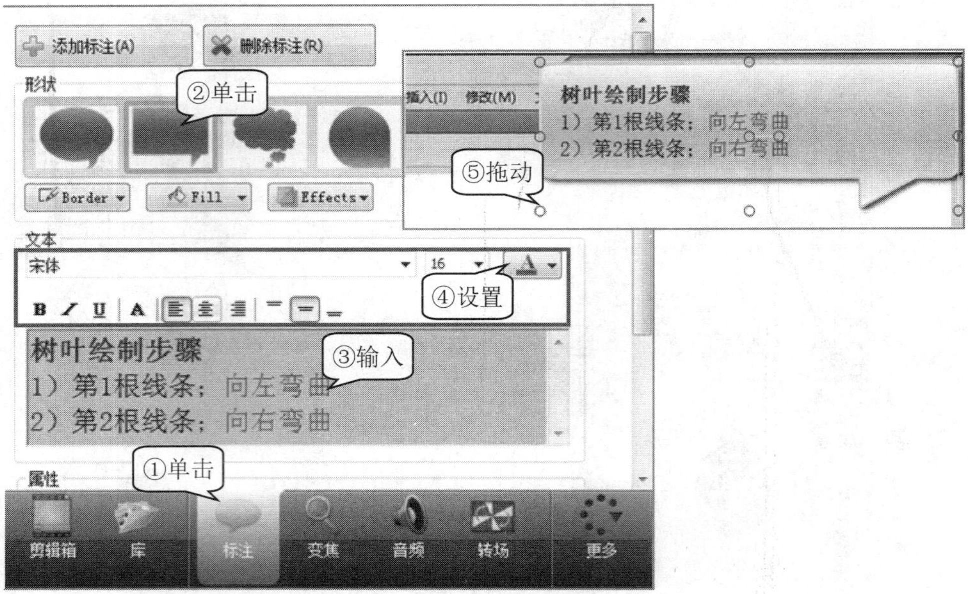

图 8-24　添加标注字幕

3. **设置转场动画**　根据教学的需要，一般在不同场景之间有个转场动画设置，加以区分不同的内容。设置方法按图 8-25 所示操作。

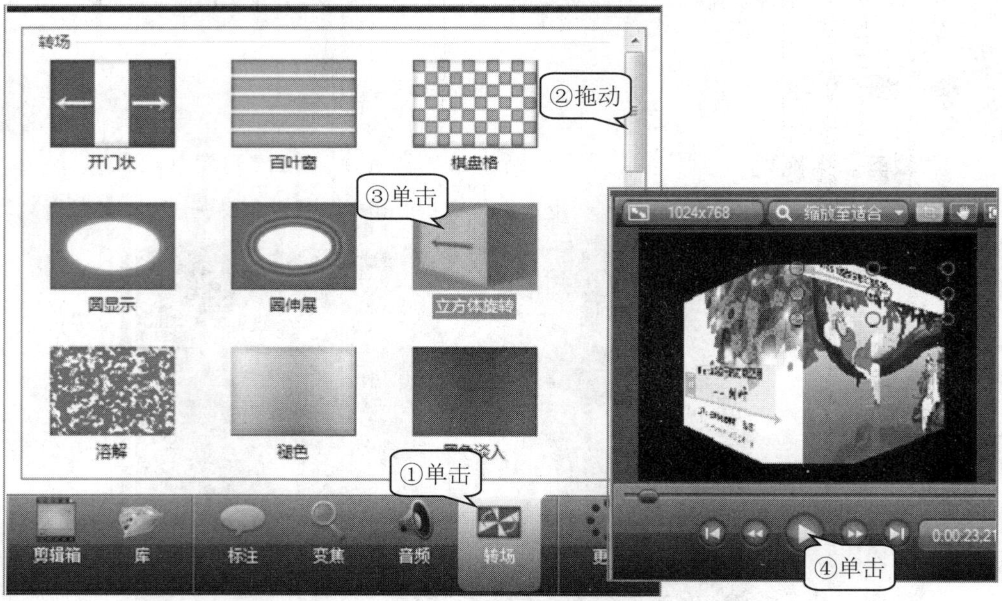

图 8-25　设置转场动画

4. **设置鼠标光标**　在 Camtasia Studio 软件编辑过程中，为强调鼠标的操作变化，可将鼠标光标设置加上黄色或其他显示方式，按图 8-26 所示操作，突出鼠标过程性操作变化的重要信息。

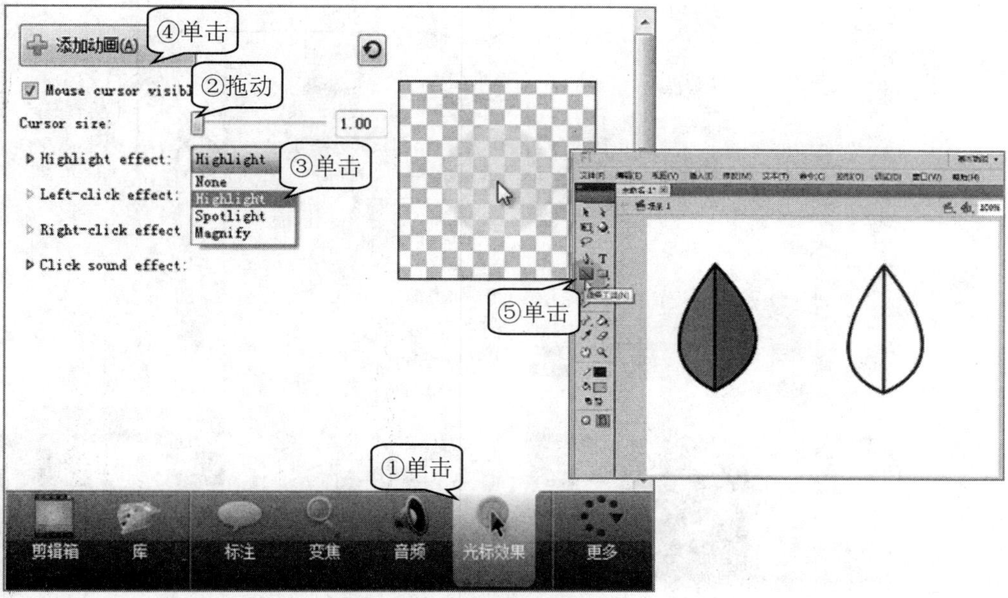

图 8-26　设置鼠标光标

实例 3　探究简单电路中开关的接法及作用

本例是一节初中物理微课，通过利用仿真实验室软件探究简单电路中开关的接法，了解简单电路中开关的作用。微课视频效果如图 8-27 所示。

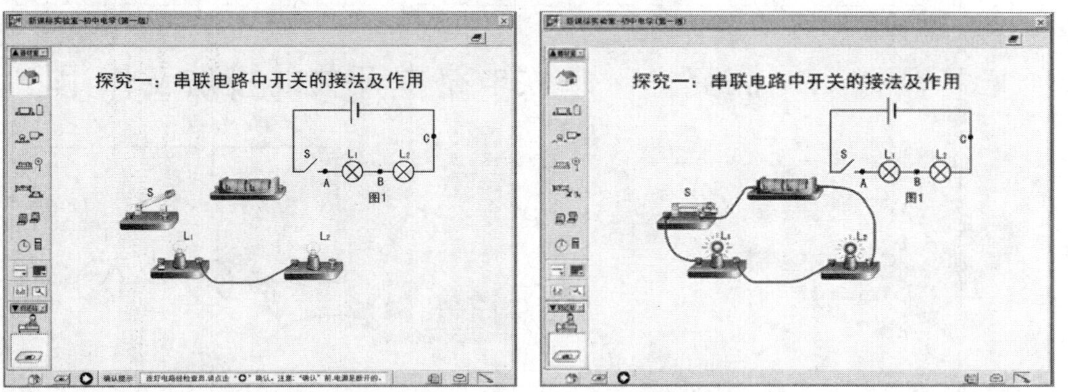

图 8-27　微课“探究简单电路中开关的接法及作用”效果图

使用仿真实验室软件制作微课，关键是对仿真实验室软件操作要熟练，通过 Camtasia Studio 软件的录屏功能进行录制微课的案例。

跟我学

1. **选择指定区域录制**　使用仿真物理实验室软件时，可选用 Camtasia Studio 软件的选择区域进行录制，按图 8-28 所示操作，选择自定义录制区域进行视频录制。

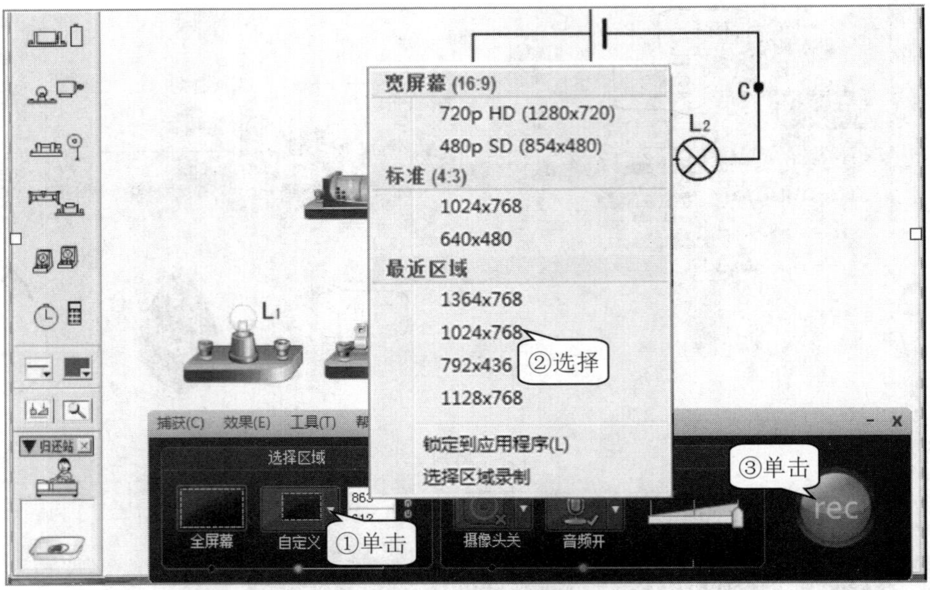

图 8-28　选择指定区域录制

2. **绘制连接线**　在虚拟仿真物理实验室中，通过设置红色连接线完成串联电路的连接方法。按图 8-29 所示操作，绘制连接线。

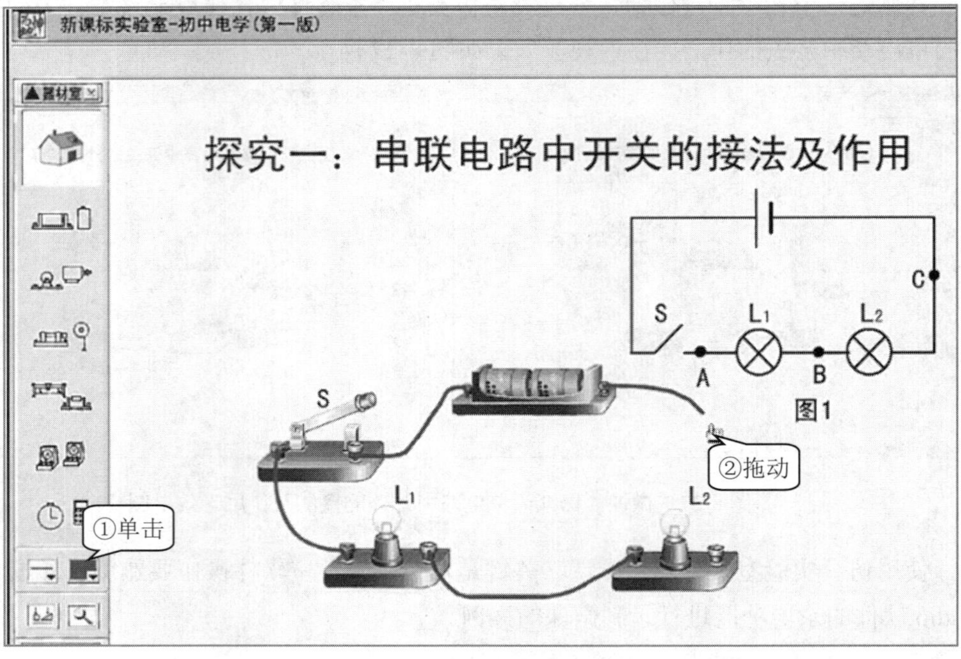

图 8-29　绘制电路连接线

3. **设置场景片头文字**　根据教学的需要，重要知识点之前需有一段文字进行介绍，一般通过蓝底白字在不同场景之间呈现。设置方法按图 8-30 所示操作。

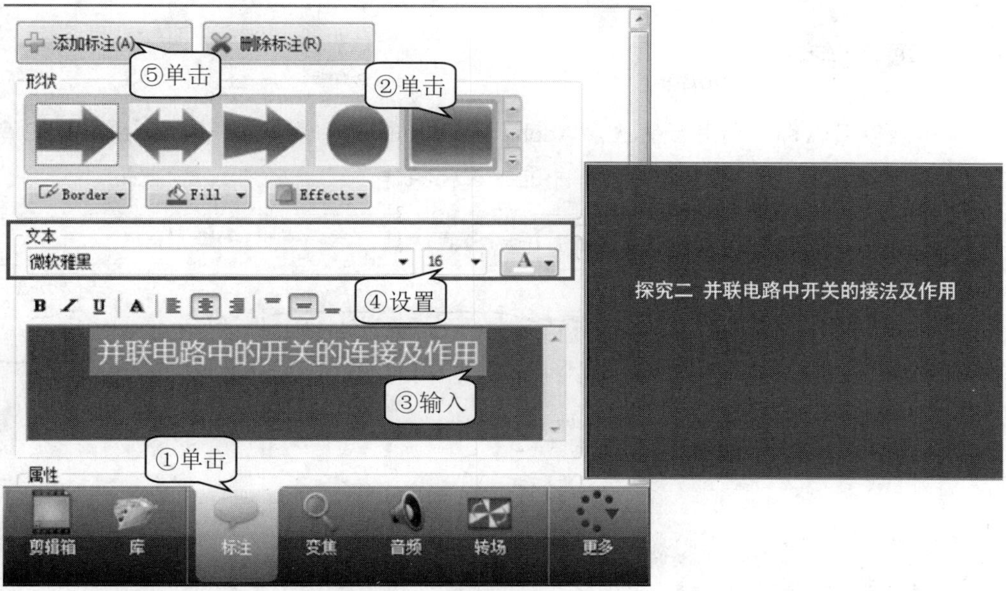

图 8-30　设置转场片头内容

8.2.2　使用声音处理软件辅助制作微课

Camtasia Studio 软件具有一定的录制与编辑声音的功能，但为了使微课声音更加丰富、声音的表现方式与处理方式更加有效，有时还需要与一些专门的声音处理软件相互配合。本节重点介绍一些声音处理软件的作用，使用相应的软件进行声音处理后，再将声音导入到 Camtasia Studio 软件中进行最后的合成处理。

实例 4　中国 34 个省级行政区

本例是一节初中地理微课，通过改编微课的声音介绍方式，如图 8-31 所示，使用“小苹果”为背景音乐，教师将教学内容改编为歌词，跟着音乐节奏边唱边展示教学内容。

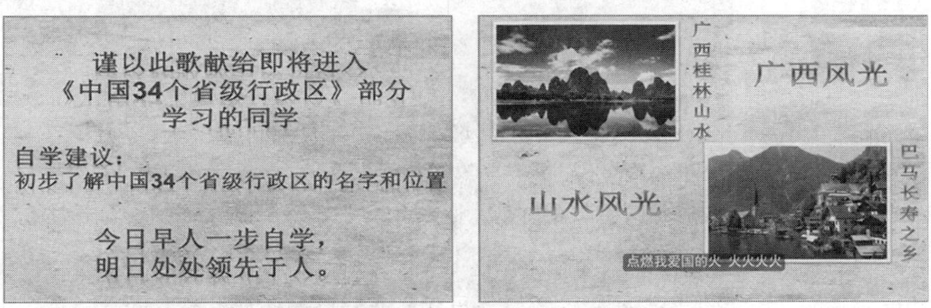

图 8-31　微课“中国 34 个省级行政区”效果图

该微课制作分两个阶段，第一阶段先利用专业声音处理软件进行歌曲的合成制作，第二阶段在 Camtasia Studio 软件中，根据歌曲的节奏与内容，调整视频显示内容。本案例重点介绍使用 Adobe_Audition_CS6 软件对声音的合成处理。

跟我学

1. **下载安装软件** 利用百度搜索 Adobe_Audition_CS6 软件下载地址，按图 8-32 所示操作，下载后按要求进行安装，并进行汉化操作。

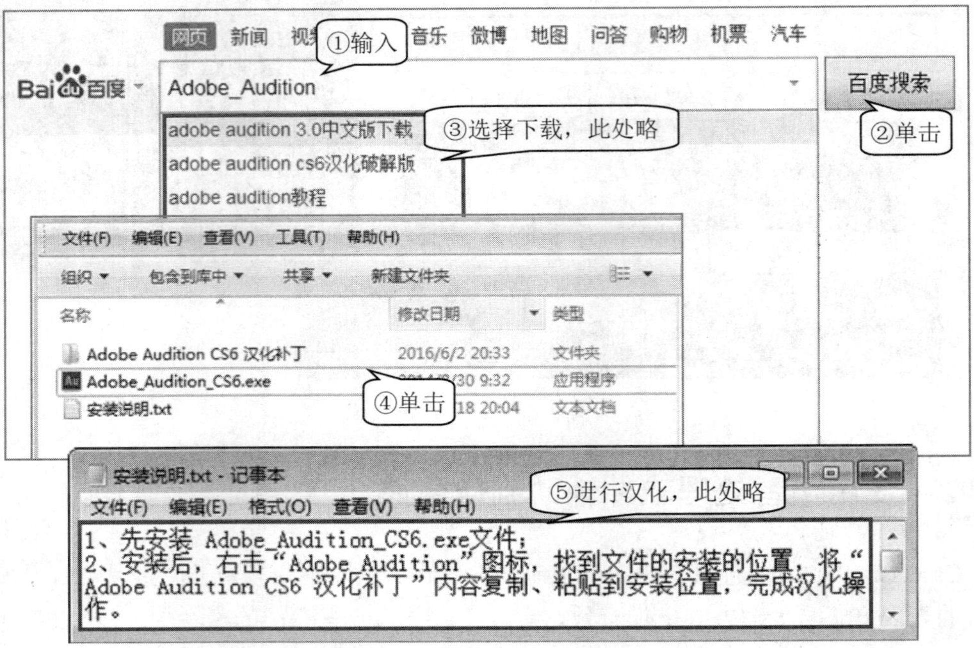

图 8-32 下载安装 Adobe_Audition_CS6 软件

2. **新建多轨文件** 在 Adobe_Audition_CS6 软件中，执行“文件”→“新建”→“多轨混音项目”命令。按图 8-33 所示操作，新建一个“小苹果”多轨文件。

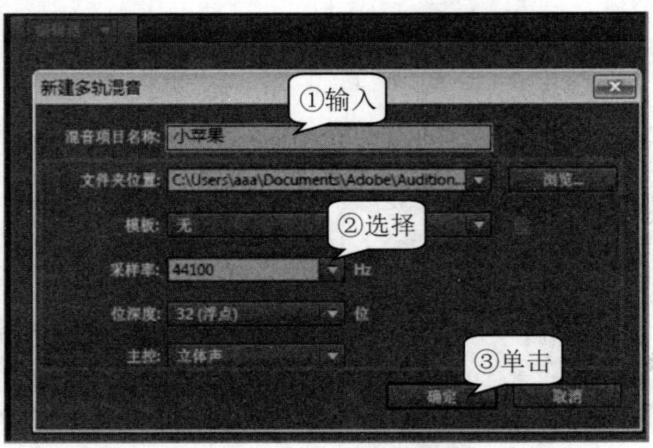

图 8-33 新建多轨文件

3. **导入背景音乐** 执行“文件”→“导入”命令，导入背景音乐，按图 8-34 所示操作，打开背景音乐，并选择左声道。

图 8-34　导入背景音乐

4. **删除左声道人声**　在 Adobe_Audition_CS6 软件中，按图 8-35 所示操作，删除左声道歌唱者的声音。

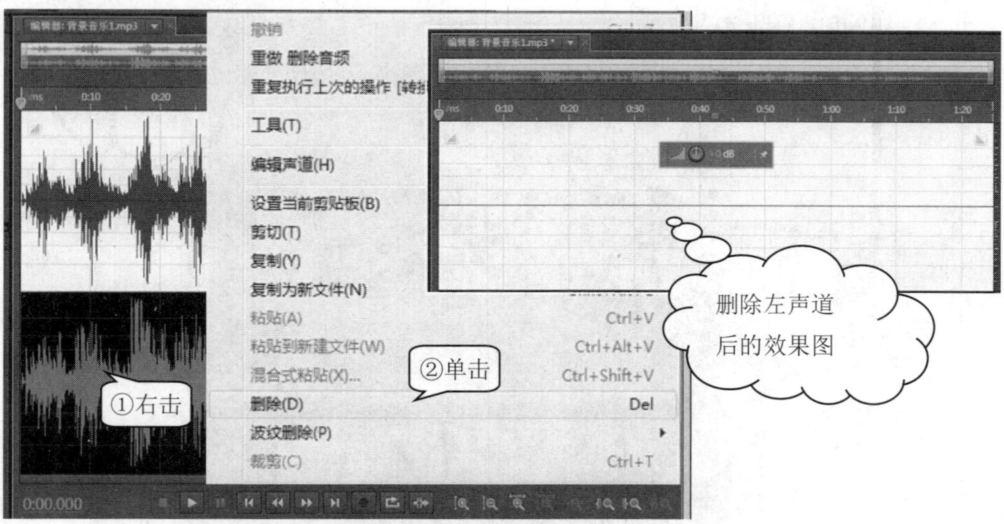

图 8-35　删除左声道人声

5. **录制微课人声**　随着背景音乐的节奏，将“小苹果”歌词改编为地理知识文字歌词内容，进行配乐翻唱，按图 8-36 所示操作进行录制。如不满意所唱，可再次按图 8-35 所示的操作进行删除，再进行重录，直到满意为止。

图 8-36　配乐翻唱录制微课人声

6. **调整声音效果**　在 Adobe_Audition_CS6 软件中，执行“效果”→“混响”→“环绕声混响”命令。按图 8-37 所示操作，对环绕声混响进行设置。

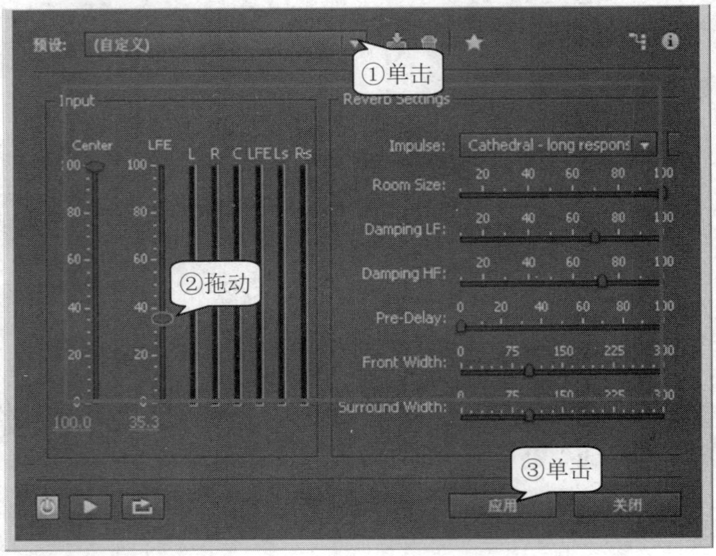

图 8-37　调整声音效果

7. **导出歌曲声音**　在 Adobe_Audition_CS6 软件中，编辑处理好的声音文件后，执行“文件”→“导出”命令，按图 8-38 所示操作，导出声音文件。

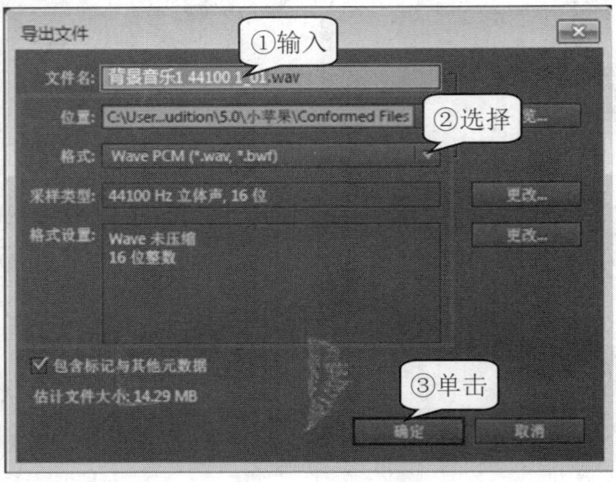

图 8-38　导出歌曲声音

8. **导入歌曲声音**　在 Camtasia Studio 软件中，编辑处理好的文件，执行“文件”→“导入媒体”命令，按图 8-39 所示操作，将背景音乐文件导入音频库中。
9. **插入声音到轨道**　在 Camtasia Studio 软件中，按图 8-40 所示操作，将背景音乐文件从音频库中拖动到轨道上。再根据声音内容录制视频，具体录制哪些案例将不再介绍。

图 8-39　导入歌曲声音

图 8-40　插入声音到轨道

实例 5　机器人跳 8 字舞

本例是一节小学信息技术微课，通过制作仿真机器人的声音介绍方式，使学习者能更好地进入到学习情景之中，如图 8-41 所示。

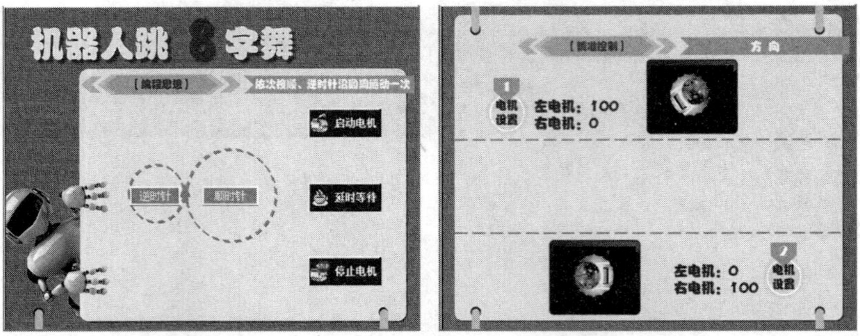

图 8-41　微课“机器人跳 8 字舞”效果图

该微课制作分两个阶段，第一阶段先利用文字转换声音处理软件进行声音文件的制作，第二阶段在 Camtasia Studio 软件中，导入声音，并调整视频显示内容。本案例重点介绍使用语音合成软件对声音进行的处理。

跟我学

1. **下载安装语音合成软件**　利用百度搜索“语音合成工具”软件下载地址，按图 8-42 所示操作，下载后，运行批处理文件，即进行安装。

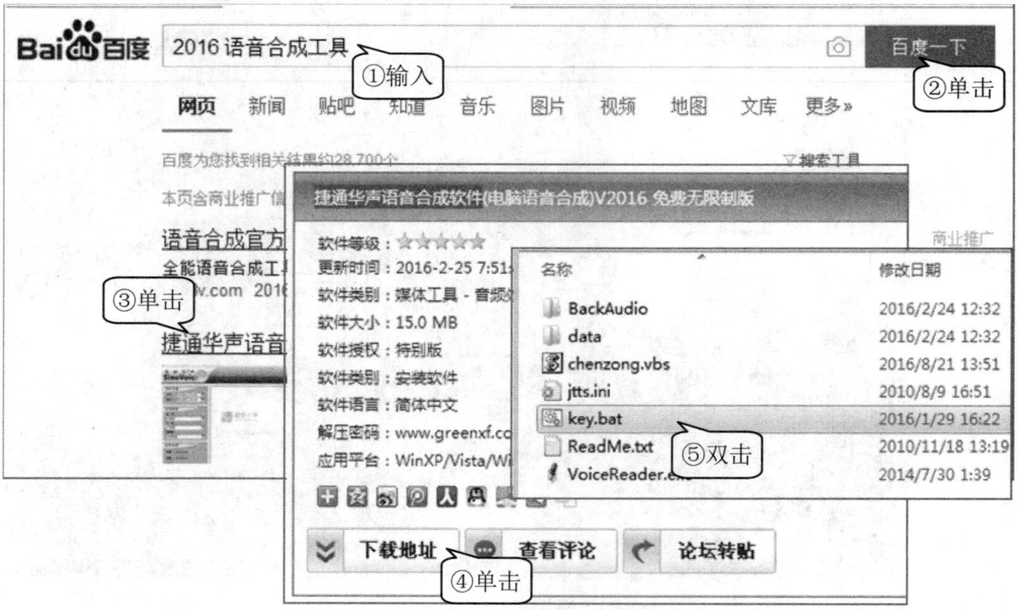

图 8-42　下载安装语音合成工具软件

2. **运行语音合成软件**　在语音合成软件中，按图 8-43 所示操作，输入汉字，运行将自动生成机器人仿真语音。

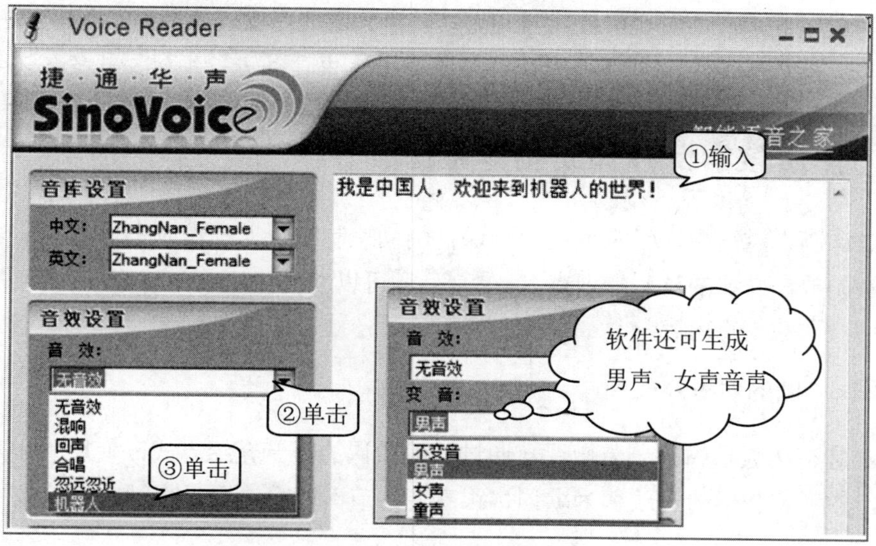

图 8-43　运行语音合成软件

3. **调整语音参数**　按图 8-44 所示操作，通过语音设置，拖动音量、音高、语速，改变机器人声音参数，使其符合教学需要。

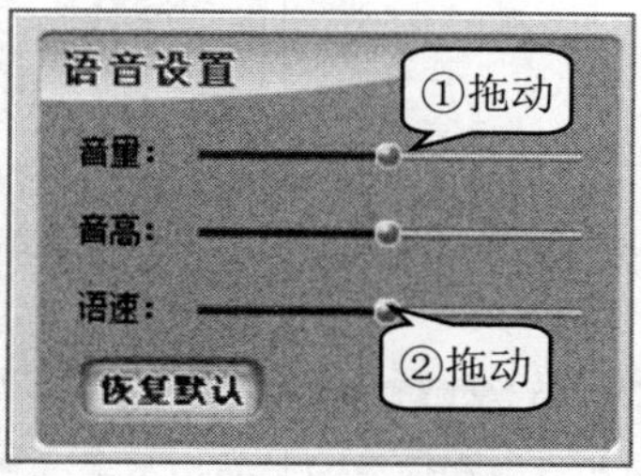

图 8-44　调整语音参数

4. **合成语音文件**　在语音合成软件中，执行“编辑”→“删除”命令，按图 8-45 所示操作，生成语音文件。

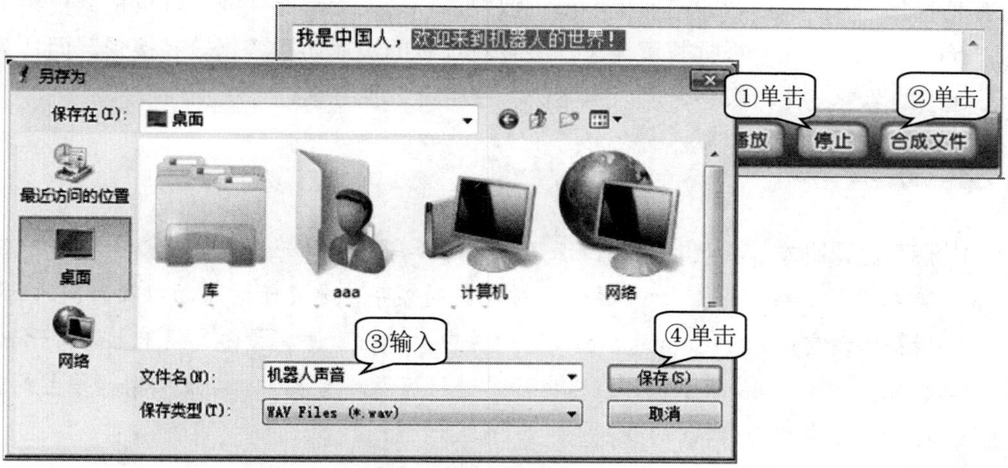

图 8-45　合成语音文件

5. **导入歌曲声音** 在 Camtasia Studio 软件中，编辑处理好的文件，执行“文件”→“导入媒体”命令，将背景音乐文件导入音频库中，并进行编辑，此案例不再详述。

8.2.3 使用教学课件辅助制作微课

在微课制作过程中，经常使用教学课件辅助录制微课。制作时不可求大、求全，而是将重点录制放在微课的核心知识点上，录制后还可以通过 Camtasia Studio 软件快放或慢放，突出强调微课的重点内容。

实例 6 圆的面积公式

本例是小学数学中的一节微课，通过改编微课的声音介绍方式，使用“小苹果”为背景音乐，教师将教学内容改编为歌词，跟着音乐节奏边唱边展示教学内容，效果如图 8-46 所示。

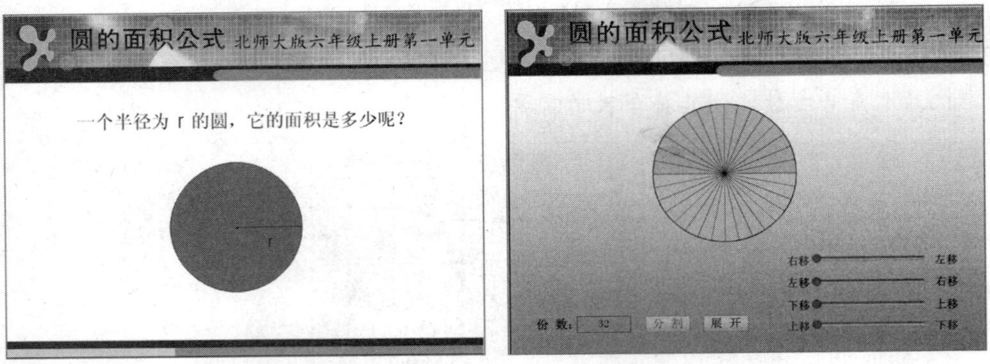

图 8-46 微课“圆的面积公式”效果图

使用课件制作微课的重点是利用 Camtasia Studio 软件录制课件演示操作的动态过程，此环节是一节微课最为核心的内容。为了使录制时讲解与动作同步，有两种方法：一是先只录制声音，再根据声音的语速提示演示课件；二是先录制课件演示，再根据视频操作速度进行配音。因为人有视觉暂留现象，眼睛对场景的快速切换变化较易接受，而耳朵对声音不连续的节奏变化很敏感，所以本案例将使用第一种方案进行录制。

跟我学

1. **撰写微课脚本** 要使录制的微课语言简洁干净，动作准确无误，就必须先进行微课脚本设计，按图 8-47 所示操作，对要说的文字、要显示的画面以及时间进行规划。
2. **录制声音文件** 在 Camtasia Studio 软件中，单击“语言旁白”菜单上的“开始录制”按钮，按图 8-48 所示操作，根据脚本进行解说，结束后，停止录制，并生成新建微课的一个解说声音文件。

	内 容	画面	时间
一、片头	您好！ 这节课我们来学习圆的面积公式。	【课件】播放 P1 课题	4”
二、正文讲解	一个半径为 r 的圆，它的面积是多少呢？	【PPT 页课件内容	6”
	我们来回忆一下，平等四边形的面积公式是怎么推导出来的呢？	【PPT 课件】播放 P3 页课件内容	15”

图 8-47 撰写微课脚本

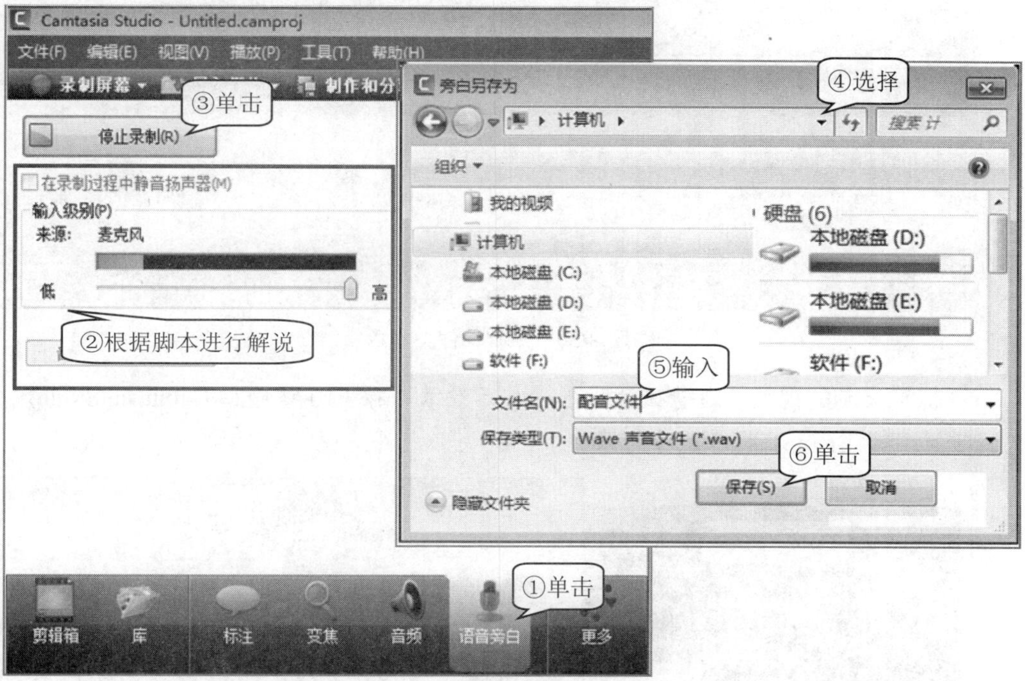

图 8-48 录制声音文件

3. **准备录制屏幕内容** 执行“文件”→“导入”命令，导入背景音乐，按图 8-49 所示操作打开背景音乐，并选择左声道。

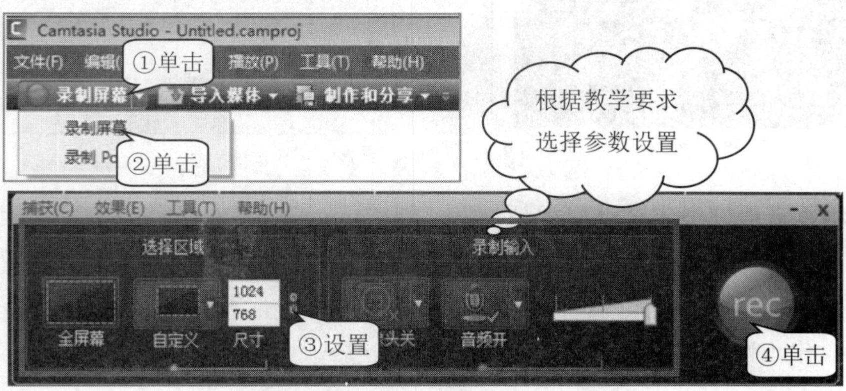

图 8-49 准备录制屏幕内容

4. **录制课件关键内容** 圆的面积公式推导，最为重要的地方就是让学习者直观了解如何推导的。通过课件的辅助，使用 Camtasia Studio 软件录制关键的推导过程，以便后期制作。按图 8-50 所示操作，录制课件中最为关键的视频制作画面。

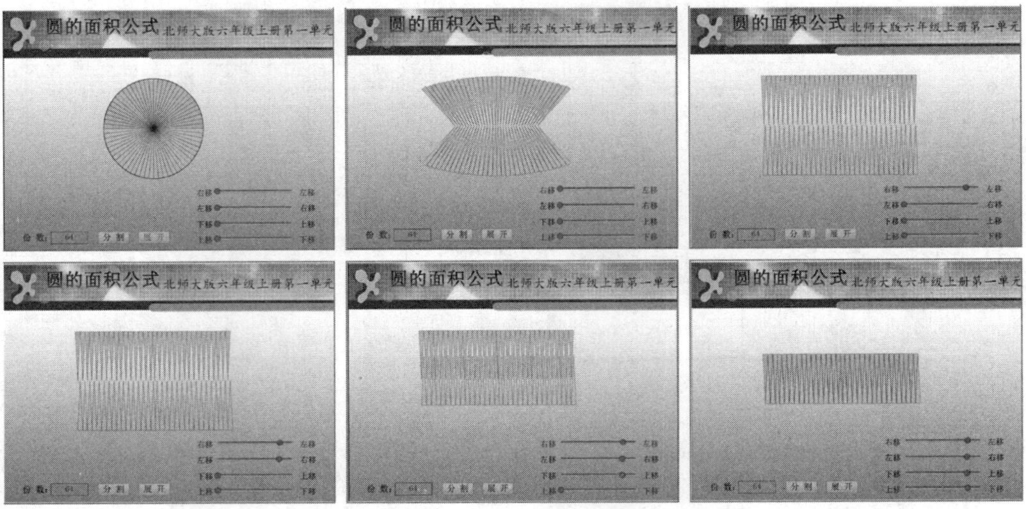

图 8-50 录制课件关键内容

5. **保存录制的视频** 随着微课脚本的演示结束，按 F10 键停止 Camtasia Studio 软件录制。按图 8-51 所示操作，保存录制的视频文件。

图 8-51 保存录制的视频

6. **根据音频轨道内容调整视频长度** 在 Camtasia Studio 软件中可以很方便地添加、锁定轨道，也可很方便地对视频轨道上的内容进行复制与编辑。按图 8-52 所示操作，通过删除与复制，修改视频轨道的内容，设置让声音与视频内容同步。具体操作此处不再详述。

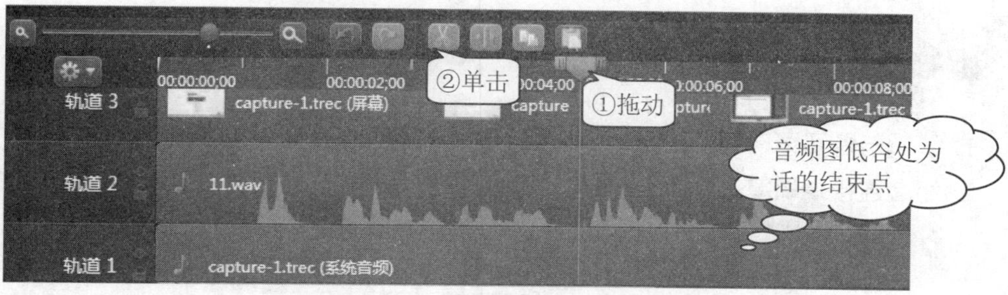

图 8-52　根据音频轨道内容调整视频长度

8.3　借助硬件工具录制微课

在科学、美术等学科中常使用自制的教学工具辅助录制微课，在理化等学科中，常常需要一些专用的实验仪器的辅助。本章将结合具体案例，在 Camtasia Studio 软件中录制微课。

8.3.1　使用书写工具辅助制作微课

为方便教师的讲授，在 Camtasia Studio 软件的录制时，可以通过录课笔或交互式电子白板工具进行书写录制。

实例 7　数学试题讲解

本例是一节初中数学微课，通过录课笔对数学试题进行逐一讲解。微课视频效果如图 8-53 所示。

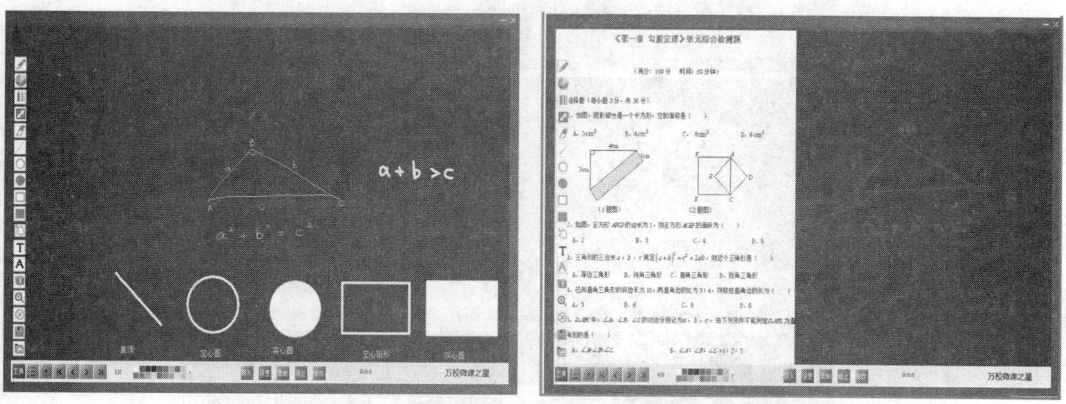

图 8-53　微课“数学试题讲解”效果图

通过使用录课笔，录制试卷的解题过程，是一种最为方便实用的微课制作方法。需要在电脑上安装录课笔，然后在使用 Camtasia Studio 软件时进行录制微课。

跟我学

1. **了解与购买录课笔** 按图 8-54 所示操作，可以在网络上购买录课笔。
2. **组装连接录课笔** 按图 8-55 所示操作，组装录课笔，并与计算机连接。

图 8-54 了解与购买录课笔

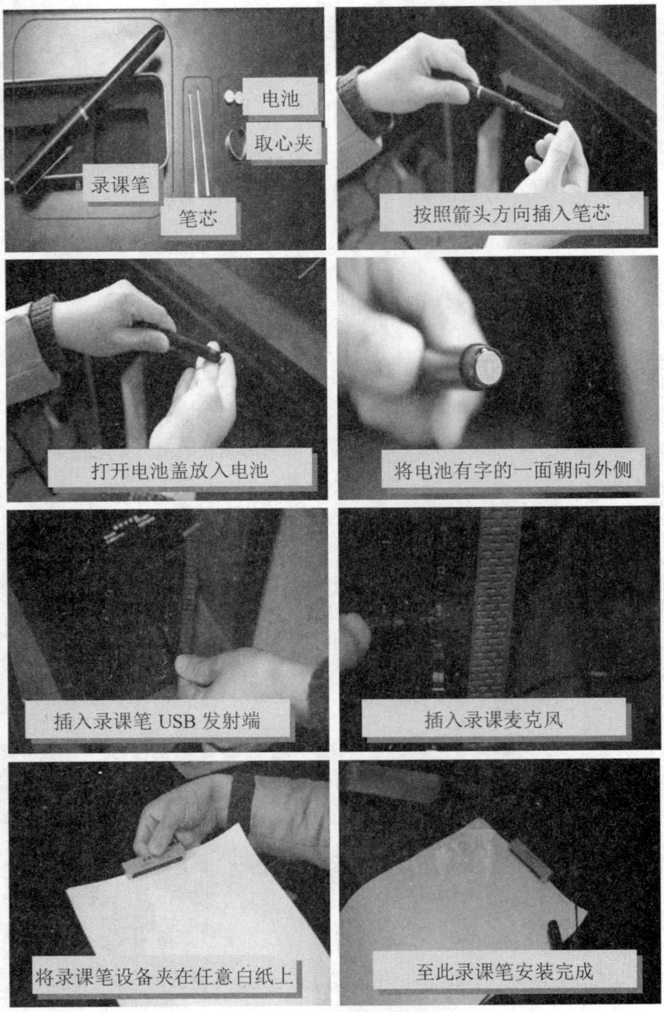

图 8-55 组装连接录课笔

3. **安装录课软件**　要想使用录课笔，还需要安装与录课笔配套的软件，安装方法按图 8-56 所示操作，完成“微课之家”软件的安装。

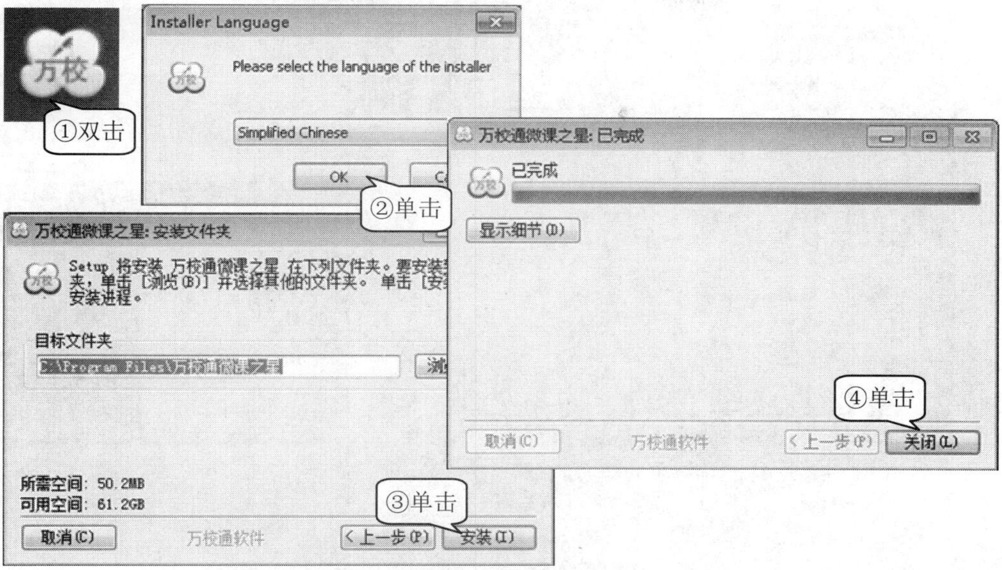

图 8-56　安装录课软件

4. **设置录课笔**　为在 Camtasia Studio 软件后期编辑处理，需要设置录课笔的笔迹颜色、笔迹的线条粗细。按图 8-57 所示操作，分别设置录课笔颜色，并测试不同精细笔迹的书写效果。

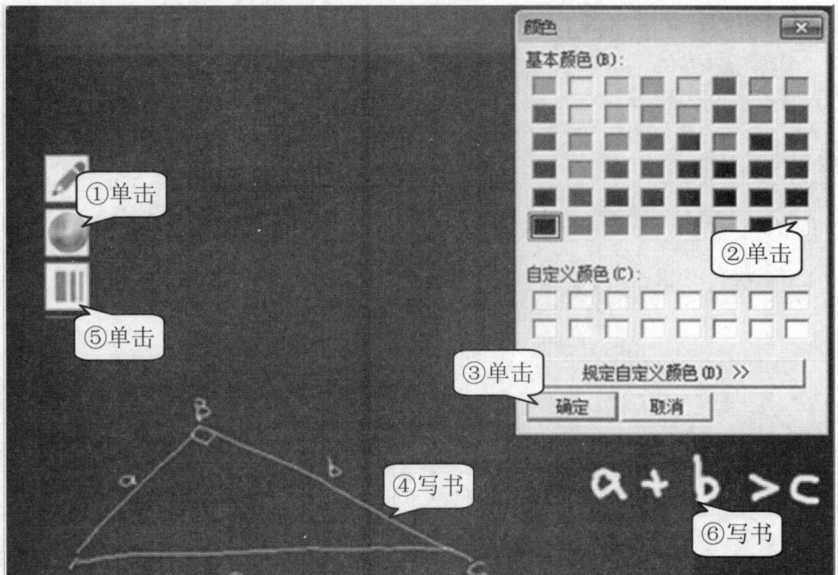

图 8-57　设置录课笔

5. **使用录课笔录课**　利用微课之家的软件导入试卷，并在试卷上进行讲解。按图 8-58 所示操作，用录课笔可以很方便地对试卷进行讲解与录制。录制结束后，可单击“保存”按钮，还可保存整个录制过程。结合 Camtasia Studio 软件录屏与编辑方法同前面章节所述，在此案例中此项内容不再详述。

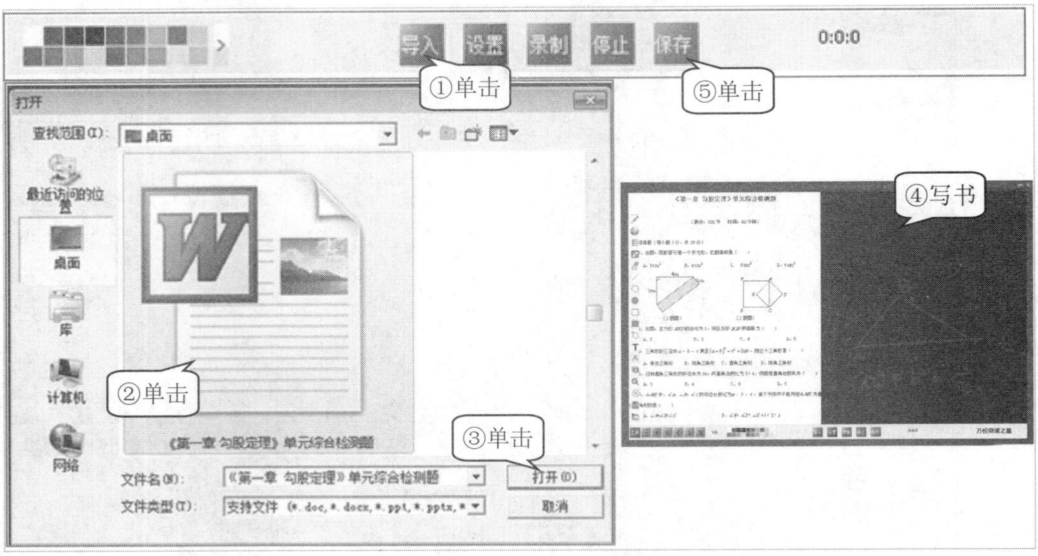

图 8-58　使用录课笔录课

实例 8　思想品德评析类问题答题思路

本例是初中思想品德中的一节微课，在交互式电子白板软件下，针对评析类问题的答题思路应用进行设计制作。微课视频效果如图 8-59 所示。

图 8-59　微课“思想品德评析类问题答题思路”效果图

本例是借助“班班通”交互式电子白板，进行讲解与操作的一种综合型微课制作方法。交互式电子白板操作比较方便，不需要安装过多的软件，只是借助白板设备可随时方便书写的功能，并结合课件进行讲授的一种方法。

跟我学

1. **白板的定位设置**　使用白板进行录制微课时，需要对白板进行定位设置。可同时按住键盘键和右鼠标键不放，直到定位屏幕出现为止。按图 8-60 所示操作，分别使用白板笔在白板的几个定位处进行单击，从而设置白板的定位。

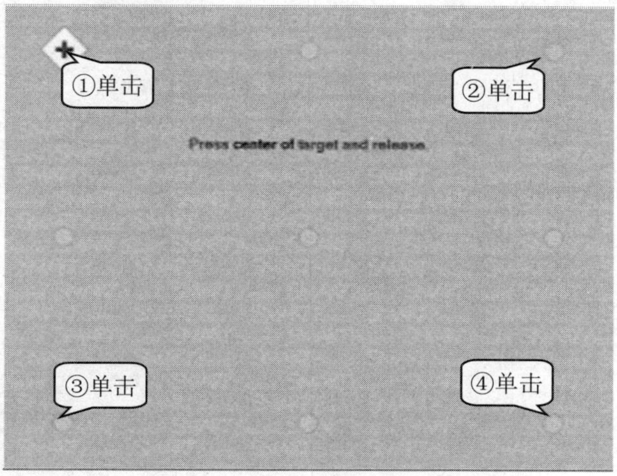

图 8-60　白板的定位设置

2. **设置白板笔**　选择“设置”选项卡中的“自定义笔”命令，按图 8-61 所示操作，对白板自定义笔进行设置。

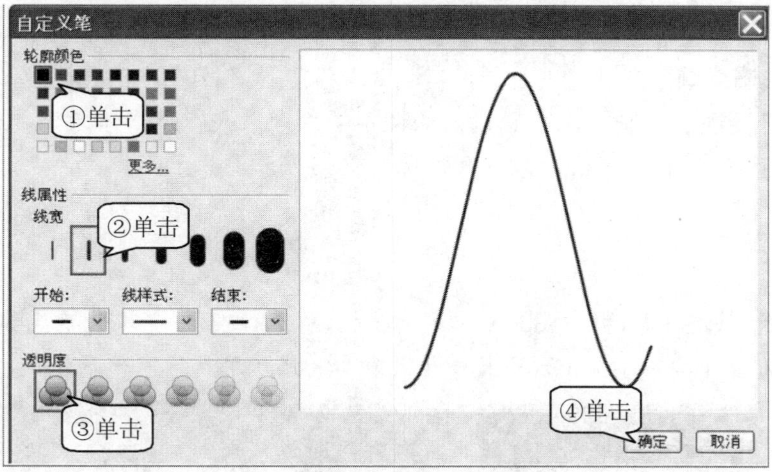

图 8-61　设置白板笔

3. **白板自带功能录屏**　按图 8-62 所示操作，借助白板软件记录器进行录屏(白板录课同录课笔录课，此案例不再进行讲解)。

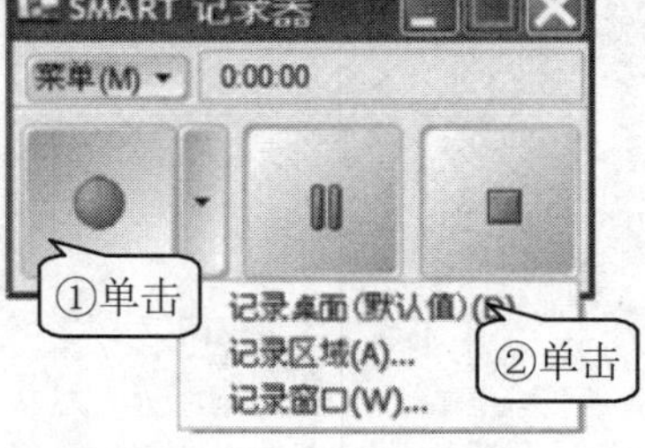

图 8-62　白板自带功能录屏

8.3.2 使用自制教学工具录制微课

根据不同的学科特点，有时常使用自制教学工具录制微课。使用自制教学工具辅助录制微课时，需要对辅助教具进行合理规划设计，才能更好地发挥微课的作用。

实例 9　神奇的滴蜡画

本例是一节幼儿园美术微课，通过自制美术教学工具，帮助学习者更好地学习微课内容。微课视频效果如图 8-63 所示。

图 8-63　微课“神奇的滴蜡画”效果图

“神奇的滴蜡画”一课，就是通过自制的教学工具，教师一步一步地示范演示。此类微课在录制时要注意自制教学工具进入微课中的次序以及在环节步骤之前要有明确的交代。一般常使用 Camtasia Studio 软件添加标注文字等方式进行制作。

跟我学

1. **注重自制设备的放置**　按图 8-64 所示操作，微课画面中呈现的教具要放置整齐，桌面一定要干净，不能出现干扰学生注意力的教学用具。

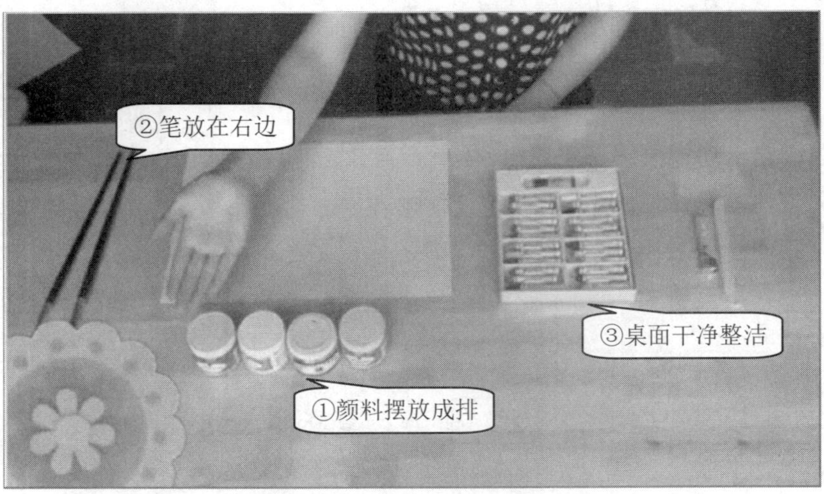

图 8-64　注重设备的放置

2. **便于学习观看演示操作**　按图 8-65 所示操作，拍摄时要从学习者观看的角度进行制作。

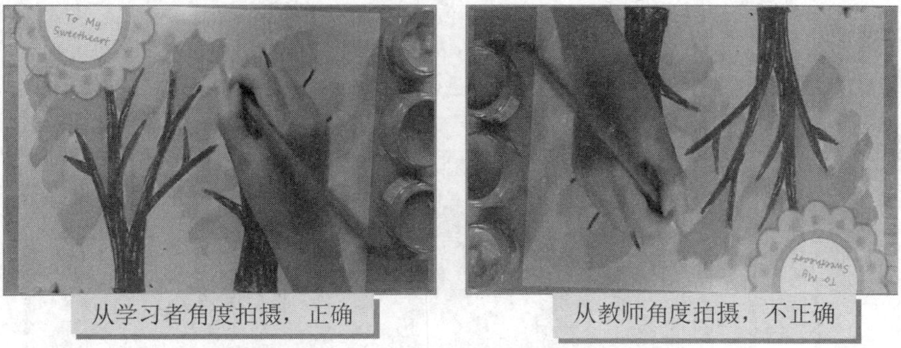

图 8-65　便于学习观看演示操作

实例 10　水顶球

本例是小学科学中的一节微课，通过指导学生自制教学用具，在做中学的过程中，完成探研实验。微课视频效果如图 8-66 所示。

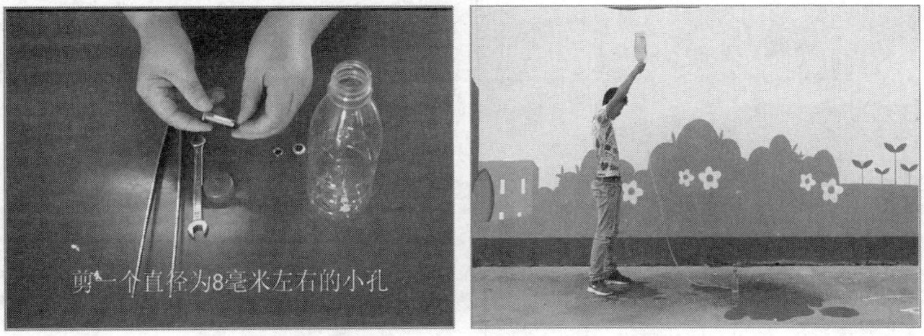

图 8-66　微课“水顶球”效果图

本例以游戏导入，从学生身边选择取材容易的用具，在制作过程中让学生明白其中蕴含的科学道理。此类微课学习非常受喜欢，因为在学习过程中，不但好玩而且还能增长知识。

跟我学

1. **规划制作材料摆放位置**　按图 8-67 所示操作，合理规划自制工具的放置，便于观看。

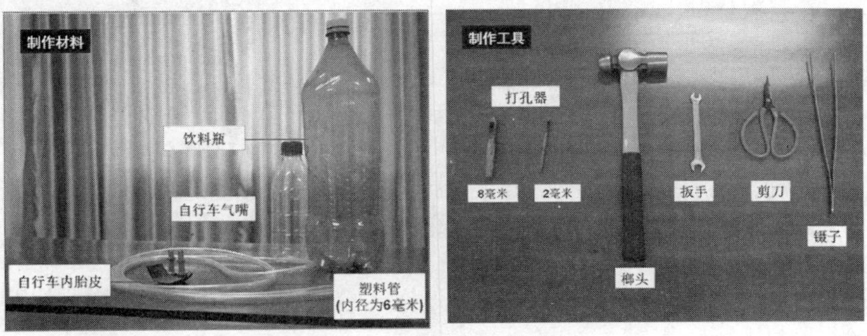

图 8-67　规划制作材料摆放位置

2. **规划制作课件**　按图 8-68 所示操作，先将拍摄的视频、图片制作到课件中，并将需要学习者掌握的文字输入到课件。便于后期使用 Camtasia Studio 软件录制时起到事半功倍的作用。

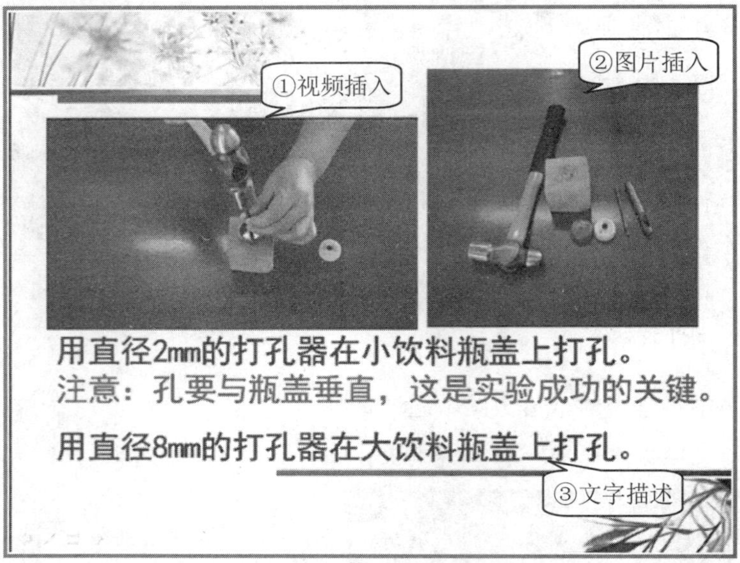

图 8-68　规划制作课件

8.3.3　使用专用教学工具录制微课

有些学科的演示实验中，常常使用一些专用的教学工具来录制微课，为了保证专用教学工具有效应用，还需提前做好大量的准备。

实例 11　二氧化碳与氢氧化钠反应

本例是一节初中化学微课，通过实验设计及实验分析学习巩固碱的化学性质，来培养学生的创新能力，学习科学的探究方法，初步形成学科综合思想和科学的探究能力。微课视频效果如图 8-69 所示。

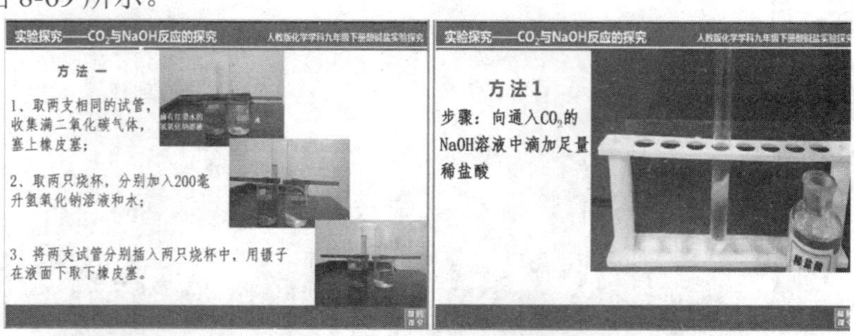

图 8-69　微课“二氧化碳与氢氧化钠反应”效果图

在使用化学专用教学仪器过程中，一是要注意实验要在方便观看的前提下，注重安全，二是在实验过程中要出示专用教学工具使用的注意事项或操作方法。

跟我学

1. **注重仪器拍摄的安全**　因玻璃试管中的化学反应不便观察，按图 8-70 所示操作，在试管后面放置黑色遮挡物后，即可清楚观看微课视频。同样教师示范操作时手部作用一定要正确规范，便与学习者掌握操作要点。

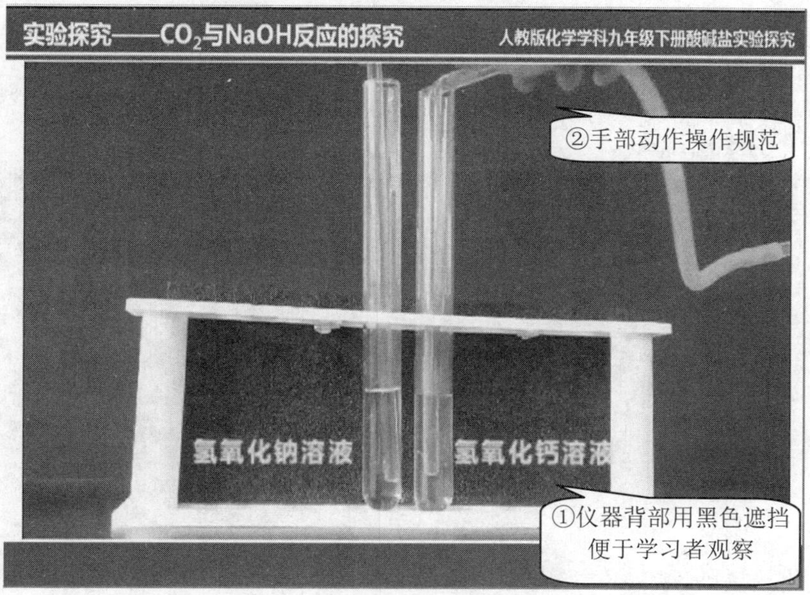

图 8-70　注重仪器拍摄的安全

2. **注重及时归纳知识**　按图 8-71 所示操作，拍摄时要从学习者观看的角度进行制作。

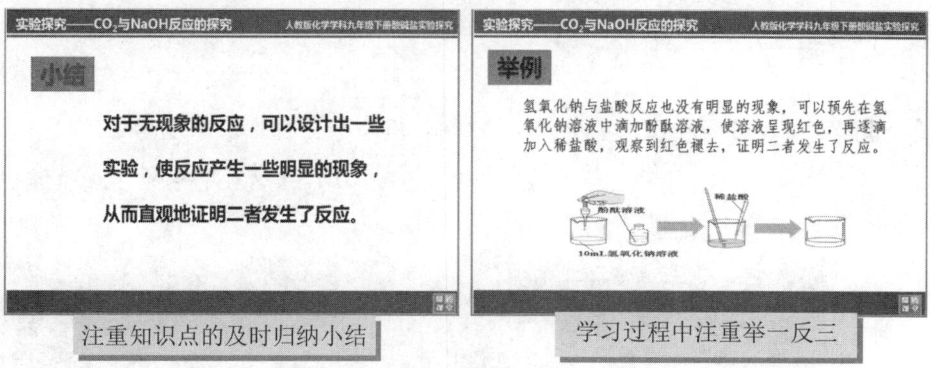

图 8-71　注重及时归纳知识

8.4　借助人物出镜制作微课

在教学微课中存在教师全身出镜，头部出镜，手、脚等肢体出镜的情况。人物身体不同部分的出镜在制作微课时要求各不相同，本节通过 Camtasia Studio 软件录制进行逐一介绍。

8.4.1 制作教师面部出镜效果微课

教师面部出镜是为了带给学习者以亲切感为主，通过教师的面部表情、手势动作等活动，引起学习者关注，提高微课学习效果。

实例 12　颐和园

本例是一节小学语文微课，通过教师出镜的方式，结合课文重点词句对颐和园的景点进行介绍，让学习者感受颐和园的美景，培养审美、爱美情趣，增强民族自豪感。微课视频效果如图 8-72 所示。

图 8-72　微课“颐和园”效果图

在数码拍摄处理中，一般对蓝色或是绿色的背景进行人像拍摄时，通过专用的视频处理软件，可以很方便地将蓝色或绿色的背景消除，然后再使用 Camtasia Studio 软件进行录制微课。

跟我学

1. **蓝绿背景拍摄**　按图 8-73 所示操作，教师全身出镜时，目光需关注镜头，后期制作微课时，学习者能感受教师的关注。在拍摄时教师动作幅度过快，就会出现画面不清晰的情况。

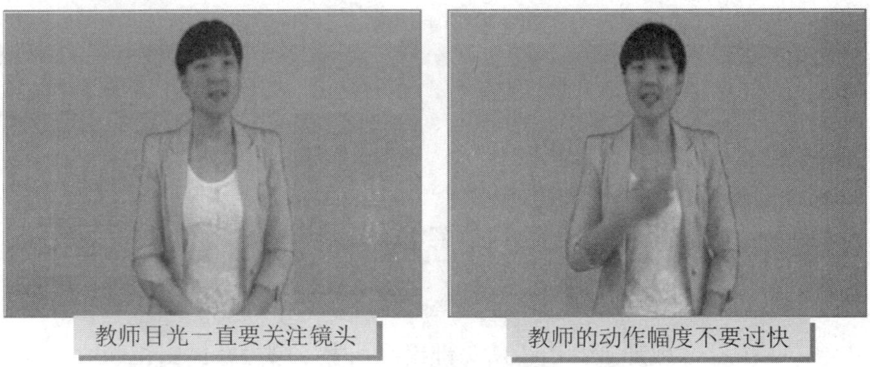

图 8-73　蓝绿背景拍摄

2. **录制教师面部表情**　使用 Camtasia Studio 软件录制教师面部表情时，按图 8-74 所示操作。采集教师面部表情时，教师面部表情要丰富，眼睛要看着镜头。

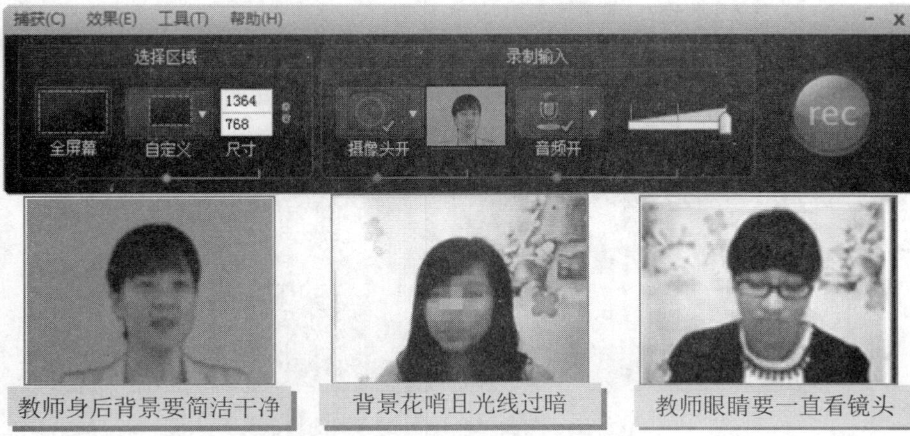

图 8-74　录制教师面部表情

3. **移动教师面部视频的位置**　按图 8-75 所示操作，在使用 Camtasia Studio 软件录制教师脸部视频时，可根据需要调整视频大小，也可上、下、左、右移动视频位置。

图 8-75　移动教师面部视频的位置

8.4.2　制作教师肢体出镜效果微课

教师面部出镜是为了带给学习者以亲切感为主，通过教师的面部表情、手势动作等活动，引起学习者关注，提高微课学习效果。

实例 13　宣传策划方案的构成

本例是一节初中校本课程的微课，通过提问、案例讲解、纸片等教学策略引导学生学习一份完整的宣传策划方案的构成。微课视频效果如图 8-76 所示。

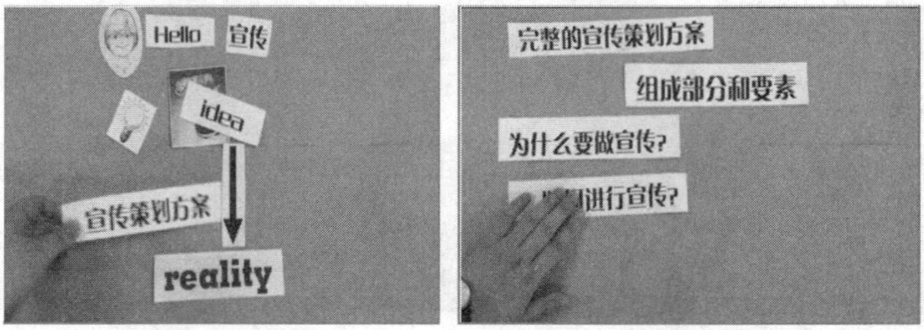

图 8-76　微课“宣传策划方案的构成”效果图

在制作教师部分肢体出镜时，要考虑到教师出镜部分的肢体在视频中出现的位置、时间。同时还要考虑肢体所产生的光线阴影对视频内容的影响。

跟我学

1. **动作要准确**　按图 8-77 所示操作，教师手部肢体出镜时，动作要准确，如果操作时出错，可以及时进行调整。

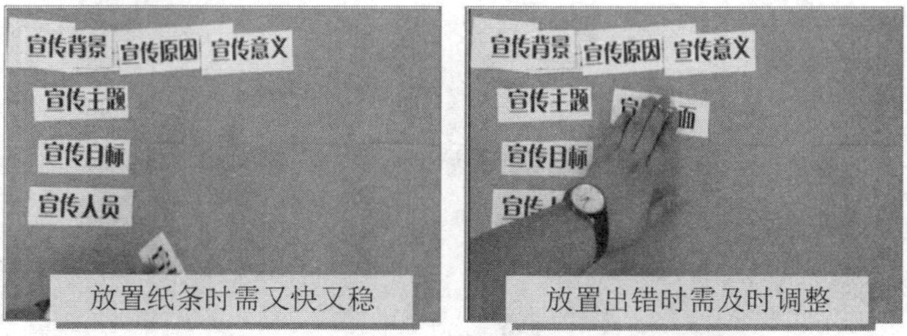

图 8-77　动作要准确

2. **肢体出镜注意事项**　该教师带了手表，在本节微课中手表并不起作用，在视频中只会干扰学习者的注意力。按图 8-78 所示操作，出现手臂的阴影，需要进行补光。

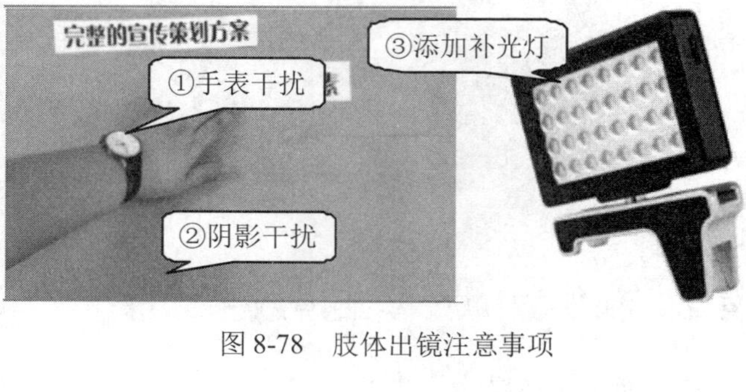

图 8-78　肢体出镜注意事项

8.4.3　插入视频片段辅助制作微课

在制作微课过程中，有时还通过插入视频片段来辅助制作微课。这里的视频片段可以是网络下载的，也可以是自制或拍摄的视频。

实例 14　灾情的区域差异及防灾减灾措施

本例是一节高中地理微课，有趣的视频对话能帮助学生理解形成水文灾害的原因，体现了自然地理环境的整体性，知道了灾害、灾情的成因，及防灾减灾的措施都具有区域差异性。微课视频的效果如图 8-79 所示。

图 8-79　微课“灾情的区域差异及防灾减灾措施”效果图

在制作本案例时制作技术层面并不难，难点在于创意，只需事先准备相关的视频资源，即可完成不同时空的人物对话。

跟我学

1. **微课课件需制作精美**　要想制作能吸引眼球的微课，其微课课件制作需精彩。按图 8-80 所示操作，可通过色彩鲜明的图形、图像、文字突出微课的重点内容。

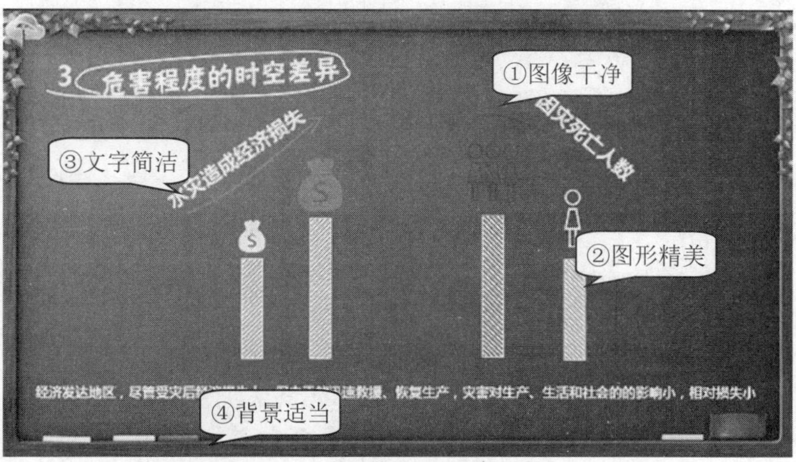

图 8-80　微课课件需制作精美

2. **制作人物虚拟对话场景** 在微课中设计互动的场景时，按图 8-81 所示操作，让学生与科学专家时空对话。虽然是虚拟场景，但学习者在观看时能感受到专家与学生之间的互动交流。

图 8-81 制作人物虚拟对话场景

综合类型的微课制作除上述方式以外，在微课的创意、微课的设计、脚本制作等方面还需精益求精。只有熟练掌握 Camtasia Studio 软件的基本功能，才能游刃有余地与其他软件、硬件、人物出镜相互配合，取长补短，从而制作出高质量的优秀微课。